"十四五"职业教育国家规划教材

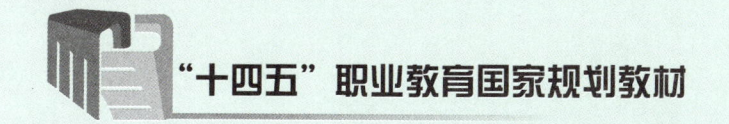

微课版

采购管理与库存控制

（第五版）

新世纪高等职业教育教材编审委员会 组编

主　编　鲁　楠　刘明鑫
副主编　张润卓　李　娜
　　　　高　晶　叶桂凤

大连理工大学出版社

图书在版编目(CIP)数据

采购管理与库存控制 / 鲁楠，刘明鑫主编. -- 5 版. -- 大连：大连理工大学出版社，2022.1(2025.7 重印)
ISBN 978-7-5685-3678-3

Ⅰ．①采… Ⅱ．①鲁… ②刘… Ⅲ．①采购管理②库存－仓库管理 Ⅳ．①F253

中国版本图书馆 CIP 数据核字(2022)第 021579 号

大连理工大学出版社出版

地址：大连市软件园路 80 号　邮政编码：116023
发行：0411-84708842　邮购：0411-84708943　传真：0411-84701466
E-mail：dutp@dutp.cn　URL：https://www.dutp.cn
大连永盛印业有限公司印刷　　大连理工大学出版社发行

幅面尺寸：185mm×260mm　　印张：17.25　　字数：396 千字
2007 年 2 月第 1 版　　　　　　　　　　　　2022 年 1 月第 5 版
2025 年 7 月第 8 次印刷

责任编辑：刘丹丹　　　　　　　　　　责任校对：夏圆圆
封面设计：对岸书影

ISBN 978-7-5685-3678-3　　　　　　　　　　定　价：55.00 元

本书如有印装质量问题，请与我社发行部联系更换。

前　言

《采购管理与库存控制》(第五版)是"十四五"职业教育国家规划教材、"十三五"职业教育国家规划教材、"十二五"职业教育国家规划教材，也是新世纪高等职业教育教材编审委员会组编的现代物流管理专业系列规划教材之一。

随着经济全球化和信息技术的发展，为满足工业化、信息化、城镇化、农业现代化，即"新四化"的需要，采购管理与库存控制作为现代化企业管理中的重要一环和价值供应链的核心之一，发挥的作用越发凸显。相关资料显示，有近76%的跨国公司将中国作为首选的物资采购基地，我国已成为全球采购热点地区，由此带动国内采购职业从业人员的需求。同时，互联网和电子商务的高速发展以及管理信息系统、企业资源计划、供应链管理理论、集中采购形式、第三方采购等的发展，对采购与库存工作产生了非常大的影响。因此，有效的采购管理与库存控制，对于企业取得价格、质量、品种、服务和时间这五个方面的竞争优势都具有极大的作用。采用一套科学、系统、有效的方法去指导、改善和实施货物采购管理与库存控制运作，可以促进企业研发、保障供应，形成企业独有的竞争优势，为企业参与市场竞争、获得持久发展提供动力。

《教育部关于全面提高高等职业教育教学质量的若干意见》明确指出，课程建设与改革是提高教学质量的核心，也是教学改革的重点和难点。课程改革要改革课程模式和技术，融合教、学、做为一体，以培养职业院校学生的创新精神和实践能力为重点，在课程的"基础性""专业性"与学生的"潜力开发"之间建立纽带，形成完整的新课程体系，从而培养全面发展的新型职业人才。

基于以上目的，本教材从采购管理与库存控制的实践环节出发，共分成 11 个项目，以完成工作任务为切入点，根据完成任务的需要，在介绍采购管理与库存控制知识的基础上，阐述了采购准备工作、采购方式、采购计划与预算、供应商开发与管理、采购谈判与合同管理、采购价格与成本管理、库存控制方法等内容，同时根据企业需要，介绍了 MRP

采购与库存控制、JIT采购与库存控制、供应链中的库存管理与库存绩效等内容。

本教材内容建设方面的特色在于：

1. 注重教材的结构设计，脉络分明。按照采购作业及库存控制的流程主线展开，每个项目以任务描述带动任务分解，形象生动地引入岗位技能，利用思维导图，使学生全面把握知识体系。

2. 在岗位要求上基于工作流程设计，凸显技能培养。编写团队深入企业调研，由企业专家做指导，深入挖掘采购管理和库存控制的主要技能点；以任务描述为驱动，设计实践技能训练，并基于工作过程将实训项目灵活整合。

3. 进一步深化课堂实训，注重能力考核。教材注重对学生综合应用能力的考核，每个模块设置技能训练，突出课堂实训，职业教育特色鲜明，将学生由教学活动的配角转变为教学活动的主角。

4. 数字化教学资源与教材配套，体现新形态一体化教材特色。本教材配套建设了微课、动画、教学课件、案例库等教学资源。

5. 突出课程思政。本教材全面贯彻落实党的二十大精神，设计"思政园地"模块，挖掘知识点中的思政元素与价值元素，培养学生社会主义核心价值观、职业道德观以及爱岗敬业精神等。

本教材由多位工作在高职高专院校教学一线的骨干教师与物流管理企业人员共同完成，编写队伍结构合理、实力雄厚，具有较丰富的教学经验和企业工作经验。其中，辽宁经济职业技术学院鲁楠、刘明鑫任主编，辽宁经济职业技术学院张润卓、许昌职业技术学院李娜、陕西工业职业技术学院高晶、惠州市技师学院叶桂凤任副主编，辽宁泰丰铝业装饰工程有限公司康影和京东世纪商贸有限公司张雷、刘雪任参编。具体编写分工如下：项目1、项目5、项目8、项目9由鲁楠编写，项目7由刘明鑫编写，项目3、项目6由张润卓编写，项目10、项目11由李娜编写，项目2由高晶编写，项目4由叶桂凤编写，项目2、项目5的任务描述和技能训练由康影编写，项目8、项目10的任务描述和技能训练由张雷编写，项目1、项目3的任务描述和技能训练由刘雪编写。全书由鲁楠进行统稿与总纂。

在编写本教材的过程中，编者参考、引用和改编了国内外出版物中的相关资料以及网络资源，在此表示深深的谢意！相关著作权人看到本教材后，请与出版社联系，出版社将按照相关法律的规定支付稿酬。

限于作者水平和诸多客观因素，书中仍可能有错误和不足之处，希望读者不吝指正。

编　者

所有意见和建议请发往：duptgz@163.com
欢迎访问职教数字化服务平台：https://www.dutp.cn/sve/
联系电话：0411-84707492　84706104

目 录

项目 1　采购管理与库存控制认知 …………………………………………… 1
　　任务 1　采购基础知识认知 ……………………………………………… 3
　　任务 2　采购管理组织的创建 …………………………………………… 12
　　任务 3　采购管理与库存控制的关系认知 ……………………………… 20

项目 2　采购准备工作 ………………………………………………………… 27
　　任务 1　供应市场分析 …………………………………………………… 29
　　任务 2　采购需求确定 …………………………………………………… 34
　　任务 3　采购作业流程分析 ……………………………………………… 45

项目 3　采购方式 ……………………………………………………………… 52
　　任务 1　招标采购 ………………………………………………………… 53
　　任务 2　电子商务采购 …………………………………………………… 64

项目 4　采购计划与预算 ……………………………………………………… 73
　　任务 1　采购计划认知 …………………………………………………… 75
　　任务 2　采购计划编制 …………………………………………………… 79
　　任务 3　采购预算制定 …………………………………………………… 86

项目 5　供应商开发与管理 …………………………………………………… 94
　　任务 1　分销渠道管理 …………………………………………………… 96
　　任务 2　供应商开发与选择 ……………………………………………… 100
　　任务 3　供应商关系管理与供应商控制 ………………………………… 107
　　任务 4　供应商绩效考评 ………………………………………………… 112

项目 6　采购谈判与合同管理 ………………………………………………… 118
　　任务 1　采购谈判认知 …………………………………………………… 120
　　任务 2　采购合同的签订 ………………………………………………… 131
　　任务 3　采购合同的履行 ………………………………………………… 135

项目 7　采购价格与成本管理 ………………………………………………… 153
　　任务 1　采购价格分析 …………………………………………………… 156
　　任务 2　采购成本构成分析 ……………………………………………… 162
　　任务 3　采购成本控制 …………………………………………………… 167

项目 8　库存控制方法 ·· 174
任务 1　经济订货批量确定 ··· 176
任务 2　订货点采购与库存控制 ··· 181
任务 3　ABC 分类法实施 ·· 188

项目 9　MRP 采购与库存控制 ·· 197
任务 1　MRP 认知 ··· 199
任务 2　MRP 系统运行与库存控制 ··· 209

项目 10　JIT 采购与库存控制 ·· 219
任务 1　JIT 基本理念认知 ··· 222
任务 2　JIT 采购的实施 ·· 227
任务 3　JIT 库存的原理及特点认知 ··· 233

项目 11　供应链中的库存管理与库存绩效 ··· 243
任务 1　供应链中的库存管理 ··· 245
任务 2　供应商管理库存 ·· 255
任务 3　供应链库存管理绩效评价 ··· 259

参考文献 ··· 267

微课资源展示

| 采购的地位 | 采购管理与库存控制的关系 | 市场结构的类型 | 招标采购的流程 | 电子商务采购的模式 |

| 编制采购计划的内部信息 | 网络分销渠道 | 供应商的选择 | 供应商伙伴关系 | 采购谈判的策略与技巧 |

| 采购合同条款 | 采购成本的构成 | 经济订货批量 | ABC 分类的原理 | MRP 的基本原理 |

| 技能训练案例 | JIT 的含义理念 | 看板管理 | VMI 模式 |

项目 1
采购管理与库存控制认知

知识目标

1. 了解最新的采购管理理念；
2. 了解采购管理组织的含义及采购管理机制；
3. 掌握采购在企业管理中的地位；
4. 掌握采购组织的建立及采购部门的职责；
5. 重点掌握企业采购的含义、程序；
6. 重点掌握库存与采购的关系。

技能目标

1. 能够明确采购的基础知识、理念；
2. 能够将大量的采购商品做一定的分类规划；
3. 学会建立高效精干的采购部门；
4. 能够对部门人员的职责进行明确的划分；
5. 能够画出企业的组织结构图。

素质目标

1. 培养逻辑思维能力，认识采购管理与库存控制的逻辑关系；
2. 培养吃苦耐劳的工作精神；
3. 培养诚实守信、廉洁自律的职业道德。

思维导图

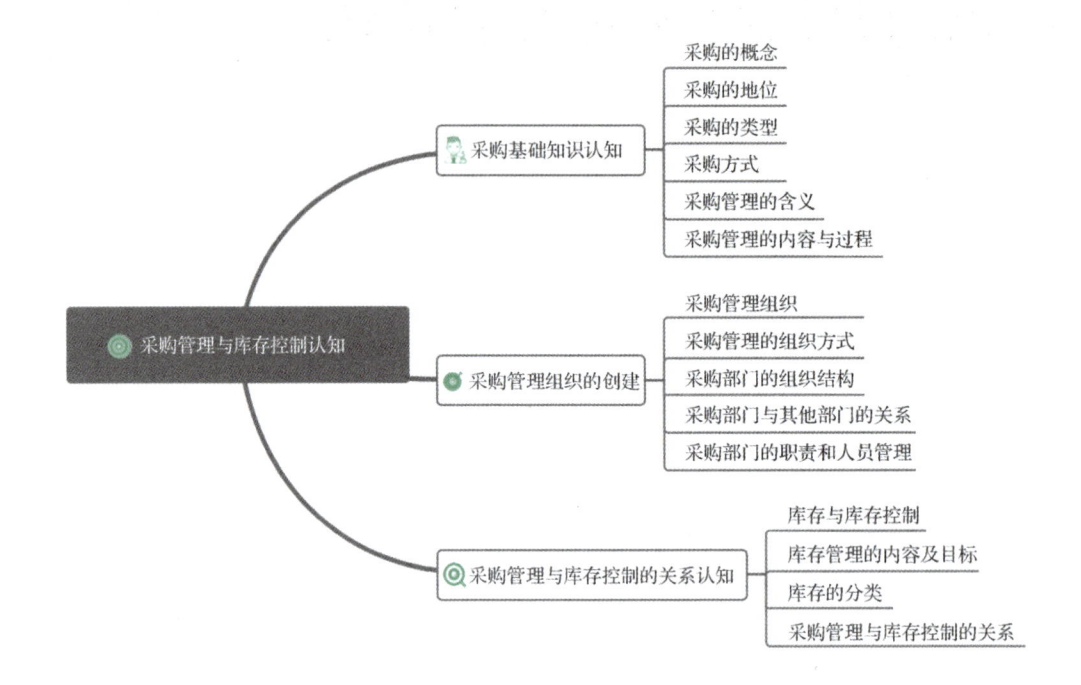

- 采购管理与库存控制认知
  - 采购基础知识认知
    - 采购的概念
    - 采购的地位
    - 采购的类型
    - 采购方式
    - 采购管理的含义
    - 采购管理的内容与过程
  - 采购管理组织的创建
    - 采购管理组织
    - 采购管理的组织方式
    - 采购部门的组织结构
    - 采购部门与其他部门的关系
    - 采购部门的职责和人员管理
  - 采购管理与库存控制的关系认知
    - 库存与库存控制
    - 库存管理的内容及目标
    - 库存的分类
    - 采购管理与库存控制的关系

任务描述

A公司是一家化妆品销售公司,主要代理各种国际知名的化妆品。为了满足不同顾客的消费需求,公司备有1 000多种产品,每种产品设定的最小库存量是10件。经营中发现部分产品总是缺货,部分产品总有库存,年底盘点甚至发现了部分产品已经过期但是还没卖掉。

公司管理层针对采购与库存状况做了如下分析:

采购分析:

(1)采购流动性强的产品,减少积压品;

(2)现金流应随库存变动而流动;

(3)应考虑淡旺季的采购需求。

库存分析:

(1)其他条件一定的情况下,期末库存量高势必导致存货采购量提高,现金流出增加;

(2)公司需要平衡收益成本,以及缺货的风险,要善于利用供应商付款条款保证合理库存;

(3)保持合理的库存水平可以降低对资金的占压,减少资金成本。

任务分析

A公司由于经营产品流动性强,需求差异大,同时采购管理与库存控制不到位,导致企业出现高库存、低服务水平的现象。

作为企业优秀的业务员,应该充分了解采购在企业中的地位和意义,同时要看到采购管理与库存控制的密切关系。A公司业务员在此情况下,需要解决的任务如下:

任务1:采购基础知识认知。
任务2:采购管理组织的创建。
任务3:采购管理与库存控制的关系认知。

任务1 采购基础知识认知

采购是人类社会常见并大量存在的行为,其历史可以追溯到人类诞生的时候,不过那时的采购是以交换的形式进行的。随着人类社会的进步,采购不论是在形式上还是职能上都发生了变化,但不变的是采购仍然是各个企业所共有的职能,也是企业经营的开始环节,同样也为企业创造价值,因为采购不仅是保证生产正常运转的必要条件,而且也为企业降低成本、增加盈利创造条件。

一、采购的概念

(一)采购的含义

采购是指采购人或者采购实体基于生产、转售、消费等目的,购买商品或劳务的交易行为。采购同销售一样,都是市场上一种常见的交易行为。

我们也可以把采购理解为:企业在一定的条件下从供应市场获取产品或服务,作为企业资源,以保证企业生产及经营活动正常开展的一项企业经营活动。

采购不是单纯的购买行为,而是从市场预测开始,经过商品交易,直到采购的商品到达需求方的全部过程。其中包括了解需要,市场调查,市场预测,制订计划,确定采购方式,选择供货厂商,确定质量、价格、交货期、交货方式、包装运输方式,协商洽谈,签订协议,催交订货,质量检验,成本控制,清结货款,加强协作,广集货源等一系列工作环节。因此,在狭义的采购之下,买方一定要先具备支付能力,才能换取他人的物品来满足自己的需求。

采购的含义非常广泛,既包括生产资料的采购,又包括生活资料的采购;既包括企业的采购,又包括事业单位、政府和个人的采购;既包括生产企业的采购,又包括流通企业的采购。

广义的采购是指除了以购买的方式占有物品之外,还可以通过租赁、借贷和交换等途径取得物品和劳务的使用权或所有权,来达到满足需求的目的。租赁是指一方用支付租金的方式取得他人物品的使用权;借贷是指凭借自己的信用和彼此间的友好关系获得他人物品的使用权;交换是指双方用以物易物的方式取得物品的使用权和所有权,而不是以货币直接支付物品的全部价值。

在一个大型的企业里,采购就其功能来讲不仅是采购员或采购部门的工作,而且是企业整体供应链的重要组成部分,是集体或团队的工作。同时采购是物流的重要组成部分。

(二)与采购相关的概念

1. 物流

我国国家标准 GB/T 18354－2021《物流术语》对物流的定义是:根据实际需要,将运输、储存、装卸、搬运、包装、流通加工、配送、信息处理等基本功能实施有机结合,使物品从供应地向接收地进行实体流动的过程。

针对原材料、产成品从起点至终点及相关信息有效流动的全过程,将运输、仓储、装卸、加工、整理、配送、信息等方面有机结合,形成完整的供应链,为用户提供多功能、一体化的综合性服务,是 21 世纪初对现代物流的描述。

通俗地讲,现代物流是指为了实现顾客满意,连接供给主体和需求主体,克服空间和时间阻碍的有效、快速的商品、服务的经济活动过程。

2. 供应

供应是指供应商或卖方向买方提供产品和服务的全过程。供应与采购是两个相辅相成的概念,是一个客观的统一体。只有采购存在,表明存在需求,供应才显得有意义;而如果没有供应,买方也采购不到物品。

3. 供应链

供应链是围绕核心企业,通过对信息流、物流、资金流的控制,从原材料采购开始,制成中间产品以及最终产品,最后由销售网络把产品送到消费者手中的将供应商、制造商、分销商、零售商直到最终用户连成一个整体的功能网络结构模式。

4. 战略采购

战略采购是指从宏观范围确定采购资源、建立最优的供应链体系及战略伙伴关系。

5. 前期采购和后期采购

前期采购是指采购过程中下订单之前的相关工作。后期采购是指采购过程中下订单以后的相关工作。

6. 采购环境

采购环境是指经过买家认可的、信得过的采购资源,由一些供应商组成。采购环境会对企业的采购产生很大影响,因此企业都应努力创造好的采购环境。

以上相关概念的定义范围及关系如图 1-1 所示。

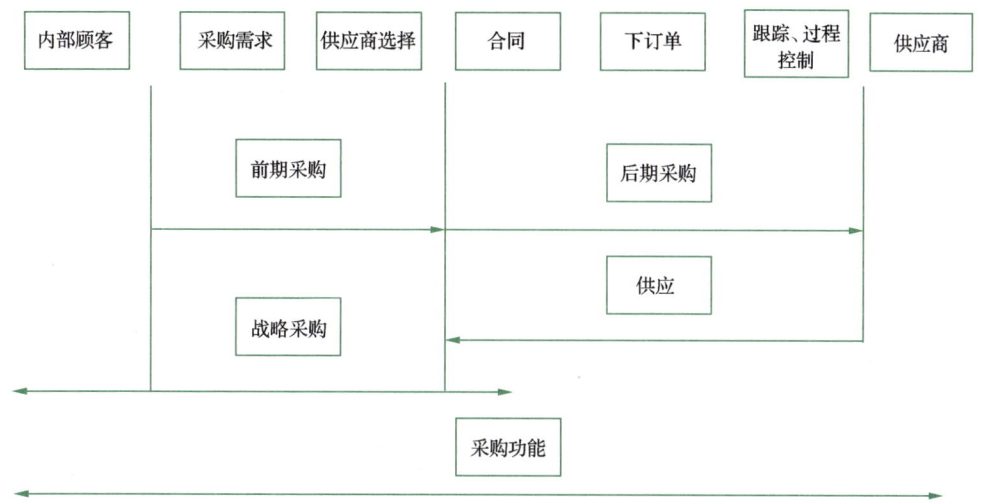

图 1-1　相关概念的定义范围及关系

二、采购的地位

随着市场经济的发展、技术的进步、竞争的日益激烈,采购已由单纯的商品买卖发展成为一种职能,一种可以为企业节省成本、增加利润、获取服务的职能。总之,采购由战术地位提高到了战略地位。

(一)采购的价值地位

在全球范围内,企业的产品成本构成中,采购的原材料及零部件成本占企业总成本的比例因行业不同而异,在 30%～90%,平均水平在 60% 以上。从世界范围看,对于一个典型企业,一般采购成本(包括原材料和零部件)要占 60%,工资和员工福利占 20%,管理费用占 15%,利润占 5%。显然,采购成本是企业成本管理中的主体和核心部分,采购是企业中"最有价值"的部分。现实中许多企业在控制成本时忽视了其主体部分——采购成本。事实上,产品成本中的材料部分每年都存在着 5%～20% 的潜在降价空间。材料价格每降低 2%,在其他条件不变的前提下,净资产回报率可增加 15%。由此可见,重视采购的价值地位,有事半功倍之效。

(二)采购的供应地位

在商品生产和交换的整体供应链中我们可以看到,每一个企业都既是顾客又是供应商,任何企业的最终目的都是满足最终顾客的需求,以获取最大的利润。从整体供应链的角度来看,企业为了获得尽可能多的利润,都会想方设法加快物料和信息流动,这样就必须依靠采购的力量,充分发挥供应商的作用,因为占成本 60% 的物料及相关信息都发生或来自于供应商。供应商提高其供应的可靠性及灵活性、缩短交货周期、增加送货频率可以大大改进工业企业的管理水平,如缩短生产总周期、提高生产效率、减少库存、增强对市场需求的应变能力等。

此外，随着经济的发展，顾客的需求也越来越高，这使得企业必须按库存进行生产，但是库存的增加会使企业的费用也相应地增加，同时激烈的市场竞争也要求企业按订单生产，这样一来就产生了矛盾。为了解决这个矛盾，企业只有将供应商纳入自身的生产经营过程，将采购及供应商的活动看作是自身供应链的一个有机组成部分，才能加快物料及信息在整体供应链中的流动，从而可以将顾客所希望的库存成品向前推移为半成品，进一步推移为原材料，这样既可以减少整个供应链的物料、降低资金负担，又可以及时将原材料、半成品转化成最终产品以满足客户的需要。在整体的供应链管理过程中，"即时生产"能够缩短生产周期、降低成本和库存，同时又能以最快的速度满足顾客的需求，而供应商的"即时供应"则是开展"即时生产"的主要内容。因此从供应的角度来说，采购是整体供应链管理中"上游控制"的主导力量。

（三）采购的质量地位

采购物料不仅要考虑价格问题，而且要考虑质量水平、质量保证能力、售后服务、服务水平、综合实力等。质量是产品的生命。采购材料的成本是直接的，而质量成本是间接的，这导致企业往往忽视了间接成本，造成经常性退货、投诉等增多，从而造成最终产品成本的增加。

一般企业都依质量控制的时序将其划分为来货质量控制、过程质量控制和出货质量控制。由于产品中价值的60%是经采购由供应商提供的，所以产品"生命"的60%在来货质量控制之前要得到确保，即企业产品质量不仅要在企业内部控制，而更多的应控制在供应商的质量过程中。供应商上游质量控制得好，不仅可以为下游质量控制打好基础，还可以降低质量成本，减少企业来货检验费等。经验表明，一个企业如果将1/4到1/3的质量管理精力花在供应商的质量管理上，那么企业自身的管理水平最少可以提高50%，可见，通过采购将质量管理延伸到供应商，是提高企业自身管理水平的基本保证。

三、采购的类型

采购可以用不同的标准分类，基于采购的复杂性，这种分类有助于企业根据每一种采购的特点，合理选择采购的方式。基层采购助理要熟练把握采购商品的划分，这样有利于对商品进行分类管理。

（一）按采购商品的品种性质分类

按采购商品的品种性质，可将采购分为常规品采购、紧缺品采购、生鲜品采购、时令品采购等。

（二）按采购主体分类

按采购主体不同，可将采购分为私人采购、团体采购、企业采购、政府采购。

（三）按采购范围分类

按采购范围，可将采购分为国内采购和国外采购。

1. 国内采购

所谓国内采购，是指企业以本币向国内供应商采购所需物资的一种行为。国内采购主要是指在国内市场采购，并不是指采购的物质一定是国内生产的，也可以向国外企业设在国内的代理商采购所需要的物资,只是以本币支付货款,不需要以外汇结算。

国内采购的优势是:首先,国内采购不会遇到商业沟通的困难。由于供应商与购买方有共同的文化背景、道德观念以及商业组织形式,这样有利于维系良好的商业关系,双方都可以减少资源消耗;其次,国内采购不存在国际贸易运输、定价的问题,省却了在国际贸易中洽商运费、保险、交货付款条件等问题;再次,国内采购一般用时较短,面临的不确定性和风险较小。

国内采购的劣势是:对购买方的选择余地较小。

2. 国外采购

所谓国外采购,又称国际采购或全球采购,主要是指国内采购企业直接向国外厂商采购所需要的物资的一种行为。

国外采购的优势是:首先,企业,尤其是大型跨国公司,对采购产品质量有严格的要求,国外采购扩大了供应商的范围,购买商有了较大的选择余地,就有可能获得高质量的产品;其次,每个采购企业都希望降低采购成本,而国外的一些有竞争力的供应商可以提供具有更低价格的产品;再次,参与国际采购可以锻炼自己适应经济全球化的能力,有利于企业的长远发展。

国外采购的劣势是:不确定性高,风险大,手续比较复杂,同时因运输、关税等方面的原因也会抬高采购成本。

(四)按采购技术分类

按采购技术,采购可以分为传统采购和现代采购。

1. 传统采购

传统采购模式一般是每个月末企业各个单位(部门)报下月的采购申请计划到采购部门,然后采购部门把各个单位(部门)的采购申请计划汇总,形成一个统一的采购计划。根据这个采购计划,企业分别派人到各个供应商去订货,然后策划组织运输,将所采购的物资运回并验收入库,存放于企业的仓库中,以满足下个月的物资需要。

这种采购,以各个单位的采购申请计划为依据,以填充库存为目的,管理比较简单、粗糙、市场反应不灵敏、库存量大、资金积压多、库存风险大。

2. 现代采购

现代采购主要有定量订货法采购、定期订货法采购、MRP 采购、JIT 采购、供应链采购和电子商务采购等。

(1)定量订货法采购

定量订货法采购是预先确定一个订货点和一个订货批量,然后随时检查库存,当库存下降到订货点时,就发出订货,订货批量的大小每次都相同,都等于规定的订货批量。

(2)定期订货法采购

定期订货法采购是预先确定一个订货周期和一个最高库存水准,然后以确定的订货周期检查库存,发出订货。每次的订货量等于规定的最高库存水准与检查库存时的实际库存量的差额。

(3)MRP 采购

MRP(Material Requirement Planning,物料需求计划)采购主要应用于生产企业。

它是由企业采购人员采用MRP应用软件制订采购计划来进行采购的。

MRP采购的原理是根据主生产计划(MPS)、产品结构清单(BOM)以及产品及其零部件的库存量,逐步计算出产品的各个零部件、原材料所应该投产的时间、投产的数量,或者订货时间、订货数量,也就是产生出所有零部件、原材料的生产计划和采购计划,然后按照这个采购计划进行采购。

(4)JIT采购

JIT(Just In Time)采购也叫准时化采购,是一种完全以满足需求为依据的采购方法。需方根据需要,对供应商下达订货指令,供应商在指定的时间将指定品种、数量的商品送到指定的地点。

(5)供应链采购

供应链采购是一种供应链机制下的采购模式。

(6)电子商务采购

电子商务采购是在电子商务环境下的采购模式。它的基本原理是由采购人员通过上网,在网上寻找供应商、寻找所需品种、洽谈贸易,并在网上订货、支付货款,在网下送货、进货。

(五)按采购职能的范围和目标分类

按采购职能的范围和目标,可将采购分为商业领域采购、公共领域采购和制造业采购。

1. 商业领域采购

商业领域采购是为了转售而进行采购和储存货物。

2. 公共领域采购

公共领域采购是指中央和地方政府以及其他公共服务部门,为了向公众提供公共服务而进行的采购。

3. 制造业采购

制造业采购是为了制造、加工货物或材料进行的采购。

四、采购方式

采购方式是采购主体获取资源或物品、工程、服务的途径、形式与方法。当采购战略及计划确定以后,采购方式的选择就显得格外重要。它决定着企业能否有效地组织、控制物品资源,以保证其正常地生产、经营以及较大利润空间的实现。采购方式的选择主要取决于企业制度、资源状况、环境优劣、专业水准、资金情况、储运水平等。

采购方式很多,划分方法也不尽相同。依据采购方式的发展历程,采购方式可划分为现货采购、远期合同采购和期货采购,集中采购与分散采购,直接采购与间接采购,招标采购等。

(一)现货采购、远期合同采购和期货采购

1. 现货采购

现货采购是指商品交换中即期实现货币转化为商品的购买行为。现货采购具有即时

交割、责任明确、无信誉风险、灵活方便、手续简单、易于组织管理等优点,但现货采购对市场的依赖性较大。

2. 远期合同采购

远期合同采购是指供需双方为稳定供需关系,实现商品购销而签订远期合同的采购方式。它通过合同约定,实现商品的供应和资金的结算,并通过法律和供需双方信誉与能力来保证预定交割的实现。

3. 期货采购

期货可分为金融期货和商品期货。这里所讲的是商品期货的采购。期货采购是采购者在交易所买入标准化的、受法律约束的期货合约,在未来的某时刻、某地点,按规定购入货物的采购方式。

(二)集中采购与分散采购

在企业内部,根据采购权限可分为集中采购与分散采购。这是企业从资源、环境、制度角度出发,根据自身管理宽度、成本、效率、采购数量、组织状况等所做出的采购方式决策。

1. 集中采购

集中采购是指企业在核心管理层建立专门的采购机构,统一组织、实施企业所需物品的采购进货业务。

2. 分散采购

分散采购是将企业或企业集团的采购权限分散到下属各需求单位,各需求单位根据自身生产经营需要自行组织实施采购的方式。

分散采购是集中采购的完善和补充,有利于采购环节与控制存货、供料等环节的协调配合,增强基层人员的工作责任心,使基层工作富有弹性和成效。

(三)直接采购与间接采购

从采购主体完成采购任务的途径来划分,采购方式可分为直接采购与间接采购。

1. 直接采购

直接采购是指采购主体自己直接向物品供应单位(一般指生产厂家)实施采购的方式,一般指企业从物品源头实施采购,满足生产经营所需。目前,绝大多数企业均使用此类采购方式。

2. 间接采购

间接采购是指采购主体通过中间商实施采购行为的方式,也称委托采购或中介采购。

委托流通企业采购是目前企业经营活动中最常用的间接采购方式,一般依靠有资源渠道的贸易公司、物资公司等流通企业实施,或依靠专门的采购中介组织执行。

还有一种采购方式是企业闲置物品串换或资源交换,也可算作间接采购方式。

(四)招标采购

招标采购是指通过招标的方式,邀请所有的或一定范围的潜在供应商参加投标,采购实体通过某种事先确定并公布的标准从所有投标者中评选出中标供应商,并与之签订合同的一种采购方式。

由于招标采购在公开、公正、公平和竞争性方面有优势，使得其作为一种比较理想的方式，为世界各国及各经济组织所推荐。

五、采购管理的含义

（一）采购管理的概念

在实际工作中有许多人对采购管理工作认识不清，把采购管理工作与采购工作等同起来。如果不能认清什么是采购管理，就不可能很清楚地认清采购管理工作的内容、职能和意义，就不能认清采购管理在企业中的地位和作用，也就不可能做好企业采购管理工作。

那么，什么是采购管理？所谓采购管理，就是指为保障企业物资供应而对企业采购活动进行的管理活动。

采购管理是对整个采购活动的计划、组织、指挥、协调和控制活动。采购管理是管理活动，不但面向全体采购人员，而且面向组织内其他人员，一般由企业的采购科（部、处）长、供应科（部、处）长或企业副总（以下统称为采购科长）来承担。其使命就是要保证整个企业的物资供应，其权利可以调动整个企业的资源。而相对来说，采购只是指具体的采购业务活动，是作业活动，一般是由采购人员承担的工作，只涉及采购人员个人；其使命就是完成采购部门经理布置的具体采购任务，其权利只能调动采购部门经理分配的有限资源。可见，采购管理与采购并不完全一样。但是，采购本身也涉及具体管理工作，它隶属于采购管理。采购管理又可以直接到具体采购业务的每一个步骤、每一个环节、每一个采购人员。可见，采购管理和采购两者之间既有区别又有联系。

（二）采购管理的职能

企业作为国民经济的一个基本细胞，承担着为社会提供产品或服务的功能。企业通过提供这种产品或服务而获得它在社会中的存在价值，从而得到社会的回报而生存和发展。因此，任何企业的基本职能，都是要根据自己的具体情况，形成自己的产品或服务，去提供给社会，不断以自己的产品或服务去为社会服务。

企业为不断形成自己的产品和服务，除了企业自己的已有人力、物力资源外，还需要不断地从市场获取各种资源，特别是各种原料、材料、设备、工具等，这就需要采购，或者叫物资供应。而这一方面的工作就是由采购管理来承担的。因此，从这样的观点看，可以把企业的基本职能分解成三块：一是物资采购；二是物资生产；三是物资销售。物资采购职能占整个企业基本职能的三分之一。在现代生产方式中，只有在市场需要的前提下，根据市场需要来设计产品或服务，才能进行生产。生产确定以后，才能根据生产的需要来设计和策划物资采购。

就物资采购的具体职能来说，一方面，它要实现对整个企业的物资供应；另一方面，它是企业联系整个资源市场的纽带。

（三）采购管理的目标

采购管理实现对整个企业的物资供应，有三个基本目标：一是适时适量保证供应；二是保证物料质量；三是费用最省。

1. 适时适量保证供应

适时适量是采购管理非常重要的目标之一。物资采购供应不是把货物进得越多越好,也不是进得越早越好。货物进少了,生产需要时产生缺货,影响生产;货物进得过多,不仅占用较多资金,而且还要增加仓储、保管费用,造成浪费,使成本升高。货物进迟了会造成缺货;但是进早了,就等于增加了存储时间,相当于增加了仓储、保管费用,同样升高了成本。因此要求采购适时适量。

2. 保证物料质量

保证物料质量,就是要保证采购的货物能够达到企业生产或经营所需要的质量标准。保证质量也要做到适度。质量低,达不到生产或销售所需物资要求当然不行,但是质量过高,通常会增加购买费用。所以,要求采购人员在保证质量的前提下尽量采购价格低廉的物品。

3. 费用最省

费用最省是物资采购始终贯穿于方方面面的准绳。采购过程中的每个环节、每个方面都要发生各种各样的费用,因此,在采购过程中,应运用各种采购策略,使采购总费用最省。

六、采购管理的内容与过程

为了实现采购管理的基本职能,采购管理需要有一系列的业务内容和业务模式。采购管理的基本内容与过程如图 1-2 所示。

从图 1-2 中可以看出,一个完整的采购管理过程包含八部分内容。

1. 采购管理组织

采购管理组织是采购管理最基本的组成部分。为了做好采购管理,需要有一个合理的管理机制、一个精悍的管理组织机构以及一些能干的管理人员和操作人员。

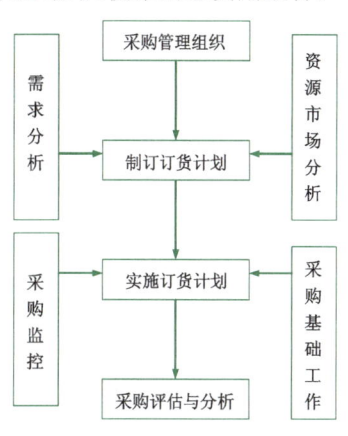

图 1-2 采购管理的基本内容与过程

2. 需求分析

需求分析就是要弄清楚企业需要采购什么、需要采购多少、什么时候采购等问题。全企业的物资采购供应部门应当掌握全企业的物资需求情况,制订物料需求计划,从而为制订出科学合理的订货计划做准备。

3. 资源市场分析

资源市场分析就是根据企业所需要的物资品种分析资源市场的情况,包括对资源分布情况、供应商情况、品种质量、价格情况、交通运输情况等进行分析。资源市场分析的重点是供应商分析和品种分析。资源市场分析的目的是为制订订货计划做准备。

4. 制订订货计划

制订订货计划是根据需求品种情况和供应商的情况,制订出切实可行的采购计划,包括选定供应商、供应品种,制订具体的订货策略、运输进货策略以及具体的实施进度计划等,具体解决什么时候订货、订购什么、向谁订、怎样订、怎样进货、怎样支付等问题,为整个采购订货规划一个蓝图。

5. 实施订货计划

实施订货计划就是把上面制订的订货计划分配落实到人,根据既定的进度实施。具体包括联系指定的供应商、进行贸易谈判、签订订货合同、运输进货、到货验收入库、支付货款以及善后处理等。通过这样的具体活动,完成一次完整的采购过程。

6. 采购评估与分析

采购评估就是在一次采购完成以后对这次采购进行评估,或在月末、季末、年末对一定时期内的采购活动进行总结评估,主要评估采购活动的效果、总结经验教训、找出问题、提出改进方法等。通过总结评估,可以肯定成绩、发现问题、制定措施、改进工作,不断提高采购管理水平。

7. 采购监控

采购监控是指对采购活动的各方面进行监控,包括对采购有关人员、采购资金、采购事务的监控。

8. 采购基础工作

采购基础工作是指为建立科学、有效的采购系统而做的一些基础建设工作,包括管理基础工作、软件基础工作和硬件基础工作。

技能训练

表 1-1 是小张所在企业的采购项目表。

表 1-1　　　　　　　　　　　某企业采购项目表

国内采购品分类	设备类:安放在行政、营业、服务场所的办公家具、事务机器、通信设备、空调、照明设备、电器、技术设备、仪器及水电、广告招牌等 用品类:用于事务处理的一般性及事务性用品,如表格、传单、报表纸、文具、清洁品、医疗品、纸杯、打印纸、赠品、促销品、印刷品(海报、条幅、贴纸等)、设备的消耗品(电池、小灯泡、VCD等) 物料类:各种服务工具管理规范中所列项目
国外采购品分类	进口汽车 汽车维修零件及配件 维护工具 其他

讨论:根据以上采购项目表说明企业是如何对商品进行分类的,同时说明针对不同种类的商品企业应采用何种采购方式,分组讨论并说明理由。

任务 2　采购管理组织的创建

企业在不同的发展时期,应该根据特定的条件选择和设计相应的组织结构。环境、战略、规模、技术、人员素质等因素影响着企业组织模式的选择。作为企业组织结构的一个重要组成部分,采购组织结构对企业意义重大。企业的采购组织必须考虑不同组织结构的特点及其适用的采购模式,同时兼顾公司的战略和竞争环境。

一、采购管理组织

采购管理组织是企事业单位为了有效地实施采购,以保证生产或服务顺利进行而建立的一个组织。采购管理组织的工作状况将直接影响整个企业的运作流程与竞争优势。

(一)采购管理组织的含义

采购管理组织是现代物流管理的重要组成部分,是指企业内一个以采购管理中枢部门为核心,把责任和权限进行分解、组合,以履行采购管理各项职能所形成的一定的组织结构。采购管理组织的职能是,通过建立一定的采购管理机构,确定与其相应的职位、职责和职权,并合理传递信息等一系列活动,将采购环节各要素连接成一个有秩序的有机整体。各要素的结合,最终体现在人的劳动的结合上,即把人们承担的采购任务组织成一个体系,以便于人们共同为实现企业(社会)的经营战略目标而工作。

(二)采购管理组织的构成要素

采购管理组织是多种要素有机结合的整体。这些要素主要由采购管理人员、企业采购信息、采购规章制度及其管理方法和手段构成。

采购管理人员的数量、素质和结合方式影响到整个组织的效率和其他各个方面。采购管理人员的主体作用主要通过三个方面来体现:其一,职务和人员素质的协调一致;其二,采购管理人员责、权、利的统一;其三,采购管理人员素质的培养和提高。

采购管理组织的行为准则是健全的规章制度。在一个组织中,层次不同,环节不同,岗位职责不同,每一个成员的能力及行为方式各异,必须要靠严格统一的规章制度来规范约束每一个个体的行为,只有这样,组织系统才能有序而协调地运行。

二、采购管理的组织方式

在建立一个有效的采购管理组织过程中,有必要了解策略、结构和授权之间的关系,因为一旦企业的目标确立后,就需要一定的策略来完成目标;而策略又必须要由适当的人员与组织结构来执行。

(一)分权式的采购组织

分权式的采购组织就是将与采购相关的职责与工作分别授予不同的部门来执行。如物料或商品需求计划可能由制造部门或商品销售部门来拟定;采购工作可能由采购或商品部门掌管;库存的责任则可能分属不同的部门,即产成品(商品)归属销售部门,在制品归属制造部门,原料或零部件则归属物料或仓储部门。

采取分权式的组织方式,采购部门只承担物料管理中的一部分功能与责任,也就是将有关物料计划或商品需求计划、采购以及库存的主管部门分属不同的指挥系统。

这种分权式的采购组织,由于职责过于分散,往往造成权责不清、目标冲突、浪费资源等后果。

(二)集权式的采购组织

集权式的采购组织是将采购的职责或工作集中授予一个部门来执行,这是为了要建立综合的物料体系,因而设立一个管理责任一元化的组织体系。此物料管理部门通常包括生产管理、采购及仓储等功能。

企业基于策略性目标的考虑,以及人事结构的安排,其采购组织也可能是介于分权与集权之间的混合式。例如,为了达到零库存的目的,许多制造业公司将采购部门的工作扩大,包含物料需求计划及请购单作业,但未包含仓储及运送功能。

另外,也有许多从事批发或零售的企业为了推行"买卖一元化"的经营策略,采购部门的工作包括产品开发、市场调查、卖场规划、毛利率控制,这样采购部门又转变为独立的商品部。

三、采购部门的组织机构

采购部门的组织机构或称采购组织内的部门化,是指将采购组织应负责的各项功能整合起来,并以分工方式建立不同的部门来加以执行。

一般而言,规模较大的采购组织,按其执行的专业功能建立部门。

如图 1-3 所示为某制造企业组织结构图。其中:采购科执行购买的功能;稽催科负责催促供应商如期交货并确保质量;管理科负责采购文件及报告的准备以及电脑系统的作业;研究科则负责收集、分类及分析采购决策的资料。

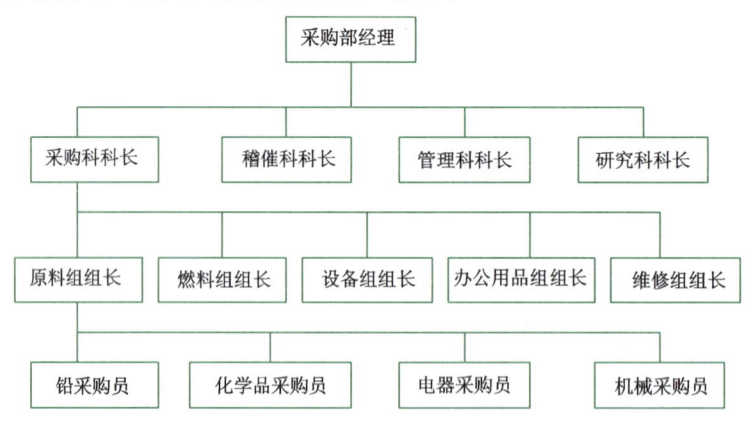

图 1-3 某制造企业组织结构图

一般中小型规模的采购组织,通常缺乏稽催、管理、研究的功能,或因这三种功能不明显而未分别设置部门,至多将其部分功能合并为一个管理科或并入采购科里面。主要执行购买功能的采购部门有以下几种组织结构形式:

(一)业务分工式

业务分工式是指按照采购业务过程,将采购计划的制订、询价、比价、签订合同、催货、提货、货款结算等工作交给不同的人员办理。这种组织形式适合采购量大、采购物品品种较少、交货期较长的企业采用,要求部门内成员密切配合,如图 1-4 所示。

(二)产品结构分工式

产品结构分工式是指将企业所需采购的产品分为若干类,每个或几个采购人员分成一组,负责采购其中一种或几种商品的组织形式。运用这种组织形式,要求采购人员对其经办的项目精通。它适用于所需采购的商品较多、商品专业性较强、商品间关联较小的企业,如图1-5所示。

图 1-4　按业务分工的组织结构形式

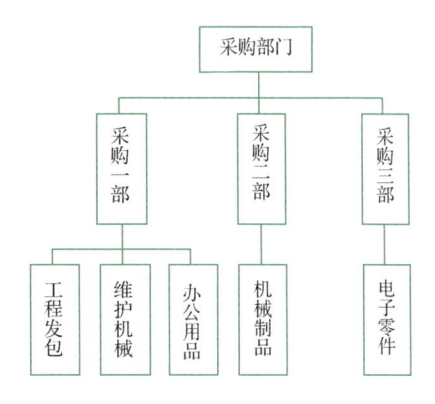

图 1-5　按产品结构分工的组织结构形式

(三)区域结构式

区域结构式是指将企业采购的目标市场划分为若干个区域,每一个或几个采购人员负责一个区域的全部采购业务。一般是依照物品采购来源进行区域的划分。这种组织形式便于明确工作任务和进行绩效考核,有利于调动员工的积极性及其与供应商建立良好的人际关系,也适合于交易对象及工作环境差异较大的企业,如图1-6所示。

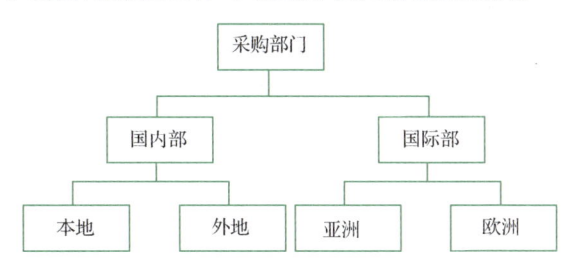

图 1-6　按区域分工的组织结构形式

(四)顾客结构式

顾客结构式是指将企业的采购目标市场按顾客的属性进行分类,每一个采购人员负责同一类顾客。这种组织形式可使员工较为深入地了解顾客的供应情况及存在的问题,通常适用于同类顾客较为集中的企业,如图1-7所示。

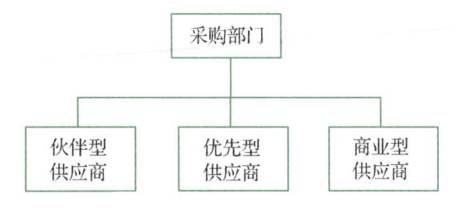

图 1-7　按顾客结构分工的组织结构形式

(五)综合式

综合式采购组织综合考虑了上述多种因素的重要程度和关联状况。稍具规模的企业在采购量较大,作业过程复杂、交货期较长等情况下可以选择此种结构形式,如图1-8所示。

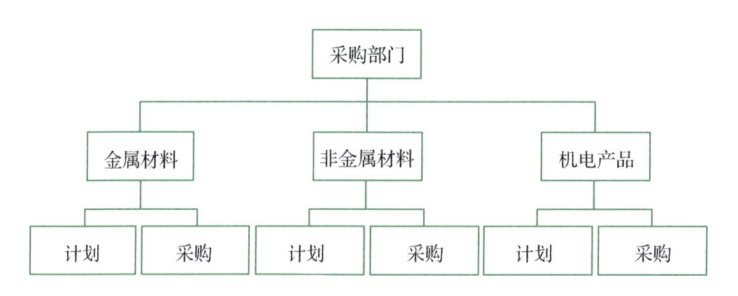

图 1-8　综合式组织结构形式

四、采购部门与其他部门的关系

随着采购工作在企业经营中战略地位的加强,企业所进行的采购工作不再仅仅是采购部门的工作,也不能由采购部门单独来完成,采购部门和企业中其他部门之间的联系越来越紧密。只有理解了采购部门与其他部门之间的关系,才能更积极地推动采购团队的组建和各部门之间信息的交互,更好地提升采购部门的绩效。

(一)采购部门和销售部门互为补充、互相依赖

企业采购部门的采购计划虽然来源于生产部门的生产计划,但最终还要落实到销售部门的销售预测上。采购部门在采购市场上获取的信息也可以为销售部门所用。同时,由于采购与销售是相对的两个部门,彼此都有丰富的工作经验,它们之间的合作交流有助于提升双方的经营业绩。例如,采购部门在准备一项重大的采购活动时,可以和销售部门开展模拟采购活动等,这样采购活动就会更有效率。另外,采购部门可以根据客户的个性化需要,提供超出常规的服务内容,为销售部门与客户建立良好的关系提供支持。

(二)采购部门和生产部门随时交换信息、确保物料稳定供应

采购部门与生产部门的协作关系包括以下三个方面:

(1)采购部门根据生产部门提供的产品生产计划与物料需求计划,确定采购目标,寻求货源,与供应商议价,商定供货日期和供货数量。

(2)采购部门按时、按量、保质提供生产部门所需的物料,确保生产活动顺利进行。

(3)如果生产计划、采购计划中的数量或需求时间有变动,两个部门应迅速沟通,及时进行适当的调整。

(三)采购部门和财务部门在计划和预算方面相互作用

采购部门提供给财务部门的信息是其进行公司发展和管理预算以及确定现金需要量的基础。采购部门提供的有助于财务部门进行计划的信息包括:物料和运输成本及其发展趋势,为了应付需求突然增加造成的供应短缺或其他可以预测的原因造成的供应中断而进行远期采购的计划。同时,采购部门运作有效与否也可以作为衡量财务工作好坏的依据,因为会计体系不够精细,就不能发现由于采购决策失误所造成的效率低下。而财务部门的合理预算又会对采购部门产生一定的监督作用,抑制一些腐败和浪费行为发生。

采购部门与其他部门还可以进行信息互动。采购部门由于直接接触市场,因而对日常市场信息的变化非常敏锐,可以作为其他部门的信息源;其他部门又具有采购部门所不具备的专业知识,可以为采购部门的工作提供参考。

五、采购部门的职责和人员管理

在互联网经济下,企业竞争环境发生了很大变化。为了提升企业的竞争力,企业管理模式围绕着质量、成本和时间这三个方面不断发展,从而使采购部门的组织更加复杂,采购部门的职责相对扩大,工作内容的差异性也相应增加,影响采购人员的选用与授权。

(一)企业相关部门的职责

从全面质量管理的角度来看,采购部门的职责开始于获得请购单之前,并延续至填发订购单之后,包括一切与采购工作直接或间接相关的活动。因此,以企业整体而言,采购工作的优劣牵涉其他部门能否相互配合协调。相关部门的职责分述如下:

1. 请购部门

(1)非存量管制物料的申请。

(2)拟订请购物料的规格及其他需求条件,包括数量、用途及交货日期等。

(3)采购物料规格的确认与验收。

(4)重大请购物料预算的编制或估价。

2. 物料管理部门

(1)根据生产计划拟订物料需求计划。

(2)制定企业主要物料存量管理标准。

(3)物料交货进度的管理。

(4)缺料的稽催。

3. 仓储部门

(1)请购单的处理(收件、登记、转送等)。

(2)物料的验收、存储与发放。

(3)呆料、废料的处理。

(4)存量管制物料的申请。

4. 采购部门

(1)审查请购单的内容,包括是否有采购的必要以及请购单的规格与数量等是否恰当。

(2)与技术品质管制等部门人员共同参与合格厂商的甄选。

(3)执行采购功能,包括询价、比价、议价及订购。

(4)交货的协调与稽催。

(5)物料的退货与索赔。

(6)物料来源地的开发与价格调查。

(7)采购计划与预算的编制。

(8)国外采购的进口许可申请、结汇、公证、保险、运输及报关等事务的处理。

(9)供应商的管理。

(10)采购制度、流程、表单等的设计与改善。

5. 财务部门

(1)物料采购预算的审核。

(2)各处物料与劳务付款方式的规定。

(3)物料付款凭证的审查与支付。

(4)供应商违约赔偿、扣款等的执行。

(二)采购部门内部的职责

采购部门内部作业层面及管理阶层的职责如下：

1. 作业层面的职责

(1)品质

①能够明确说明规格。

②提供客观的验收标准给供应商。

③参与品质问题的解决。

④协助供应商建立品管制度。

⑤尊重供应商的专业技术。

(2)交货

①给供应商正确而能达到的交货期。

②提供长期的需求计划给供应商。

③使供应商同意包装及运输方式。

④协助供应商处理交货问题。

(3)价格

①给供应商公平的价格。

②让供应商分享共同推行价值分析的成果。

③尽快付款。

(4)其他

①对供应商的问题及抱怨尽快回应。

②提供技术或检测仪器，使供应商生产更佳的产品。

③使供应商尽早参与产品的设计。

2. 管理阶层的职责

(1)采购经理

①拟订采购部门的工作方针与目标。

②负责主要原料或物料的采购。

③编制年度采购计划与预算。

④签核订购单与合约。

⑤采购制度的建立与改善。

⑥撰写部门周报或月报。
⑦主持采购人员的训练。
⑧建立与供应商的良好关系。
⑨督导采购部门全盘业务及人员考核。
⑩主持或参与采购相关业务的会议,并做好部门间的协调工作。
(2)采购科长
①分派采购人员及助理的日常工作。
②负责次要原料或物料的采购。
③协助采购人员与供应商谈判价格、付款方式、交货日期等。
④采购进度的追踪。
⑤保险、公证、索赔的督导。
⑥审核一般物料采购方案。
⑦市场调查。
⑧供应商的考核。
(3)采购员
①经办一般性物料采购。
②查访供应商。
③与供应商谈判价格、付款方式、交货日期等。
④要求供应商执行价值工程的工作。
⑤确认交货日期等。
⑥一般索赔案件的处理。
⑦处理退货。
⑧收集价格情报及替代品资料。
(4)助理
①请购单、验收单的登记。
②订购单与合约的打印。
③交货记录及稽催。
④访客的安排与接待。
⑤采购费用的申请与报销。
⑥进出口文件及手续的申请。
⑦电脑作业与档案管理。
⑧承办保险、公证事宜。

在一般人事管理比较正规的企业机构中,前述各个不同等级采购人员的职责都会在职位工作说明书中详细记载。

思政园地

德行修养乃做事之本

2019年某科技制造公司的一封公开信轰动了全国,社会各界、网络更是一片哗然。仅2018年一年时间,该公司供应链贪腐造成平均采购价格超合理水平的20%;保守估计,因内部腐败问题,公司损失超过10亿元人民币。其中采购回扣也被证实,从原材料采购、加工半成品到最后成为企业可用的零件,即使每一个环节的腐败使得采购成本只上升5%~10%,经过三层产业链到达企业时,成本在无形中增加了16%~33%,令人触目惊心。在国家不断通过减税降费来优化营商环境的大背景下,因职务腐败造成的企业巨额隐形成本,成为中国科技制造业甚至整个中国创新越来越必须正视的巨大阻碍。

启示:企业选择采购人员的时候,德行至关重要。技术可以培养,品德更需塑造。具有良好的职业道德是采购人员的基本素养。

技能训练

北方科技公司主要生产甲、乙两种电子产品,其工作大体可以分为四个方面:一是原材料的采购,由既懂技术又懂采购的人员完成;二是电子产品的生产,公司有专门生产甲和乙产品的两条生产线;三是电子产品的研发工作,在这方面公司高薪聘请了一些专家;四是产品的销售,由一批具有丰富销售经验的人来完成。

讨论:根据所学知识,为北方科技公司设计一种组织形式,并说出它的优势。

任务3　采购管理与库存控制的关系认知

采购管理不能只关注采购,还要关注库存,因为库存与采购直接相关,对企业的生产、成本的增加有着很大的影响,所以采购管理的一个重要原则就是实行库存控制。在本项目的任务描述中,作为A公司采购与库存管理的负责人,A公司的业务员应该怎样做好库存管理工作呢?

一、库存与库存控制

(一)库存的含义

狭义的观点认为,库存仅仅指的是在仓库中处于暂时停滞状态的物资;而广义的观点认为,库存表示用于将来目的、暂时处于闲置状态的资源,即资源停滞的位置并不仅仅限于仓库里,可以在非仓库中的任何位置,包括运输途中,同时这种资源的闲置状态可能由任何原因引起,可以是主动的各种形态的储备、被动的各种形态的超储、完全的积压。

库存具有二重性。一方面,它是企业生产和生活的前提条件,没有库存,企业的生产和生活就不能正常进行;另一方面,库存也是一种负担,它需要占用企业大量的资金,耗费很高的成本。企业库存的目的是保障供应。如果库存不能够用于供应,就会是一种浪费、一种负担。企业希望最大限度地追求利润,就必须最大限度地消除浪费,最大限度地解除负担,就要取消一切不必要的库存。

在生产企业,为了生产的需要处在生产准备状态,即处在一种暂时等待状态的物资,就是库存。这种库存有三种情况:一是原材料库存,指从市场上采购回来准备用于生产,处于暂时等待阶段的物资。二是在制品库存,在制品是指在生产过程各个工序之间临时储存的工件、物料等——上个工序加工完了,应该流到下一个工序,但是下一个工序还没有空出来,不能进行加工,不得不存放到仓库里或者存放在工位旁。所有工序都可能有在制品库存,一般都存放于在制品仓库中。这种在制品库存能够衔接上下工序,保障上下工序都能顺利进行。三是产成品库存。企业的产成品生产出来以后,应该推向市场,供应到用户,但不是每件产成品一生产出来就能推向市场,总要形成一定的批量以后,才能一起推向市场。产品从生产出来起,直到推向市场之前的阶段,就形成了产成品库存。产成品库存衔接供需,保障生产和销售都能顺利进行。

在流通企业,物资采购进来是为了销售出去,但是为了保证连续不断、顺利销售,需要有一部分物资处在暂时等待状态。例如,购进一批货物,但是这批货物不是一下子就能全部销售出去,可能要持续销售一段时间。没有销售出去的货物,就只能暂时存放在仓库里,等待销售。流通企业里这种暂时处在等待销售状态的物资,就是流通企业的库存,或者叫流通库存。这种流通库存在不同的流通企业中都有,例如批发企业库存、零售企业库存等,都是流通库存。这种流通库存的作用是可以保障后续销售的持续进行,保障流通活动的流畅化。

在生产企业和流通企业中为准备生产和销售而有意识暂时存放的库存,都叫周转库存。这种库存的特点:一是暂时存放;二是存放的目的是准备生产或销售,衔接供需,缓冲供需之间在时间上的矛盾,保障供需各方都能顺利进行。

除周转库存之外,还有一类库存,是为了应付一些不确定性情况而有意识储备的库存,一般叫作安全库存。生产企业和流通企业中为预防一些随机性、偶然性因素的发生,也需要设立一些安全库存。安全库存的特点是:一般存放期较长,长期保存;存放的目的是应付紧急的、意外的需求。一旦发生意外的、紧急的需求,就可以从安全库存中予以满足,事后再将安全库存补足到额定水平。因此,安全库存要经常保持额定值不变。

(二)库存控制的含义

库存量越高、库存时间越长,库存费用也就越高,所以库存不宜过大。但是库存又不能太小,太小则容易产生缺货,影响企业的正常生产或销售,影响人们正常的生活。因此,库存量必须有效地进行控制。

所谓库存控制,就是对库存量的控制。对采购管理来说,主要是指对所采购进来的物品库存量的控制。

库存控制的目的是在满足客户服务要求的前提下,通过对经营过程中的库存数量进行控制,力求降低库存数量,提高物流系统的效率,以强化企业经营的竞争力。根据企业具体的情况,在理论和实践上,都有一个最佳库存水平。在这个最合适的库存水平上,既能够满足物资需求,保障供应,又可以使库存总费用最省。因此,无论是生产企业,还是流通企业,都在千方百计地为维持这个最佳库存水平而工作。所有这些为追求最佳库存水平而进行的工作,都是库存控制工作。

这里需要说明的是,所谓库存控制,主要是对周转库存而言的。安全库存虽然也有库存控制的问题,但是只是一次性地计算出安全库存量的额定值就可以了,平时只要维护这个额定值,另外不需要做什么工作。而周转库存就不同了,它的订货、进货、库存、销售的全过程都需要纳入库存控制机制中去。因此,从平时看,库存控制工作主要反映在周转库存中。

二、库存管理的内容及目标

库存管理是以控制库存为目的的方法、手段、技术以及操作过程的集合,它是对企业的库存(包括原材料、零部件、半成品以及产品等)进行计划、协调和控制的工作。库存管理的内容,主要是根据市场需求情况与企业的经营目标,决定企业的库存量、订货时间以及订货量等。具体地说,库存管理的核心内容就是要解答以下问题:何时补货(订货)? 补充(订货)多少? 库存系统的周转库存、安全库存、周转率等各是多少?

库存管理的目标有两个:一是降低库存成本,二是提高客户服务水平。这两个目标之间存在着权衡关系。在其他条件相同的情况下,保持高水平的服务就必须付出高额的成本;同样,降低成本必然以服务水平的降低为代价。库存管理就是要在两者之间寻求平衡,以达到两者之间的最佳结合。传统的库存管理方法往往更注重成本目标的实现,而随着买方市场的形成和竞争的日趋激烈,越来越多的企业开始重视客户服务水平的提高。

三、库存的分类

从不同的角度可以对库存进行多种不同的分类。

(一)按生产过程分类

库存按照生产过程可分为原材料库存、在制品库存、维修库存和产成品库存。

1. 原材料库存

原材料库存是指企业存储的生产过程中所需要的各种原料、材料,这些原料、材料必须符合企业生产所规定的要求。有时,也将外购件库存划归为原材料库存。在生产企业中,原材料库存一般由供应部门来管理和控制。

2. 在制品库存

在制品是指工厂中正被加工或等待被作业的物料与组件。在制品库存一般由生产部门来管理和控制。

3. 维修库存

维修库存包括用于维修与养护的经常消耗的物品或备件,不包括产成品的维护活动所用的物品或备件。维修库存一般由设备维修部门来管理和控制。

4. 产成品库存

产成品库存是指备货生产工厂里的已完工物品或订货生产工厂里准备按某一订单发货给客户的完工货物。这种库存一般由销售部门或物流部门来管理和控制。

(二) 按库存物品的形成原因(或作用)分类

按库存物品的形成原因(或作用)分类,库存可分为安全库存、储备库存、在途库存和正常周转库存。

1. 安全库存

安全库存是为了应付需求、避免出现供应的意外情况而设立的一种库存。例如,原材料的供应,有时会因为供应商可能发生的生产事故、原材料采购意外等造成材料供应短缺,因此要对一些材料设立安全库存;产品销售的不可预测性,也要求存储一定量的成品库存;为预防本企业生产发生意外情况,要设立半成品的安全库存。

2. 储备库存

储备库存一般是企业用于调节供应与需求不均衡、生产速度与供应速度不均衡、各个生产阶段的产出不均衡而设置的库存,如采购困难、材料涨价、销售旺季等。

3. 在途库存

在途库存是由于材料和产品运输而产生的库存量。这种库存是一种客观存在,而不是有意设置的。在途库存的大小取决于运输时间以及该期间内的平均需求。

4. 正常周转库存

正常周转库存是指由于生产等企业经营的需要而产生的库存,如按生产计划采购的物资等。

(三) 按物品需求的相关性分类

按物品需求的相关性分类,库存可分为独立需求库存和相关需求库存。

1. 独立需求库存

独立需求库存是指用户对某种库存物品的需求与其他种类的库存无关,表现出对这种库存需求的独立性。一般用户对企业产成品和服务的需求为独立需求。

2. 相关需求库存

相关需求库存是指某一物品的库存量和另外一些物品有关系,存在一定量与时间的对应关系。一般生产制造企业内部物料转化各环节之间发生的需求为相关需求。

四、采购管理与库存控制的关系

采购管理最基本的职能是满足需求,保障供应。在企业中,一般的需求表现为两种形态:一是直接需求,二是间接需求。直接需求即需求点的需求。这时不设仓库库存,采购进来的物资直接用于需求点的消耗。间接需求即基于库存的需求。这时设有仓库库存,采购进来的物资直接存入仓库,再通过仓库去供应各个直接需求点。各个直接需求点都到仓库去获取自己需要的物资,采购不直接与直接需求点打交道。这时库存消耗量就是采购的间接需求量。采购管理无论满足哪一种需求形态,都需要进行库存控制。

在直接需求的情况下，采购管理的任务就是要维持零库存运行，即把采购进货量控制到刚好能满足生产需要的程度，没有多余的库存。这样的零库存运作就需要进行库存控制。采购管理如果不进行库存控制，这种零库存生产运作就不可能实现。

在间接需求的情况下，采购进来的物资直接用于填充库存，通过仓库去满足间接需求，因此就更需要重视库存控制。库存是采购供应和库存消耗两个方面共同作用的结果，是一个动态变化过程。库存消耗是生产和生活的需要，是采购管理必须保障和满足的间接需求。因此采购管理的任务就是要把库存量控制在既能满足间接需求，又不会使库存水平太高的程度。如果不控制库存，就不能满足生产、生活的需要，或者造成成本太高、负担太重的局面。

采购管理应当全面承担起库存控制的任务，要把采购工作的每一个步骤、每一步具体工作都看成是库存控制的具体工作，都要自觉地为库存控制做贡献，把库存控制的思想贯穿到每一项具体的工作、具体的行动中去。可以说，物资采购管理部门是企业库存控制的核心，它应该在企业的库存控制中起决定性的作用。企业库存控制的水平和科学化的程度，主要取决于物资采购管理部门的工作。只要在采购管理工作中树立起库存控制的思想，针对各种具体的需求情况，科学地制订采购策略和采购计划，并在采购工作的各个环节认真实施和控制，就能够达到库存控制的目的。

技能训练

小米手机以高性价比和产品理念牢牢吸引着年轻人的视线，也培养出一大批忠实的"米粉"。2020年，小米智能手机全年出货量达到1.46亿台，同比增长17.5%，2020年第四季度，小米全球智能手机占有率为12.1%，同比增速位列全球前五大厂商第一。更让人意外的是，小米在如此高销量的前提下仍能保持零库存运营模式，它究竟是如何做到的呢？小米联合创始人接受记者采访时认为，小米手机目前的成功，源于用互联网技术对手机制造业的改造：一是戴尔模式的供应链管理，实现了零库存，按需定制；二是类亚马逊模式的渠道，降低了渠道成本；三是基于社会化媒体的"零费用营销"。

讨论：针对上述资料，通过查询网络资源，试分析小米手机的成功要素。

复习思考题

1. 什么是采购？采购在企业中的地位如何？为什么？
2. 什么是采购管理？采购管理的目标是什么？
3. 采购管理过程包括哪些内容？各阶段分别要做的工作有哪些？
4. 简述采购部门与其他部门的关系。
5. 简述库存的定义、分类。
6. 简述采购管理与库存控制的关系。

实践技能训练

1. 实训内容：了解采购管理与库存控制。

2. 实训目的：通过实训使学生加深对采购管理与库存控制概念的理解，了解采购的地位、采购岗位及职责以及采购管理与库存控制之间的关系，注重培养学生良好的职业素养，为进一步的学习打下基础。

3. 实训安排：将学生6~8人划分为一组，进行适当的职责分工，然后搜集资料并整理，最后制作PPT及电子文档进行汇报。可以组织学生展开讨论，教师根据实际情况评分。

4. 实训题目：

(1)选定一家企业，介绍其采购管理与库存控制的概况。

(2)分析该企业的采购管理与库存控制的现象，并总结优劣势。

阅读案例

阅读案例 1

家乐福中国：采购物流迎来巨变

2015年3月，家乐福中国全面实施全新的采购和物流的组织架构，即之前全国的24个CCU（城市商品采购中心）合并成6家大区采购中心，采购中心大区城市位于沈阳、北京、上海、武汉、成都、广州，6家采购中心分别对应和归属于家乐福东北、华北、华东、华中、华西、华南6大区域。这意味着，家乐福中国在入华20年后开始一场从后端"商品采购"（零售业车轮的主轴）来驱动公司整体业务进行巨变的革命。

简单而言，家乐福中国将实行采购和门店管理运营的分离，此前在华纵横20年的CCU城市采购中心体制将再次"集权"，新成立的6大区采购中心将承担起此前散落在全国24个城市的家乐福中国的商品采购权，而6大区长将不再兼责商品采购而只是全心投入门店运营管理。

"这样的安排有三方面好处"，家乐福集团全球副总裁、中国区总裁兼CEO唐嘉年在接受《中国商报》记者专访时表示，其一是为建立家乐福的物流保障体系，将现有的由供应商送货上门的供应链网络变为配送中心物流模式，提升供应效率；其二是能发挥集中采购的优势，加强商品采购业务的专业性；其三是实行采购和门店管理运营分离，能让此前家乐福兼顾采购和管理运营门店的区域经理将商品采购的职责让渡，成为专业的门店管理运营者，而让区域采购中心专司采购，既使商品采购更高效、专业，又同时保持采购运营的本地化。"未来，6个大区的区长将可以全心投入门店运营管理，商品采购集中交给6个大区的CCU，彼此专业、高效地提升门店运营和购物体验。"

（资料来源：中国物流与采购网）

阅读案例 2

Y服饰公司：如何做到"零库存"

不可否认，线下传统零售正面临巨大挑战，服饰品牌商更是在为过去几年的粗放式增长买单，高库存之痛还在继续。然而Y服饰公司是个特例，早在2009年Y服饰公司就通过与淘宝结盟开展电商业务。在2013年"双十一"当天，Y服饰公司官方网络旗舰店的单日销售额突破1.2亿元，总计销售超过百万件商品，同比增长超过500%。2016年"双十一"，零点开始后几乎秒光的Y服饰公司旗舰店成为"双十一"销售额最高的单店，Y服饰公司官方微博于00:02:53发出突破一亿的战报，成为2016年服饰类最快破亿单品。2019年双十一开场16分钟，Y服饰公司天猫官方旗舰店成交额破5亿，截至11月11日10点，Y服饰公司销售额同比2018年增长3倍以上。

Y服饰公司平均库存的周转天数是83.72天，比国内服装企业快到至少一半以上。那么Y服饰公司著名的"零库存"是如何实现的呢？

第一，在产品开发模式上，Y服饰公司选择进军所有年龄段和性别都能穿的基本款。这种方式可以带来几种好处：犯错率降低，库存压力减轻；面对的消费者反而比较全面，而不是局限在某些特定人群，从而形成更大的市场规模；帮助Y服饰公司在非标准化的服装行业里面挖掘出标准化的品类，使得终端管控标准简单可复制，并在店铺形象、产品展示等方面能呈现一体化的管理。

第二，在销售数据的跟踪上，Y服饰公司以星期为单位。20多年来，Y服饰公司通过收集每天每时每刻、每款每色每码、每个店铺所有的销售数据，形成了一个庞大的数据库。通过实时监控、分析销售数据，来制定生产量，调整营销方案，Y服饰公司最终基本上做到了零库存。同时，Y服饰公司的电商官网以及APP上的流量全部被导向天猫旗舰店，达到在后台分析出顾客单次消费金额、消费频率等信息，并利用各种数据精准地指导Y服饰公司将新门店开在中国哪些区域，开店准确率高。

第三，采用直营店模式快速赢得直接市场反应。很多服装品牌在零售端采取加盟模式，虽然能带来巨大现金流和深入的渠道，方便企业快速扩张，但却使得信息收集环节出现断层。而第一时间掌握店铺里发生的事情，在"快时尚"行业尤为重要。Y服饰公司的经营理念里有一条，商品和店铺是我们跟顾客唯一的接点，店铺是唯一创造利润的场所。

项目 2
采购准备工作

知识目标

1. 了解供应市场调查常用的分析工具和技术；
2. 掌握采购需求确定的方法和步骤；
3. 重点掌握定性和定量预测方法。

技能目标

1. 能够进行供应市场分析；
2. 会运用定性与定量方法对采购需求进行预测；
3. 能够制定需求报表。

素质目标

1. 培养战略思维，能够分析市场，把握市场；
2. 培养良好的职业素养，具有社会责任感；
3. 培养创新思维能力，具有一定的风险防控意识。

思维导图

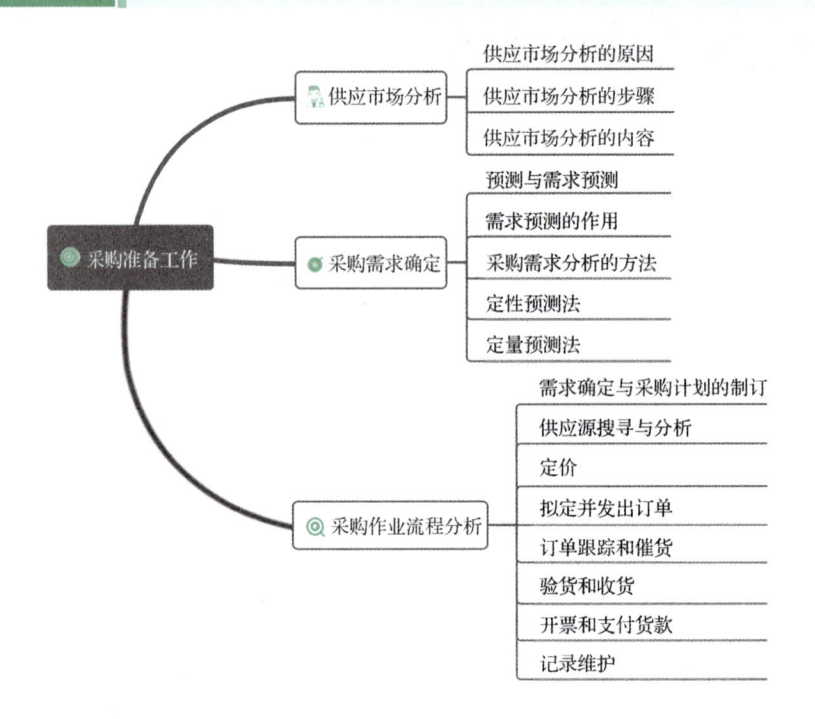

- 采购准备工作
  - 供应市场分析
    - 供应市场分析的原因
    - 供应市场分析的步骤
    - 供应市场分析的内容
  - 采购需求确定
    - 预测与需求预测
    - 需求预测的作用
    - 采购需求分析的方法
    - 定性预测法
    - 定量预测法
  - 采购作业流程分析
    - 需求确定与采购计划的制订
    - 供应源搜寻与分析
    - 定价
    - 拟定并发出订单
    - 订单跟踪和催货
    - 验货和收货
    - 开票和支付货款
    - 记录维护

任务描述

满小艾在上海开了家馄饨店,如今已形成辐射全国的区域大联网格局,不少周围的小区住户常来光顾连锁店,有些老顾客一次能吃两碗馄饨。满经理说,"别看现在生意不错,刚开业时,让我头疼的就是每天去哪里进货,进多少货,如何扩展业务,如何保证原材料的优质和新鲜,如何快速从供应商处下采购单,很多利润都被物流吃掉了。"

刚开始卖出10个馄饨,定价为5元钱,直接成本为馄饨馅儿、馄饨皮、佐料和燃料,每个馄饨成本大约2角钱。虽然存在价差空间,但是满经理的小店老赚不了钱,原因在于每天都有大量剩余原料,这些采购的原料不能隔天使用,算上人工、水电、房租等经营成本,馄饨的成本都接近4角钱了。

满经理很有感慨,如果一天卖出1 000个馄饨,同时多余500个馄饨的原料,相当于亏损了100元左右,每个馄饨的物流成本最高时有1角钱,加上粮食涨价,因此利润越来越少。可见,最大的问题是做馄饨的数量难以掌握。做少了吧,有的时候顾客来买没有(比如,顾客要的玉米馅儿馄饨没有了),也等不及现做;做多了吧,就要剩下。

任务分析

以上是一个需求与预测问题的案例。合理控制进货数量、准确预测市场需求、有效降低物流成本、提高物流效率已经成为企业经营的关键命题。

从以上馄饨店遇到的问题中我们可以看到:供应市场分析、采购需求预测等是采购管理的重要工作,同时也是采购准备工作的起点。那么怎样做好采购工作的第一步？在这一环节中又有哪些基本任务需要我们去完成呢？

任务1:供应市场分析。

任务2:采购需求确定。

任务3:采购作业流程分析。

任务1 供应市场分析

从任务描述中可以发现满小艾头疼的问题之一就是去哪里进货。供应市场分析是指为了满足企业目前及未来发展的需要,针对所采购的商品,系统地进行供应商、供应价格、供应量、供应风险等基础数据的搜集、整理和分析,为企业的采购决策提供依据。

一、供应市场分析的原因

许多大公司,像IBM、本田、朗讯科技和飞利浦电子等公司已经引入了公司商品团队的概念,负责在全球范围内采购战略部件和材料,不断为所需要的材料和服务寻找一流的供应商。供应市场分析最初由专业人员给予支持,然后公司商品采购人员自己逐渐承担起采购市场研究的活动。影响采购方进行供应市场研究的主要因素有以下几个：

（一）技术的不断创新

无论是生产企业还是商业贸易,为保持竞争力必须致力于产品的创新和质量的改善。当出现新技术时,企业或公司在制定自制、外购决策时就需要对最终供应商的选择进行大量的研究。

（二）供应市场的不断变化

国际供应市场处在不断变化之中。国家间的政治协定会突然限制一些出口贸易,供应商会因为突然破产而消失,或被其竞争对手收购,价格水平和供应的持续性都会因此受到影响。需求也同样会出现变化,对某一产品的需求会急剧上升(例如,20世纪90年代中期对奔腾微处理器的需求),从而导致紧缺状况的发生。买主必须预期某一产品供需状况的可能变化,并由此获得对自己的商品价格动态的更好理解。

（三）社会环境的变化

西欧相对较高的工资水平已经造成了供应商市场的变化。由于发展中国家的人员工资较低,有许多欧洲零售商的纺织品供应发生了变化,他们将自己的供应基地从欧洲转移到了远东地区。

(四)汇率的变动

许多主要币种汇率的不断变化为国际化经营的买主带来了新的挑战。许多国家的高通货膨胀率、巨额政府预算赤字、汇率的迅速变化都要求买主对其原料需求的重新分配做出快速反应。

(五)产品的生命周期及其产业转移

产业转移、技术进步不仅改变了供应市场的分布格局,整体上降低了制造成本,也给采购的战略制定、策略实施及采购管理提出了新的要求,带来了新的变化。这主要体现在:一是在自制、外购的决策中,外购的份额在增加;二是采购呈现向购买组件、成品的方向发展;三是采购的全球化趋势日益增强,同时采购的本地化趋势也伴随着生产本地化的要求得以加强;四是供应市场及供应商的信息更加透明化;五是技术发展使得许多公司必须完全依赖于供应商的伙伴关系。

> **思政园地**
>
> **中国经济的稳健运行为全球供应链的基本稳定做出重要贡献**
>
> 中国2021年国内生产总值(GDP)增长8.1%,其他主要经济指标也都超出预期。2020年和2021年两年平均增长5.1%,这无疑在全球主要经济体中表现较好。同时,中国经济占世界经济的比重也由2020年的17%预计上升至超过18%。
>
> 中国经济的出色表现,应首先归功于中国对新冠肺炎疫情采取的"动态清零"政策。这不仅将人民的生命和健康损失减到最小,更为经济正常运行创造了必要前提。中国的严格防疫措施为中国经济率先复苏争得了主动,也为深处困顿之中的世界提供了稳定的物资供应和急需的抗疫物资,使得中国成为缓解全球公共卫生危机和减缓经济衰退的中流砥柱,为全球供应链的基本稳定做出了巨大贡献。
>
> (节选自《经济日报》,中国是世界经济的中流砥柱,2022年01月20日)
>
> **启示**:世界正处于百年未有之大变局时期,特别是这次新冠病毒在全球大爆发,将对世界发生重大影响。世界会发生什么变化我们要有充分准备,有"预"的思维、"防"的戒心,"备"得充分,未雨绸缪。

二、供应市场分析的步骤

供应市场分析可能是周期性的,也可能是以项目为基础进行的。供应市场分析可以是用于收集关于特定工业部门的趋势及其发展动态的定性分析,也可以是从综合统计和其他公共资源中获得大量数据的定量分析。大多数的供应市场分析包括这两个方面,供应商基准分析就是定性分析和定量分析的结合。供应市场分析既可以是短期分析,也可以是长期分析。进行供应市场分析并没有严格的步骤,有限的时间通常对分析过程产生一定的影响,并且每个项目都有自己的方法,所以很难提供一种标准的方法。但是一般情况下,供应市场分析主要包括以下步骤：

(一)确定目标

要解决什么问题,问题解决到什么程度,解决问题的时间多长,需要多少信息,信息准确到什么程度,如何获取信息,谁负责获取信息,如何处理信息等问题都包含在一个简明概述中。

(二)成本效益分析

分析成本所包含的内容,进行分析所需要的时间,并分析获得的效益是否大于所付出的成本。

(三)可行性分析

分析公司中的哪些信息是可用的,从公开出版物和统计资料中可以得到什么信息,是否需要从国际数据库及其专业代理商中获得信息,并以较低的成本从中获得产品和市场分析,是否需要从一些部门购买研究、分析服务,甚至进行外出调研。

(四)制订分析计划的方案

确定获取信息需要采取的具体行动,包括目标、工作内容、时间进度、负责人、所需资源等。除了案头分析之外,还要与供应商面谈,加上实地研究。案头分析一般是收集、分析及解释数据,它们一般是别人已经收集好的数据,在采购中这类分析用得最多；实地研究是收集、分析和解释案头分析无法得出的细节,它设法追寻新信息,通过详细的项目计划为此类分析做好准备。

(五)方案的实施

在实施阶段,遵循分析方案的计划是非常重要的。

(六)撰写总结报告及评估

供应市场分析及信息收集结束后,要对所获得的信息和情报进行归纳、总结、分析,在此基础上撰写总结报告,并就不同的供应商选择方案进行比较。对分析结果的评估应该包括对预期问题的解决程度,对方法和结果的满意程度等的评估。

三、供应市场分析的内容

供应市场分析的具体内容有:供应市场研究、供应市场风险分析。

(一)供应市场研究

1.供应市场研究过程

供应市场研究过程的主要工作包括：

(1)确定目标。

(2)成效分析。

(3)可行性分析。

(4)制订研究方案与方案实施。

(5)撰写总结报告。

2. 供应市场结构分析

所谓市场结构,是指某一市场中各种要素之间的内在联系及其特征,包括市场供给者之间、需求者之间、供给者和需求者之间以及市场上现有的供给者、需求者与正在进入该市场的供给者、需求者之间的关系。

(1)市场结构的组成

①市场主体

市场主体是指在市场上从事经济活动,享有权利和承担义务的个人和组织。任何市场主体参与经济活动都带有明确的目的,以在满足社会需要中实现自身利益最大化为目标。

市场主体具有营利性,这是其最本质、最重要的特征。市场主体还具有独立性,主要表现为产权的独立和经营权的独立。市场主体遵循市场规律对经营战略和策略进行调整,是其存在于市场中的基本功能。此外,市场主体还具有相互间的关联性、平等性、合法性等特征。

②市场格局

市场格局是指在市场经济条件下,市场上买卖双方在交换活动中所处的地位和相互关系。这种地位和关系取决于市场上商品的供给与需求状况。

③市场集中度

市场集中度就是某产业市场前几名企业的市场份额占整个市场的比例。

● 绝对集中度分析。绝对集中度以该产业市场中最大的 N 个企业所占市场份额的累计数占整个产业市场的比例来表示。

● 相对集中度分析。相对集中度一般用洛伦茨曲线及基尼系数表示。

(2)市场结构的划分依据

划分市场结构主要依据以下三方面:
①行业内的生产者数量或企业数量;
②产品的差别程度;
③进入障碍的大小。

(3)市场结构的类型

市场结构的类型见表 2-1。

表 2-1　　市场结构的类型

市场结构的类型	厂商数量	产品差异程度	个别厂商控制价格程度	厂商进出行业的难易程度	现实中接近的市场
完全竞争市场	很多	几乎没有	厂商只能被动地接受市场价格	很容易	农产品
垄断竞争市场	较多	有很小的差异	厂商对价格有很小的影响力	较容易	服装、餐饮
寡头垄断市场	很少,只有几个	有差异或者无差异	厂商对价格有较大的影响力	困难	汽车、钢铁、石油
完全垄断市场	只有一个	只有一种产品,没有替代品	价格受厂商的控制	不可能	自来水、电力

(二)供应市场风险分析

供应市场风险降低,会给企业成本的降低带来很大的空间,因此,它是制定采购决策必须重点考虑与分析的内容。一般应该在评价、选择、认可新供应商之前就做这件事情;对现有供应商也可以定期进行分析。

供应市场风险分析包括四个阶段:准备阶段、分析评价阶段、行动改进阶段、总结提高阶段。

1. 准备阶段

这一阶段包括供应市场风险分析评价之前的所有准备工作。

(1)明确潜在的风险性和是否需要做风险分析。

(2)确定风险分析的理由,制定风险分析的准则、方法,界定风险分析所涉及的供应商和采购物品范围。

(3)明确参与风险分析的人员,提出进一步的工作计划。

2. 分析评价阶段

这一阶段可以以检查表作为指导,由评价队伍通过对供应商进行提问、现场考察等方式进行。

(1)评价内容

①总体情况。

②管理对策与措施。

③质量保证体系。

④设计、工程能力。

⑤企划与供应商管理。

⑥市场及顾客服务。

⑦环境管理。

(2)四种状态

根据上述各评价检查要素,依据实际情况可以划分为四种状态:不适用、红、黄、绿。

①不适用:该要素对供应商来说不适用,实际评价时可跳过不管。

②红:该要素对本企业来说存在较严重的潜在风险,不符合本企业的要求,必须立即采取纠正行动。

③黄:该要素的状态不是太好,不能完全满足本企业的评价要求,需要进一步改进。

④绿:该要素的状态良好或超过本企业的要求。

3. 行动改进阶段

这一阶段根据评价分析结果,研究人员及评价小组在企业采购人员的协调下,就供应商中存在的红色状态要素及黄色状态要素向供应商提出纠正及改进提高的建议。

4. 总结提高阶段

这一阶段与前一阶段紧密相关。如果供应商乐于改进并有能力改进,总结提高就有了基础。

技能训练

随着物流外包需求逐渐增多,第三方物流市场的供给成为企业研究的主要课题之一。目前国内第三方物流市场供给的情况如下:

1. 国际物流公司

这类企业主要包括荷兰天地(TNT)、美国联邦快递(FEDEX)、美国联合包裹公司(UPS)、德国邮政(DHL)、日本日通(NIP-PON EXPRESS)、英国英运(EXEL)等。

2. 国内大型第三方物流企业

这类企业主要包括:中远物流、中外运、中储、中海物流、中邮物流、海尔物流、宝供物流、招商局物流、华宇物流等。

3. 传统运输、仓储业转型的过渡型企业

这部分第三方物流企业是一些仅以运输或仓储服务为唯一业务的传统企业转变而来的。它们曾是我国物流服务中运输和仓储两大功能支柱的主要提供商。

4. 单一服务提供者

在我国目前的第三方物流市场上,许多企业是只能提供一种物流服务的单一服务提供者。比如运输车队、货代公司、报关行、装卸公司等,它们虽然在整个物流服务链条上只占有很短的位置,但是却是非常重要的。

5. 综合服务提供者

这类企业主要包括顺丰速运、苏宁物流、京东物流、菜鸟物流等。它们是互联网经济时代的领军者,目前在互联网平台、互联网金融、互联网物流等领域起着引领作用。

讨论:简述以上物流公司的优劣势。

任务2　采购需求确定

要实施采购就一定要先弄清楚采购需求,好的采购需求能够合理、客观地反映采购标的的主要特征以及要求供应商响应的条件,符合适用原则、非歧视原则,并能够切合市场实际。本项目任务描述中满小艾的馄饨店面临的任务之一就是要准确地把握顾客需求。需求预测是决策的依据。

一、预测与需求预测

(一)预测与需求预测的含义

"凡事预则立,不预则废。"一个有成就的主管人员,不仅当情况发生变化时能及时做出反应,而且能预见到变化,并因此而预先采取相应措施。

预测是指对尚未发生的事件或已经发生事件的未来前景所做的推测或判断。需求预测就是指以市场调查所获取的信息资料为基础,运用科学的方法,对未来一定时期内市场需求的变化趋势和影响因素所做的估计和推断。

（二）需求预测的内容

(1) 对市场总潜力进行预测。
(2) 对企业经营地区市场潜力进行预测。
(3) 对企业经营地区社会购买力的发展趋势进行预测。
(4) 分析评价预测方法及预测结果。
(5) 对产品生命周期及新产品投入市场的成功率进行预测。
(6) 对产品市场占有情况进行预测。

二、需求预测的作用

需求预测已成为企业生存和发展的重要条件之一。其作用主要体现在以下几个方面：

（一）需求预测是企业编制生产计划的依据

企业的生产计划是对未来生产活动的部署，而需求预测是对企业产品的市场未来发展趋势进行的推断，因此，需求预测是企业制定战略规划、安排生产计划的重要依据。任何企业都有必要对目标市场未来的需求状况做出预测，依据预测结果规划生产能力，筹备资源要素，使生产计划适应市场环境的变化。

（二）需求预测是库存管理的基础

企业物流系统中存储、运输等各项业务活动的计划都是以预测资料为基础制订的。需求预测准确，就可以降低库存水平，进而降低库存持有成本；需求预测不准确，即预测结果偏离实际需求，若预测远远大于实际需求就会造成库存积压，若预测远远小于实际需求就会无法满足顾客需求，造成延期交货甚至失去顾客。

（三）需求预测是企业增强竞争能力的重要手段

准确的需求预测对于降低企业运作成本、提高生产柔性、保证交货期、提高产品质量都有重大意义，而这些方面都是企业竞争力的体现。

三、采购需求分析的方法

需求分析的方法有多种，企业常用的有推导分析法、统计分析法和物资消耗定额法。

（一）推导分析法

推导分析法是指根据企业主产品的生产计划、结构文件和库存文件，分别求出主产品的所有零部件的需求时间和需求数量。它必须要进行严格的推导计算，不能凭空估计。运用推导分析法的步骤如下：

1. 制订主产品的生产计划

主产品是指企业提供给社会的主要产成品。例如，冰箱制造厂的主产品就是冰箱，手机生产商的主产品就是手机。主产品的生产计划是企业接受社会订货或者计划提供给社会的主产品的数量和进度计划，它是企业生产和采购的主要依据。对于订货型企业，这个计划主要是根据社会对主产品的订货计划生成的；对于备货型企业，这个计划主要是企业通过市场分析、市场预测和经营计划而生成的。

2. 制订主产品的结构文件

确定装配主产品需要哪些零件、部件、原材料,各自需要的数量,哪些要自制,哪些要外购,其中自制件在制造过程中又需要哪些零件、部件、原材料及数量,这样逐层分解,一直到最底层的原材料,即形成主产品的结构文件。在结构文件里,每一个层次的每一个零部件都要标出需要数量、是自制还是外购以及生产提前期或采购提前期。

由主产品的结构文件可以统计得出这样一个完整的资料,即为了在某个时间之前生产出既定数量的主产品,分别需要提前多长时间生产什么零部件、生产多少,需要提前多长时间采购什么零部件和原材料及采购多少。把这些资料汇总成一个表,就是主产品零部件生产采购一览表。

3. 制订库存文件

采购人员从仓库保管员处了解主产品零部件生产采购一览表中所有零部件、原材料的现有库存量以及消耗速率,经过整理可以得到一个库存文件,即主产品零部件库存一览表。

根据主产品的生产计划(包括维修所需零部件的需求计划)、主产品零部件生产采购一览表和库存文件,可以推导出下月需要采购的零部件和原材料数量。第 i 种零部件下月需求量的计算公式为

$$P_i = P \cdot n_i + P_{oi} \tag{2-1}$$

式中 P_i ——第 i 种零部件下月需求量;

P ——主产品下月的计划生产量;

n_i ——一个主产品中包含第 i 种零部件的个数;

P_{oi} ——第 i 种零部件下月的外订货数量(社会维修订货数量)。

例 2-1 某企业的主产品甲由两个 B 和一个 C 组成,一个 B 由一个 D 和两个 E 组成。一个 D 又由 2.5 kg 的 F 加工得到。C、E、F 都是通过外购获得。主产品的结构文件如图 2-1 所示。

图中,甲、B、C、D、E、F 为产品名,括号内的数字表示一个上级产品中所包含的本产品的件数,而 LT 表示提前期,单位为天。双线框表示外购件,单线框表示自制件。

由主产品甲的结构文件可以得到主产品甲的零部件生产采购一览表(表 2-2)。

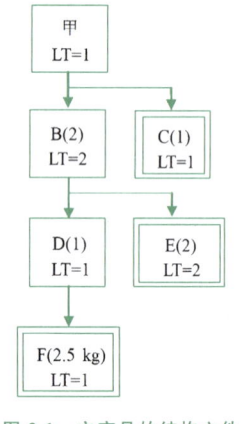

图 2-1 主产品的结构文件

表 2-2   主产品甲的零部件生产采购一览表

零部件名	数量	自制	外购	提前期(天)
B	2	√		2
C	1		√	1
D	2	√		1
E	4		√	2
F	2.5×2=5 kg		√	1

主产品甲的生产计划和零部件外订计划见表2-3,表中包括主产品甲的生产计划,也包括社会对零部件C、E的维修订货计划。

表2-3　　　　　　　　　　主产品甲的生产计划和零部件外订计划

时期/周	第1周	第2周	第3周	第4周	月合计
甲(件/周)	25	15	20	15	75
C(件/周)	15		15		30
E(件/周)		20		20	40

根据表2-3及表2-2,利用公式(2-1)就可以求出所有需要采购的零部件的数量(表2-4),这就是下月需要采购的零部件任务清单。

表2-4　　　　　　　　　　零部件采购一览表

零部件名	下月需要数量
C	75×1+30=105
E	75×4+40=340
F	5×75=375 kg

（二）统计分析法

统计分析是指运用统计的方法对采购的原始资料进行分析,找出各种物料需求的规律。

在采购需求分析中,统计分析法应用得最为普遍。在采购需求的统计分析中,最基本的原始资料主要有:各个单位的采购申请单、销售日报表、领料单和生产计划任务单等。

在现实生产中,统计分析法通常有以下两种具体方法:

1. 对采购申请单进行汇总统计

目前很多企业采购都采取这样的模式:要求下属各个单位每月提交一份采购申请表,提出每个单位下月的采购品种和数量,然后采购部门对这些表格进行统计汇总,即将相同品种的需求数量相加,得出下月总的采购任务表,再根据此表制订下月的采购计划。

这种模式简单易行,但也存在一些问题:一是市场响应不灵敏;二是库存负担重,风险大。因为一个月采购一次,必然会使采购批量增大,物资供应的时间延长,如果市场需求变化很快,有可能采购时是畅销的物资,而待物资到达时就不畅销了。这样既占用了大量资金,又增加了保管费用,从而增加了经营成本,影响经济效益。

2. 对各个单位销售日报表进行统计

对于流通企业来说,每天的销售情况就是用户对企业物资的需求情况,需求的大小反映了企业物资消耗的快慢,因此由每天的销售日报表就可以统计得到企业物资的消耗规律。消耗的物资需要补充,也就需要采购,因此物资消耗规律也就是物资采购需求的规律。

（三）物资消耗定额法

一般,生产企业在材料消耗上都采用物资消耗定额管理,即为每一个产品或零部件制定一个合理的消耗定额。所谓物资消耗定额,是指在一定的生产技术和组织条件下,生产单位产品或完成单位工作量所必须消耗的物资数量标准。它通常用绝对数表示,如生产一台彩电消耗多少个喇叭;有的也用相对数表示,如医药、化工等企业,用配料比、成品率表示。

在现实生产中,通常有以下两种制定物资消耗定额的方法:

1. 技术分析法

技术分析法是一种按产品结构设计、技术特点、加工设备和工艺流程来制定物资消耗定额的方法,具有科学、精确等特点。但该方法需要精确计算,工作量比较大。其基本步骤如下:

(1)根据产品装配图分析出产品的所有零部件;

(2)根据每个零部件的加工工艺流程得出每个零部件的加工工艺;

(3)对于每个零部件,考虑从下料切削开始一直到最后形成零部件的净尺寸 Q 为止的所有各道切削加工的切削尺寸留量 q_i。每个零部件的净尺寸 Q 加上所有各道切削尺寸留量之和,就是这个零部件的物资消耗定额 G。其计算公式为

$$G = Q + \sum q_i (i = 1, 2, 3, 4) \tag{2-2}$$

式中,切削尺寸留量包括:

q_1——加工尺寸留量。选择材料直径、长度时,总是要比零部件的净直径、净长度要大,超过的部分就是加工切削的尺寸留量。留有加工尺寸留量后的零部件材料就叫零部件的毛坯。

q_2——下料切削留量。下料时,每一个零部件的毛坯都是从一整段原材料上切断而得到的。切断每一段毛坯都要损耗一个切口宽度的材料,这就是下料切削留量。一个零部件的毛坯尺寸加上切口宽度尺寸,就是工艺尺寸。

q_3——夹头损耗。一整段材料可能要切成多个零部件毛坯。在切削成多个毛坯时,总是需要用机床夹具夹住一头。如果最后一个毛坯不能掉头切削的话,则这个材料夹头部分就不能再利用而成为一种损耗,即夹头损耗。

q_4——残料损耗。在将一整段材料切削成多个毛坯时,也可能出现 n 个工艺尺寸不能刚好平分一整段材料而剩余小部分不能利用的情况,这就是残料损耗。

2. 经验估计法

经验估计法是根据技术人员和工人的实际生产经验,参考有关的技术文件,考虑企业在计划期内生产条件的变化等因素而制定物资消耗定额的方法。这种方法简单易行,但精确度不高。

四、定性预测法

(一)德尔菲法

德尔菲法(Delphi Method)又称专家调查法,是 1948 年由美国兰德公司(Rand Corporation)首先提出并很快就在世界上流行起来的一种调查预测方法。它主要是指按规定的程序,采用函件询问的方式,依照专家小组背对背做出的判断分析,来代替面对面的会议,让专家充分发表不同的意见,经过客观分析和几次征询及反馈,使各种不同意见趋

向一致,从而得出比较符合市场发展规律的预测结果。

德尔菲法的预测步骤如下:

(1)拟订意见征询表。根据预测目的和要求,拟订需要调查了解的问题,列出预测意见征询表。

(2)选定征询对象。选择的专家是否适合,是德尔菲法成败的关键。专家一般以10~20人为宜。在进行函询的整个过程中,要由预测单位派人与专家联系,不让专家互相发生联系。

(3)反复征询专家意见。预测主持者通过书信向专家寄送意见征询表,请专家于限期内寄回结果。接到各专家的结果之后,将各种不同意见进行综合整理,把相同的事件、结论统一起来,剔除次要的、分散的事件,用准确的术语进行统一的描述,汇总成表。然后再分送给各位专家,请他们对各种意见进行比较、修正或发表自己的意见。

第二轮答案寄回后,再加以综合整理与反馈。经过这样几轮的反复征询,各位专家的预测意见趋向一致。

(4)做出预测结论。根据几次征询所提供的全部资料和几轮反复修改的各方意见,最后做出预测结论,即采用统计分析方法对预测结果进行定量评价和表述,确定预测方案。

德尔菲法是在专家会议的基础上发展起来的一种预测方法,其主要优点是专家们以匿名方式无约束地发表意见,能够避免别人尤其是权威人士意见的影响;能反映各位专家的真实看法,得出较为可靠的预测。缺点是该方法要经过多次的函询与反馈,程序繁杂,时间较长,不利于及时做出预测。

(二)厂长(经理)评判意见法

厂长(经理)评判意见法是指由企业的负责人召集销售、生产、采购、财务、研究与开发等各部门主管开会讨论,与会人员充分发表意见,对某一问题进行预测,然后,将各种意见汇总起来,进行分析研究和综合处理,最后得出市场预测结果。这种方法常用于制定长期规划以及开发新产品。

厂长(经理)评判意见法的主要优点是简单易行,不需要准备和统计历史资料,只要汇集各主管的经验与判断即可。如果缺乏足够的历史资料,此法是一种有效的途径。缺点是预测结果缺乏科学性,个别权威的观点可能左右其他人发表意见,责任不明会导致与会人员草率地发表意见。

(三)用户调查法

当对新产品或缺乏销售记录的产品的需求进行预测时,常常使用用户调查法。销售人员通过信函、电话或访问的方式对现有的或潜在的顾客进行调查,了解他们对与本企业相关的产品及其特性的期望,再考虑本企业可能的市场占有率,然后对各种信息进行综合处理,即可得到所需的预测结果。用户调查法具体可以采用全面调查法、抽样调查法和典型调查法等形式进行。

用户调查法的主要优点是能较好地反映市场需求的真实情况,直接了解顾客对产品的期望,有利于企业改善老产品、开发新产品和有针对性地开展促销活动。缺点是很难获得顾客真诚有效的合作,预测结果准确程度不高,需耗费较多的人力和时间。

(四)销售人员意见汇集法

销售人员和售后服务人员直接与顾客接触,他们比较了解顾客的需求。销售人员意见汇集法通常由各地区的销售人员根据其个人的判断或与地区有关部门(人士)交换意见并判断后做出预测。企业对各地区的预测进行综合处理后,即得到企业范围内的预测结果。有时企业也将各地区的销售历史资料发给各销售人员作为预测的参考;有时企业的总销售部门还根据自己的经验、历史资料、对经济形势的估计等做出预测,并与各销售人员的综合预测值进行比较,以得到更加准确的预测结果。

销售人员意见汇集法的主要优点是预测值很容易按地区、分支机构、销售人员、产品等区分开,增强了销售人员的销售信心,预测结果较具稳定性。缺点是预测结果带有销售人员的主观偏见,当将其作为销售人员未来的销售目标时,预测值容易被低估;而当预测涉及紧俏商品时,预测值又容易被高估。

五、定量预测法

(一)时间序列预测法

时间序列预测法是市场预测中常用的方法,它是将经济统计指标的数值按时间的先后次序排列,根据时间序列所反映出来的发展过程、方向和趋势,进行推导或延伸,据此预测下一时期或以后某段时间内可能达到的水平。时间序列预测法有一个假设前提,即假定某因素发展变化的规律、趋势、速度与该因素以后的发展变化规律、趋势和速度大体相似,同时,也假定市场的发展变化是一种渐进式的而非跳跃式的变化。

时间序列预测法有多种,下面介绍几种常用的方法。

1. 简单平均法

简单平均法是把过去各个时期的实际数据进行算术平均,以其平均数作为下一时期的预测值,计算公式为

$$F_t = \sum_{i=1}^{n} \frac{D_i}{n} \tag{2-3}$$

式中　F_t——预测值;

　　　D_i——第 i 时段的需求数据值;

　　　n——观测时段的个数。

例 2-2 某材料的需求数据见表 2-5,利用简单平均法对其下一时段的需求量进行预测。

表 2-5　　　　　　　　　　　　某材料的需求数据　　　　　　　　　　　　单位:千克

周	实际需求量
1	140
2	156
3	184
4	

解:利用简单平均法的计算公式,可以预测第 4 周的需求量为

$$F_4 = (140 + 156 + 184)/3 = 160(千克)$$

2. 简单移动平均法

简单移动平均法采取滚动引进数据而不断地改变平均值的做法。移动平均值的反应

速度是由调整移动平均中所包括的周期数和对每一周期的加权所控制的。其计算公式为

$$F_t = \frac{D_{t-1} + D_{t-2} + D_{t-3} + \cdots + D_{t-n}}{n} \tag{2-4}$$

式中　F_t——预测值；

　　　D_i——第 i 周期的实际需求数，$i = t-1, t-2, t-3, \cdots, t-n$；

　　　n——移动平均采用的周期数。

例 2-3 某笔记本电脑的销售记录见表 2-6，取 $n=3$ 和 $n=4$，试用简单移动平均法预测需求量。

表 2-6　　　　　　　　　某笔记本电脑的销售记录　　　　　　　　　单位：万台

月份	实际销售量	$n=3$ 时的预测值	$n=4$ 时的预测值
1	20		
2	21		
3	23		
4	24	21.33	
5	25	22.67	22
6	27	24	23.25
7	26	25.33	24.75
8	25	26	25.5
9	26	26	25.75
10	28	25.67	26
11	27	26.33	26.25
12	29	27	26.5

解：利用简单移动平均法的计算公式计算各期的预测值，结果见上表。例如：

当 $n=3$ 时：$F_t = (D_{t-3} + D_{t-2} + D_{t-1})/3 = (20+21+23)/3 \approx 21.33$（万台）

当 $n=4$ 时：$F_t = (D_{t-4} + D_{t-3} + D_{t-2} + D_{t-1})/4 = (20+21+23+24)/4 = 22$（万台）

3. 加权移动平均法

从上述计算中，我们知道简单移动平均法对数据不分远近，同等对待。有时，最近的数据反映了需求的趋势，则用加权移动平均法更合适一些。加权移动平均法弥补了简单移动平均法的不足，其预测公式为

$$F_t = W_1 \times D_{t-1} + W_2 \times D_{t-2} + \cdots + W_n \times D_{t-n}$$

$$\sum_{i=1}^{n} W_i = 1 \tag{2-5}$$

式中　F_t——预测值；

　　　D_i——第 i 时段的需求数据值；

　　　W_i——第 i 时段的需求数据的权重值。

例 2-4 利用表 2-5 中的数据，假定第一周的权重为 1/6，第二周的权重为 2/6，第三周的权重为 3/6，用加权移动平均法对第 4 周的需求量进行预测。

解：利用加权移动平均法的计算公式,可以预测第 4 周的需求量为

$$F_4 = 140 \times 1/6 + 156 \times 2/6 + 184 \times 3/6 \approx 167(千克)$$

4. 指数平滑法

指数平滑法是短期预测中最有效、应用最普遍的方法。该方法很简单,只需要得到很小的数据量就可以连续使用,当预测数据发生根本性变化时还可以进行自我调整。对于指数平滑法,只需用三个数据,即最近期的预测值、最近期的实际需求量以及平滑系数,就可求出预测值。其计算公式为

$$F_t = F_{t-1} + \alpha(D_{t-1} - F_{t-1})$$
$$= \alpha D_{t-1} + (1-\alpha)F_{t-1} \tag{2-6}$$

式中 F_t——新一期的预测值;

F_{t-1}——上一期的预测值;

D_{t-1}——上一期的实际需求值;

α——平滑系数($0 \leqslant \alpha \leqslant 1$)。

上式表明,新一期的预测值等于上一期的预测结果加上该结果与其实际需求间偏差的一个百分量,一般介于上一期的预测值与实际需求值之间。平滑系数 α 的大小可根据过去的预测值与实际值的比较而定。若二者之间的差额大,α 的值应取大一些;反之,则 α 的值应取小一些。α 的值越大,表示近期的倾向性变动对预测结果影响越大;反之,则表示近期的倾向性变动对预测结果影响越小。

例 2-5 某企业某年前 11 个月修复的轴承统计数据见表 2-7,若 1 月份轴承数量的预测值为 3 000 个,试用指数平滑法对企业 12 月份修复的轴承数量进行预测。

表 2-7　　　　　某企业年度轴承需求量资料　　　　　单位:个

月份	需求量实际值	指数平滑系数与相应的预测值		
		$\alpha=0.1$	$\alpha=0.5$	$\alpha=0.9$
1	3 000			
2	2 879	3 000	3 000	3 000
3	3 121	2 988	2 940	2 891
4	2 865	3 001	3 031	3 098
5	2 867	2 987	2 948	2 888
6	3 100	2 975	2 908	2 869
7	2 854	2 988	3 004	3 077
8	2 989	2 975	2 929	2 876
9	2 732	2 976	2 959	2 978
10	2 900	2 952	2 846	2 757
11	3 156	2 947	2 873	2 886
12		2 968	3 015	3 129

解：利用指数平滑法的计算公式计算出各期的预测值，结果见表 2-7。例如：

当 $\alpha=0.1$ 时，$F_3=F_2+\alpha(D_2-F_2)=3\,000+0.1\times(2\,879-3\,000)=2\,988$（个）

$F_4=F_3+\alpha(D_3-F_3)=2\,988+0.1\times(3\,121-2\,988)=3\,001$（个）

（二）季节性预测法

如果一种物品的需求分布是季节性模式，那么就要使用符合季节性变化的更精确的预测方法来预测不同时段的季节性变化量。常用的方法有季节性指数法和基础序列法。

季节性指数法是把历史数据综合在一起，并预测不同季节或时段（如月或周）的周期性变化趋势，即每一时段的预测量占整个周期总量的比例，利用这个比例系数再进行季节性预测。

例 2-6 某公司生产的电子产品 2019 年至 2021 年的需求数据见表 2-8，从表中可以看出该产品的需求呈季节性变化，若该公司对下一年度电子产品的需求量预测值为 830 万个，则预测该公司 2022 年每一季度的需求量。

表 2-8　　某电子产品需求历史数据　　单位：万个

时段	2019 年	2020 年	2021 年	三年总和	占全年的百分比（%）
第一季度	125	140	183	448	21.43
第二季度	270	245	295	810	38.76
第三季度	186	174	190	550	26.32
第四季度	84	96	102	282	13.49
总计	665	655	770	2 090	100.00

解：每个季度的需求量为：

第一季度的需求量 $=830\times448/2\,090=830\times21.43\%\approx178$（万个）

第二季度的需求量 $=830\times810/2\,090=830\times38.76\%\approx322$（万个）

第三季度的需求量 $=830\times550/2\,090=830\times26.32\%\approx218$（万个）

第四季度的需求量 $=830\times282/2\,090=830\times13.49\%\approx112$（万个）

（三）回归预测法

世界上各种事物之间或每个事物的各个方面之间要么有联系，要么无联系。如果把各种事物或每个事物的各个方面用最能反映其本质特征的变量来表示，那么这些变量之间也只能存在两种状态：有关联或无关联。比如，物品的需求与价格，物品的采购量与需求量，物品的采购成本与销售利润等。

回归预测法就是将自变量与因变量之间的相关关系，用回归方程的形式表示，并根据自变量的数值变化去预测因变量的数值变化的方法。选用一个影响因素（一个自变量）的回归预测称为一元回归预测；选用两个影响因素的回归预测称为二元回归预测；选用多个影响因素的回归预测称为多元回归预测。回归预测法又可根据自变量与因变量之间是否呈线性关系，分为线性回归预测法和非线性回归预测法。下面主要介绍一元线性回归预测法。

一元线性回归方程为

$$y=a+bx \tag{2-7}$$

式中　y——预测的因变量；

　　　x——自变量；

　　　a——纵轴截距；

　　　b——直线的斜率。

运用最小二乘法，并令二阶偏导数为零，可得 a 与 b 的计算表达式为

$$a = \bar{y} - b\bar{x} \tag{2-8}$$

$$b = \frac{\sum xy - n\bar{x} \cdot \bar{y}}{\sum x^2 - n \cdot \bar{x}^2} \tag{2-9}$$

式中　$\bar{x}$——x 的平均值；

　　　$\bar{y}$——y 的平均值。

例 2-7　假设某地区某种耐用消费品的销售量与该地区的收入水平有关，收入水平增加，该耐用消费品的销售量就增加。表 2-9 显示了该地区在 2017~2021 年 5 年间某种耐用消费品的年销售量与人均年收入之间的关系，若该地区在 2022 年人均年收入达到 7 000 元，预测 2022 年耐用消费品的需求量。

表 2-9　某种耐用消费品年销售量与人均年收入之间的关系

年份	耐用消费品销售量/万件 y	人均年收入/元 x	xy	y^2	x^2
2017	200	2 000	400 000	40 000	4 000 000
2018	210	2 200	462 000	44 100	4 840 000
2019	235	2 500	587 500	55 225	6 250 000
2020	255	3 000	765 000	65 025	9 000 000
2021	276	3 600	993 600	76 176	12 960 000
合计	1 176	13 300	3 208 100	280 526	37 050 000

解：根据一元线性回归方程参数 a 与 b 的计算公式，可求出 a、b 的值为

$$b = \frac{\sum xy - n\bar{x} \cdot \bar{y}}{\sum x^2 - n \cdot \bar{x}^2} = \frac{3\ 208\ 100 - 5 \times \frac{13\ 300}{5} \times \frac{1\ 176}{5}}{37\ 050\ 000 - 5 \times \left(\frac{13\ 300}{5}\right)^2} \approx 0.04781$$

$$a = \bar{y} - b\bar{x} = \frac{1\ 176}{5} - 0.04781 \times \frac{13\ 300}{5} = 108.0254$$

若该地区 2022 年人均年收入达到 7 000 元，则 2022 年耐用消费品的需求量预测值为

$$y = a + bx = 108.0254 + 0.04781 \times 7\ 000 = 442.6954(万件)$$

技能训练

有人对本项目任务描述中满小艾的馄饨店经营状况做了以下分析并提出了改进措施：

(1) 每天定量供应，一般早上 10 点开始，晚上 9 点结束，但是这样可能会损失部分客流量。

（2）根据以往的经验预测，面粉每天的用量比较大，因为不管包什么馅儿的馄饨都得用面粉，所以这部分的需求量相对比较固定。

（3）馄饨馅儿原料要根据前一天用量进行每日预测，然后根据原料清单进行采购。一日采购两次，下午根据上午的消耗进行补货，晚上采购第二天上午的需求量。

（4）如果碰到需求波动比较大的情况，也就是说某一种馄饨的需求量非常大的时候，比如客户要的玉米馅儿馄饨没有了，就要求店员推销牛肉馅儿或者羊肉馅儿馄饨。

讨论： 请你分析改进措施中用到了本项目中哪些知识点。你能帮一帮满小艾，提出其他改进措施吗？

任务3　采购作业流程分析

作为满小艾馄饨店的采购员，应该熟练掌握采购工作流程，那么该如何快速入门？通常来讲，各个企业之间的采购策略都有一个共同的模式，主要包括以下八个环节：

一、需求确定与采购计划的制订

任何采购都是由企业中某个部门的确切需求产生的。确定需求是采购流程的初始环节。负责具体业务活动的人应该清楚地知道各部门的特殊需求：需求什么、需求多少、何时需求。这样，采购部门就会收到各个部门发出的物料需求单。虽然这类需求也可以由其他部门的富余物料来予以满足，但是公司或早或晚都要进行新的物料采购。

详细来说，需求的确认过程就是采购部门收到采购申请、制订采购计划的过程。需求部门发出采购请求，计划制订者审查通过，汇总所要采购的物资，授权采购部门制订和签发订单，采购部门分配到各个采购员，给他们下达采购任务。通常采购请求的信息包括：申请者名称、主管审查同意的意见、应计入的成本项目、物料说明书、需求数量和计量单位、要求送货的时间和地点等。

二、供应源搜寻与分析

这是采购作业流程中的第二步。对潜在供应商的评价从确定采购需求的那一刻就决定了，并随着物料计划书的发展而发展。

选择、确认供应商，简单的方法可以打开通信录，查找客户联系方式，发送采购意向；复杂的方法则会涉及很多方面。采购部门在实施采购计划前必须先组织采购调查，掌握采购信息。采购调查和市场调查有相似之处，都是对市场信息的搜索和分析，所以，有时采购部门的调研员可以和企业中的信息部门合作进行调查和计划。

采购来源的分析首先要列出供应商的名单，这份名单可能来自多个渠道，如市场代表同供应商打交道的经验、相关数据以及贸易杂志等。对某些项目，公司可能已经有了一个"优先考虑的供应商"名单，新业务首先给予这个名单上的供应商。这些供应商过去已经证明了他们的能力，依靠这个名单可以节省分析和选择供应商的时间和资源。

买方可以用不同的绩效标准分析潜在的供应商，包括供应商的实力、以往在产品设计上的表现、质量承诺、管理水平、技术能力、成本控制、送货服务、优化流程和开发产品的技术能力等。这些因素在不同厂商心中有着不同的权重,而且最终的评价往往需要实地考察供应商的工厂和设备。由于这种考察会导致成本的增加,因此采购人员确定考察对象时必须十分谨慎。

三、定价

确定价格的方法有很多种,其中最为常见的有:竞争性报价和谈判报价。

(一)竞争性报价

竞争性报价是指买方向有合作意愿的供应商发出询价单。产品询价单格式如图2-2所示。

产品询价单

编号

_____单位_____先生：

1. 本公司由于业务需要拟向贵公司洽购下列物品(见附件),请速予报价以便进一步联系。
2. 来函或来电请洽本公司采购部,电话_____,并请惠示贵公司联络人与电话。
3. 附件(含物品名称、数量及产品检验说明)。

××公司采购部
年 月 日

图2-2 产品询价单格式

1. 竞争性报价对供应商的要求

(1)有能力根据买方的要求制造产品并且能够在预定的日期前发货。

(2)在其他方面也应该具有足够的可靠性。

2. 竞争性报价适用的情况

(1)采购量足够大,值得进行竞争性报价。

(2)供应商很清楚细节和要求,有能力准确估计生产所需的成本。

(3)竞争性的市场环境,即有足够多的合格竞争者。

(4)买方只向技术合格的供应商发出竞标通知,而愿意合作的供应商则进行报价。

(5)买方没有优先考虑的供应商。

如果价格是最重要的标准,而且对采购项目有明确的说明,买方就可以使用竞争性报价。如果存在重要的非价格标准,买卖双方通常会直接谈判,竞争性报价则用在进行直接谈判之前,以缩小潜在的供应商范围。

(二)谈判报价

1. 谈判报价适用的情况

(1)当前述任何竞争性报价的标准都不存在时。

(2)当采购方要求诸多绩效因素必须达到一致时。

(3)当买方要求供应商早期参与时。

(4)当供应商不能确定风险和成本时。

(5)当供应商需要很长时间来开发和生产采购方采购的物品时。

2.供应商和采购方谈判时的注意事项
(1)要以高效率的方式运作。
(2)保持价格与成本的相关性。
(3)不利用单一供应商的优势。
(4)对于采购方的要求能够进行适当合理的调整。
(5)愿意考虑采购方的特殊情况。

四、拟定并发出订单

在选定供应商以后,接下来要做的就是同供应商签订正式的采购订单。订单是采购方向供应商发出的有关货物的详细信息和指令。采购订单根据商品的要求、供应商的情况、企业本身的管理要求、采购方针等要求的不同而各不相同。总的来说,订单包括的要素有:订单编号、产品的名称、规格、品质简介、单价、需求数量、交易条件、运输方式、交货期限、交货地址、发票单位等。采购方将采购订单寄送给厂商,厂商确认后留存一联作为交货时的凭证,回执联寄回采购方作为验收及物料管理的参考。

五、订单跟踪和催货

采购订单发给供应商以后,采购方并不是就可以高枕无忧地等供应商把所订购的货物按质按量送到企业的仓库,而应对订单进行跟踪和催货。企业在发出采购订单时,同时会确认相应的跟踪接触日期。在一些企业中,甚至会设有一些专职的跟踪和催货人员。

这里的跟踪是指对订单所做的例行跟踪,以确保供应商能够履行其货物发运的承诺。如果出现了问题,采购方需要尽早了解,以便采取相应的行动。采购方需要经常询问供应商的进度,有时甚至有必要到供应商那里去走访。不过这一措施一般仅用于关键的、大额的和提前期较长的采购事项。通常,为了及时获得信息并知道结果,跟踪一般通过电话进行。

催货是对供应商施加压力,以便其按期履行最初所做出的发运承诺,提前发运货物或是加快已经延误的订单涉及的货物发运。如果供应商不能履行发运的承诺,采购部门可以威胁取消订单或是进行罚款。催货只是采购订单跟踪过程中的一小部分,因为如果采购部门对供应商能力已经做过全面分析,那被选中的供应商就应该是那些能遵守采购合约的可靠的供应商。而且,如果公司对其物料需求已经做了充分的计划工作,不是特殊情况,就不必要求供应商提前发运货物。

六、验货和收货

采购货物的验收具有重要意义。一些在较大地域上较分散的大公司对货物的验收是由货物使用部门来执行的。除此之外,也有企业采用将所有货物的验收活动集中于一个部门的做法。由于收货部门与采购部门的关系非常密切,所以许多公司的收货部门直接或间接地向采购部门负责。实施了准时化采购库存管理系统的公司,对于已经获得认证的供应商的物料可以完全免除验货与收货这两项程序,并将其直接送往使用地。对于小额采购也可以免除这些程序。

七、开票和支付货款

一般来说,在采购货物检验和接收入库后采购方要对供应商进行付款。采购部门应向财务部门提供采购货物检验合格及已入库证明,连同发票一起向财务部门申领支票用于付款。对于长期合作的供应商,可以在签订合作协议时就规定一个付款结算的周期,周期以内该供应商的发票、汇票以及验收入库的证明都将归在一起,以便周期结束时进行结算。

付款操作的具体过程如下:
(1)查询物料入库信息。
(2)准备付款申请单据(合同、物料检验单据、物料入库单据、发票)。
(3)付款审批。
(4)向供应商付款。
(5)供应商收款。

八、记录维护

采购的最后一项工作就是记录的维护。这一工作是采购部门把与订单有关的文件副本进行汇集归档,并把其想保存的信息转化为相关的记录。

1. 必须保存的记录
(1)采购订单目录。
(2)采购订单卷宗。
(3)商品文件。
(4)供应商的历史文件。

2. 其他记录文件
(1)劳务合同。
(2)工具和寿命记录。
(3)少数的小额采购指明从这些供应商处采购支付的金额。
(4)投标的历史文件。

技能训练

据路透社报道,2017年沃尔玛首次合并线上线下的商品采购流程。沃尔玛正在优化冗余业务,整合采购运营,从而更好地与亚马逊展开竞争。

未来,位于阿肯色州本顿维尔的沃尔玛总部的线下采购团队将整合给两个平台供货的供应商的订单。在新系统下,沃尔玛实体店内销售的商品也被批准在线销售。这样做,可以利用沃尔玛总部强大的采购业务把4 600家美国实体店的商品转移到线上,扩大在线商品的种类。实际上,沃尔玛一直在试图扩大其在线品类,其线上商品的种类已从2016年年初的800万件增长到了2016年年底的超过2 000万件。但这个数字和亚马逊相比依然相形见绌,亚马逊上有超过3亿件产品。

顺应这一变革,沃尔玛还将重组其领导团队,一次全面改革将有利于更好地调整其实体店和电子商务的运营。

讨论:沃尔玛如何优化采购流程?

复习思考题

1. 供应市场分析的内容有哪些？
2. 推导分析所依据的主要资料包括哪些？如何进行推导分析？
3. 统计分析常用的方法有哪些？各有哪些优缺点？
4. 什么是物资消耗定额？如何运用技术分析法制定物资消耗定额？
5. 定性预测法主要有哪几种？说明它们各自的特点和适用范围。
6. 表2-10列出了某种摩托车比赛专用轮胎的月销售记录。若1月最初预测值为100个，令 $\alpha = 0.4$，进行指数平滑预测。

表2-10　　　　　　　某摩托车专用轮胎月销售记录

月份	1	2	3	4	5	6	7	8	9	10	11	12
销售量(个)	107	107	103	95	108	98	98	107	107	110	113	112

7. 某品牌冰激凌专卖店近6周来巧克力口味冰激凌销售记录见表2-11。

表2-11　　　　　　　某品牌巧克力口味冰激凌销售记录

周	5月第一周	5月第二周	5月第三周	5月第四周	6月第一周	6月第二周
体积(升)	19	18	22	25	29	32

(1) 用3周移动平均的方法预测下一周需求量。
(2) 若销售记录由远至近分配的权重分别为0.1、0.3、0.6，用加权移动平均法预测下一周需求量。

8. 某产品2017～2021年的实际销售量见表2-12，预测2022年该产品的销售量。

表2-12　　　　　　　某产品2017～2021年销售量

年份	2017	2018	2019	2020	2021
销售量(万件)	12	12.5	13.2	13.5	14

9. 采购作业的流程包括哪些？

实践技能训练

1. 实训内容：采购需求分析。

2. 实训目的：通过实训加深学生对采购需求的认识，使学生能够运用采购预测的方法确定企业采购数量，提高学生的分析能力。

3. 实训安排：将学生分为不同的小组，每组为4～6人，联系相关企业若干家，提供可联网的机房以便学生进行资料查询与实训报告的完成。

4. 实训题目：收集企业采购需求单位的物料需求计划资料，将收集的资料进行整理。

根据收集到的资料及企业实际情况选择采购需求预测方法，运用所选定的方法对企业进行采购需求分析，预测采购需求量，完成企业采购需求预测报告。

阅读案例

打造智慧供应链 东航一体化采购管理平台上线

随着东航集团采购管理一体化平台上线，东航顺利开启数字化采购新时代，这标志着东航迎来采购管理改革工作的里程碑，将向精准打造智慧供应链的方向前行。

东航集团采购管理一体化平台项目是为响应国务院办公厅《关于积极推进供应链创新与应用的指导意见》，贯彻落实《东航集团采购管理体制改革方案》，通过资源整合和流程优化促进产业跨界和协同发展，促进企业降本增效、采购管理创新升级的长效机制，可使企业供需关系精准匹配。该项目以交易驱动、扁平化运营、精细化管理、互联网化协同为导向，不断完善管理制度，提升采购运营能力，加强社会化合作，持续打造"融合、共享、开放"的智慧供应链体系，有效满足公司各层级、全品类的物资保障需求。

项目团队由信息部、采购管理部、供应商联合组成，自2020年10月组建以来，团队成员以集团"业务协同"和"创新驱动"为目标，通过多维解构、深度分析东航集团采购业务，克服实施过程中的一系列困难，圆满完成项目阶段性上线目标，为东航打造了标准统一的数字化采购业务流程，展现出精湛的专业知识和脚踏实地的工作作风。

重构采购体系，调整组织职能，推动规范化阳光采购。东航按照"促集中、调架构、强科技、补短板"四大重点改革任务，持续做好采购管理集中化体系建设、牢固夯实采购精细化管理基础，在集团层面基本建成规章制度健全、组织体系完备、体制机制合理、效率效益良好的采购管理体系，为项目顶层设计奠定制度基础。

科技引领创新，变革驱动发展，落地专业化技术应用。该项目引入电商采购模式，利用云服务、大数据等先进技术，促进资源配置优化，提升全要素生产率，快速实现业务场景。

优化采购流程，控制业务风险，实现智慧化协同运营。项目基于供应链管理思想，配合供应链中各实体的业务需求，以优化应用、提高体验为目标，对采购管理的业务流程和风险点进行梳理，形成物流、信息流、商流和资金流四流合一的集中采购平台，打造出全流程数字化、全过程透明化、全链路可追溯的采购业务新模式。

聚合采购数据，聚焦业务场景，为数字化决策赋能。项目下一阶段计划对采购数据进行加工、存储、挖掘、分析及共享，将关键业务引入数字化场景，通过挖掘分析全集团的采购数据以及供应链生态等，深挖供应链价值，帮助采购管理部门、实施主体了解采购业务执行情况，依托大数据赋能智慧供应链，为管理层提供决策支持。

在"十四五"信息化规划中，公司在企业治理方面制定了"225"总体规划路线，其中，采购管理一体化项目作为资产管理数字化建设的重要内容，有利于企业治理更加规范化、精细化、协同化。此次东航集团一体化采购管理平台成功上线后，将发挥公司规模优势，降低采购运营成本，提高采购效率，提升服务能力，实现经济效益、管理效益双丰收。未来，该项目也将继续深化应用，构建采购全局信息视图，完善智慧供应链生态，为"十四五"规划交上一份满意答卷。

（资料来源：中国民航网，2021.12.23）

项目 3
采购方式

知识目标

1. 了解招标采购的含义;
2. 掌握招标采购的特点、适用条件和操作程序;
3. 重点掌握招标采购文件的撰写方法;
4. 了解电子商务采购的含义、优势和常用模式;
5. 掌握电子商务采购的流程。

技能目标

1. 能够实施招标采购;
2. 能够根据电子商务采购常用模式实施电子采购。

素质目标

1. 培养政策与法规的理解和运用能力;
2. 培养社会责任意识,具有担当、尽职尽责的能力;
3. 培养团结协作的工作精神。

思维导图

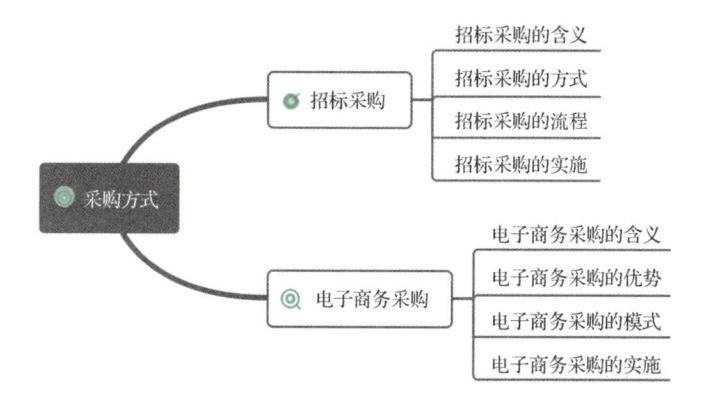

- 采购方式
  - 招标采购
    - 招标采购的含义
    - 招标采购的方式
    - 招标采购的流程
    - 招标采购的实施
  - 电子商务采购
    - 电子商务采购的含义
    - 电子商务采购的优势
    - 电子商务采购的模式
    - 电子商务采购的实施

任务描述

某公司生产经营部门向采购部递交请购单如下：

(1) 采购 2 吨手动液压推车 3 台，要求 15 天内到货。

(2) 紧急采购气动螺丝刀 30 把，要求：国产品牌，质量上乘、能保修，供应商在北京市内。

(3) 长期采购铝锭：100 吨/月。

要求：交货地点在需方仓库，运输方式是汽车运输，运费由供方承担，合理损耗在千分之一内，验收标准是元素化验结果符合质量要求。

该公司采购部门要求采购员对以上三种物品进行采购。如果你是采购员将会如何选择适宜的采购方式呢？

任务分析

从任务描述中可以看出，采购部面临的问题就是采购方式的选择。确定合理的采购方式是采购活动成功、顺利进行的前提，是公平、公正、公开、高效的重要保证。在实际操作中，提到采购方式，主要有招标采购、询价采购、电子商务采购等。

不同的情况下采用的采购方式应该是不同的，为此企业应该了解各种采购方式的特点及其适用范围。这一环节的任务是：

任务 1：招标采购。

任务 2：电子商务采购。

任务 1 招标采购

招标采购就是通过招标方式寻找最好的供应商进行采购的采购方式。私人招标采购的应用条件与政府采购的区别不是很大,主要以资金数额及决策层的意见为标准,但政府采购方面要求更为严格。

一、招标采购的含义

招标采购是通过在一定范围内公开购买信息,说明拟采购物品或项目的交易条件,邀请供应商或承包商在规定的期限内提出报价,经过比较分析后,按既定标准确定最优惠条件的投标人并与其签订采购合同的一种高度组织化的采购方式。

招标采购是在众多的供应商中选择最佳供应商的有效方法。它体现了公平、公开和公正的原则。招标采购方式通常用于比较重大的建设工程项目、新企业寻找长期物资供应商、政府采购或大批量采购等场合。

二、招标采购的方式

目前世界各国和国际组织的有关采购法律、规则都规定了公开招标、邀请招标、议标三种招标方式。

(一)公开招标

1. 公开招标的含义

公开招标也称无限竞争性招标,是一种由招标人按照法定程序,在报刊、网络等公共媒体上发布招标公告,吸引众多企业和单位参加投标竞争,招标人从中选择中标单位的招标方式。《中华人民共和国招标投标法》(以下简称《招标投标法》)第十条规定,招标分为公开招标和邀请招标。公开招标,是指招标人以招标公告的方式邀请不特定的法人或者其他组织投标。

公开招标的优点在于能够最大限度地选择投标商,竞争性更强,择优率更高,同时也可以在较大程度上避免招标活动中的贿标行为,因此,国际上政府采购通常采用这种方式。但是这种方式也有缺点,比如采购费用较高、手续烦琐、花费时间较长等。

2. 公开招标的种类

按照竞争程度,公开招标又可以分为国际竞争性招标和国内竞争性招标。其中国际竞争性招标是企业采用最多、占采购金额比重最大的一种方式。

(1)国际竞争性招标

这是在世界范围内进行的招标,国内外合格的投标商均可以投标。它要求有制作完整的英文标书,在国际上通过各种宣传媒介刊登招标公告。它的特点是高效、经济、公平,采购合同金额较大。国外投标商感兴趣的货物和工程要求必须采用国际竞争性招标。

(2)国内竞争性招标

这类招标方式可用本国语言编写标书,只在国内媒体上刊登广告,公开出售标书,公开开标。它通常用于合同金额较小、采购品种比较分散、分批交货时间较长、劳动密集型、商品成本较低而运费较高、当地价格明显低于国际市场价格等类型的商品的采购。

从国内采购货物或工程建筑材料可以大大节约时间,而且这种便利对项目的实施具有重要意义。在国内竞争性招标的情况下,如果外国公司愿意参加,则应该允许它们按照国内竞争性招标程序参加投标,不应人为设置障碍,妨碍其公平参与竞争。国内竞争性招标的程序与国际竞争性招标的程序大致相同。

3. 公开招标的条件

(1)招标人需向不特定的法人或者其他组织(有的科研项目的招标还可包括个人)发出投标邀请。招标人应通过公共媒体公布其招标项目、拟采购的具体设备或工程内容等信息,向不特定的人提出邀请。任何认为自己符合投标人要求的法人或其他组织、个人都有权向招标人索取招标文件并届时投标。采用公开招标方式的招标人不得以任何借口拒绝向符合条件的投标人出售招标文件;依法必须进行招标的项目,招标人不得以地区或者部门不同等借口违法限制任何潜在投标人参加投标。公开招标的流程如图3-1所示。

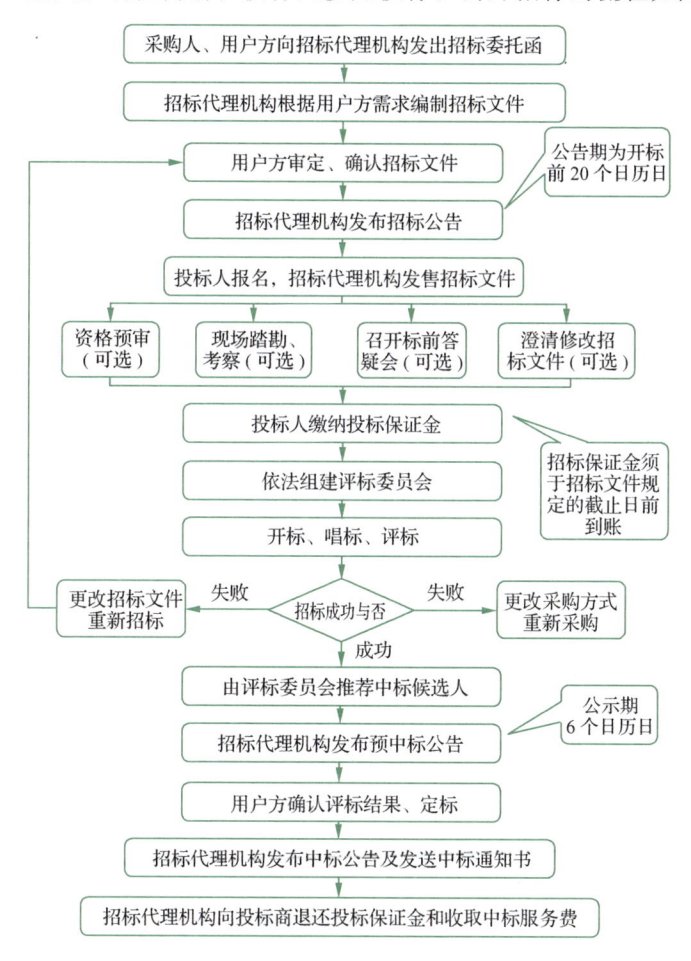

图3-1 公开招标的流程

(2)公开招标须采取公告的方式,向社会公众明示其招标要求,使尽量多的潜在投标商获取招标信息,前来投标,从而保证招标的公开性。

实际生活中,人们经常在报纸上看到"×××招标通告",此种方式即为公告招标方式。其他方式,如向个别供应商或承包商寄信等方式招标的都不是公告方式,不应为公开招标人所采纳。

(二)邀请招标

1.邀请招标的含义

邀请招标指招标人以投标邀请书的方式邀请特定的法人或者其他组织投标的招标方式。邀请招标也称为有限竞争性招标或选择性招标,即由招标单位选择一定数目的合格企业(必须有 3 家以上),向其发出投标邀请书,应邀单位在规定的时间内向招标单位提交投标意向,购买投标文件进行投标。邀请招标的流程如图 3-2 所示。

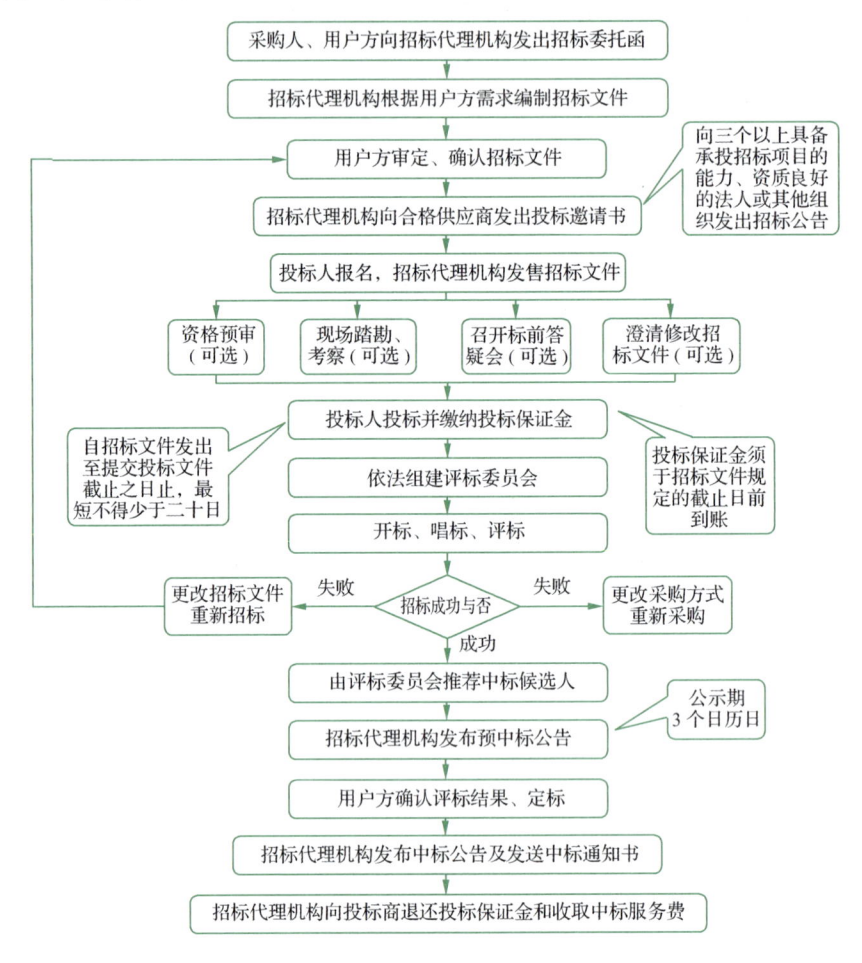

```
采购人、用户方向招标代理机构发出招标委托函
          ↓
招标代理机构根据用户方需求编制招标文件
          ↓
用户方审定、确认招标文件 ────→ 向三个以上具备承投招标项目的
          ↓                    能力、资质良好的法人或其他组
招标代理机构向合格供应商发出投标邀请书   织发出招标公告
          ↓
投标人报名,招标代理机构发售招标文件
          ↓
资格预审(可选) 现场踏勘、考察(可选) 召开标前答疑会(可选) 澄清修改招标文件(可选)
          ↓
自招标文件发出至提交投标文件截止之日止,最短不得少于二十日
          ↓
投标人投标并缴纳投标保证金 ────→ 投标保证金须于招标文件规定的截止日前到账
          ↓
依法组建评标委员会
          ↓
开标、唱标、评标
          ↓
更改招标文件重新招标 ←失败— 招标成功与否 —失败→ 更改采购方式重新采购
                        ↓成功
由评标委员会推荐中标候选人
          ↓
招标代理机构发布预中标公告 ────→ 公示期 3 个日历日
          ↓
用户方确认评标结果、定标
          ↓
招标代理机构发布中标公告及发送中标通知书
          ↓
招标代理机构向投标商退还投标保证金和收取中标服务费
```

图 3-2 邀请招标的流程

2.邀请招标的特点

(1)邀请招标不使用公开的公告形式。邀请招标不需发布公告,招标人只要向特定的潜在投标人发出投标邀请书即可,因此,邀请招标可以节约招标投标费用、提高效率。

(2)接受邀请的投标人才有资格参加投标,其他法人或组织无权索要招标文件,且不得参加投标。应当指出的是,邀请招标虽然在潜在投标人的选择和通知形式上与公开招标有所不同,但其所适用的程序和原则与公开招标是相同的,其在开标、评标标准等方面都是公开的,因此,邀请招标仍不失其公开性。邀请招标可以分两个阶段进行。当招标人对新建项目缺乏足够的经验,对其技术指标尚无把握时,可以通过技术交流会等方式广泛了解,博采众议,在收集了大量的技术信息并进行评价后,再向选中的特定法人或组织发出投标邀请书,邀请被选中的投标商提出详细的报价。

(3)投标人的数量有限。招标人在一定范围内邀请特定的法人或其他组织(有的科研项目的招标还可包括个人)投标。与公开招标不同,邀请招标无须向不特定的人发出邀请,但为了保证招标的竞争性,邀请招标的特定对象也应当有一定的范围,根据《招标投标法》,招标人应当向三个以上的潜在投标人发出邀请。被邀请参加的投标竞争者有限,可以节约招标的时间和费用。然而,由于邀请招标限制了充分竞争,因此招标投标法规一般都规定招标人应尽量采用公开招标。

3. 应邀单位的确定

应邀单位一般选择 3~10 个企业较为适宜,当然也要视具体招标项目的规模大小而定。

4. 邀请招标的适用范围

按照国内外的通常做法,采用邀请招标方式的前提条件是企业对市场供给情况比较了解,对供应商或承包商的情况比较了解。在此基础上,还要考虑招标项目的具体情况。

(1)招标项目的技术新而且复杂或专业性很强,只能从有限范围的供应商或承包商中选择。

(2)招标项目本身的价值低,招标人只能通过限制投标人数来达到节约成本和提高效率的目的。因此,邀请招标在实际中有其较大的适用性。

(3)应当对邀请招标的对象所具备的条件做出限定,以防止出现假招标。一般发出投标邀请书的法人或其他组织应不少于 3 家,而且该法人或其他组织资信良好,具备承担投标项目的能力。前者是对邀请投标范围的最低限度要求,以保证适当程度的竞争性;后者是对投标人资格和能力的要求,招标人要对此进行资格审查,以确定投标人是否能达到这方面的要求。

(4)投标邀请书与招标公告一样,是向作为供应商或承包商的法人或其他组织发出的关于招标事宜的初步基本文件。为了提高效率和透明度,投标邀请书必须载明必要的招标信息,使供应商或承包商能够确定招标的条件是否为他们所接受,并了解参与投标的程序。

(三)议标

议标也称为谈判招标或限制性招标,即通过谈判来确定中标者的招标方式。议标又可分为直接邀请议标方式、比价议标方式和方案竞赛议标方式三种。

三、招标采购的流程

(一)招标准备

招标准备阶段主要应当做以下工作:

(1)明确招标的内容和目标,对招标采购的必要性和可行性进行充分的研究和探讨。

(2)对招标书的标底进行仔细研究。

(3)对招标的方案、操作步骤、时间进度等进行研究并确定。例如,采用公开招标还是邀请招标?是自己亲自主持招标还是请人代理招标?分成哪些步骤?每一步怎么进行?

等等。

（4）对评标方法和评标小组进行讨论研究。

（5）把以上讨论形成的方案和计划形成文件，交由企业领导层审核决定，取得领导层的同意和支持，有些甚至可能还要经过公司董事会的同意和支持。

（二）招标

招标阶段的工作主要有以下几部分：

（1）形成招标书。招标书是招标活动的核心文件。

（2）对招标书的标底进行仔细研究并确定。有些需要召开专家会议，甚至邀请一些咨询公司代理。

（3）招标书发送。要采用适当的方式将招标书传送到潜在的投标人手中。许多招标书需要投标者花钱购买，有些招标书规定投标者要交一定的保证金后才能得到。

（三）投标

投标人在收到招标书后，如果愿意投标，就要进入投标程序。

其中，投标书、投标报价需要经过认真研究、详细论证才能完成。这些内容是要和许多供应商竞争评比的，既要先进，又要合理，还要有利可图。

投标文件要在规定的时间内准备好一份正本、若干份副本，并且分别封装签章，信封上分别注明"正本""副本"字样，寄到招标单位。

这里特别要注意的是，招标公告发布或投标邀请函发出日到提交投标文件截止日，一般不得少于20天，即等标期最少为20天。

（四）开标

招标人应当按照招标公告（或投标邀请函）规定的时间、地点和程序以公开方式举行开标仪式。开标仪式由招标人主持，邀请采购人、投标人代表和监督机关（或公证机关）及有关单位代表参加。评标委员会成员不参加开标仪式。

开标仪式的主要程序如下：

（1）主持人简要介绍招标项目的基本情况，宣布开标仪式开始。

（2）介绍参加开标仪式的领导和来宾。

（3）介绍参加投标的投标单位名称及投标人代表。

（4）宣布监督方代表。

（5）宣布开标人、唱标人、监标人、记标人及有关注意事项。

（6）宣布评标标准及评标办法。

（7）检查投标文件的密封和标记情况。

（8）按递交投标文件的逆顺序开标。当众宣读供应商名称、有无撤标情况、提交投标金的方式是否符合要求、投标项目的主要内容、投标价格及其他有价值的内容。以电传、电报方式投标的，不予开标。

（9）工作人员按照开标顺序唱标。

（10）监督方代表、领导和来宾讲话。开标要做开标记录，其内容包括项目名称、招标号、刊登招标通告的日期、发售招标文件的日期、购买招标文件单位的名称、投标商的名称及报价、截标后收到标书的处理情况等。开标记录要存档备查。

(五)评标

开标仪式结束后,由招标人召集评标委员会,向评标委员会移交投标人递交的投标文件。评标应当按照招标文件的规定进行,由评标委员会独立进行评标。评标委员会由招标人的代表和有关技术、经济等方面的专家组成,成员人数为5人以上的单数,其中技术、经济等方面的专家不得少于成员总数的2/3。与投标人有利害关系的人不得进入相关项目的评标委员会,已经进入的应当更换。评标委员会成员的名单在中标结果确定前应当保密。招标人应当采取必要的措施,保证评标是在严格保密的情况下进行的。任何单位和个人不得非法干预、影响评标的过程和结果。

评标的基本内容和程序如下:

(1)审查投标文件的有效性。

(2)对投标文件的技术方案和商务方案进行审查。

(3)询标。评标委员会可以要求投标人对投标文件中含义不明确的地方进行必要的澄清,但澄清不得超过投标文件记载的范围或改变投标文件的实质性内容。

(4)综合评审。评标委员会依据招标文件的规定和评标标准、办法,以及投标文件和询标时所了解的情况,对投标文件进行综合评审和比较。设有标底的,应当参考标底。

(5)评标委员会根据综合评审和情况比较,得出评标结论,向招标人提出书面评标报告,并推荐合格的中标候选人。评标报告中应具体说明收到的投标文件数、符合要求的投标文件数、无效的投标文件数及其无效的原因、评标过程的有关情况、最终的评审结论等,并向招标人推荐1~3个中标候选人(应注明排列顺序,并说明按这种顺序排列的原因以及最终方案的优劣比较等)。

(六)决标

招标人对评标委员会提交的评标结论进行审查,按照招标文件规定的定标原则,在规定时间内从评标委员会推荐的中标候选人中确定中标人,在确定中标人后应将中标结果书面通知所有投标人。

(七)合同授予

中标人应当按照中标通知书的规定,并依据招标文件的规定与采购人签订合同。中标通知书、招标文件及其修改和澄清部分,中标人的投标文件及其补充部分是签订合同的重要依据。

四、招标采购的实施

(一)资格预审

在正式组织招标以前,需要对供应商的资格和能力进行预先审查,即资格预审。通过资格预审,可以缩小供应商的范围,避免不合格的供应商的无效劳动,减少他们不必要的支出,也减轻了采购单位的工作量,提高了办事效率。

(二)准备招标文件

招标文件是整个招标和投标活动的核心文件,是招标方全部活动的依据,也是招标方的智慧与知识的载体。

招标文件的内容大致可分为三部分:第一部分是关于编写和提交投标文件的规定;第二部分是关于投标文件的评审标准和方法;第三部分是关于合同的主要条款,其中主要是商务性条款,有利于投标人了解中标后所签订合同的主要内容,明确双方各自的权利和义务。

具体来讲,招标文件至少应包括以下内容:

1. 招标通告

招标通告的核心内容就是向潜在的投标者说明招标的项目名称和简要内容,发出招投标邀请,并且说明招标书编号、投标截止时间、投标地点、联系电话、传真、电子邮件地址等。招标通告应当简短、明确,让读者一目了然,并能获取基本信息。

2. 投标须知

投标须知是通过建立整个招标、投标过程中的一些共同概念和规则,并把它们明确写出来作为招标文件的一部分,以期达成共识,作为今后双方行为的依据,声明未尽事项的解释权归谁所有,以免以后引起争议的文件。

投标须知的主要内容应包括以下方面:

(1)资金来源。

(2)如果没有进行资格预审,要提出投标商的资格要求。

(3)货物原产地要求。

(4)招标文件和投标文件的澄清程序。

(5)投标文件的内容要求。

(6)投标语言。尤其是国际性招标,由于参与竞标的供应商来自世界各地,必须对投标语言做出规定。

(7)投标价格和货币规定。对投标报价的范围做出规定,即报价应包括哪些方面,统一报价口径便于评标时计算和比较最低评标价。

(8)修改和撤销投标的规定。

(9)标书格式和投标保证金的要求。

(10)评标的标准和程序。

(11)国内优惠的条件。

(12)投标程序。

(13)投标有效期。

(14)投标截止日期。

(15)开标的时间、地点等。

3. 合同条款

合同条款的基本内容就是购销合同、任务明细组成、描述方式、货币价格条款、支付方式、运输方式、运费、税费处理等商务内容的约定和说明。它包括一般合同条款和特殊合同条款,具体内容见表3-1。

表 3-1　　　　　　　　　　　　招标采购合同条款内容

一般合同条款	特殊合同条款
(1)买卖双方的权利和义务	(1)交货条件
(2)价格调整程序	(2)验收和测试的具体程序
(3)不可抗力因素	(3)履约保证金的具体金额和提交方式
(4)运输、保险、验收程序	(4)保险的具体要求
(5)付款条件、程序以及支付货币规定	(5)解决争端的具体规定
(6)延误赔偿和处罚程序	(6)付款方式和货币要求
(7)合同中止程序	(7)零配件和售后服务的具体要求
(8)合同适用法律的规定	(8)对一般合同条款的增减等
(9)解决争端的程序和方法	
(10)履约保证金的数量、货币及支付方式	
(11)有关税收的规定	

4. 技术规格

技术规格是招标文件和合同文件的重要组成部分，它规定所购货物、设备的性能和标准。技术规格也是评标的关键依据之一。货物采购技术规格一般采用国际或国内公认的标准，不得要求或标明某一特定的商标、名称、专利、设计、原产地或生产厂家，不得有针对某一潜在供应商或排斥某一潜在供应商的内容。

(三)评标

1. 评标的步骤

评标的目的是根据招标文件中确定的标准和方法，对每个投标商的标书进行评价和比较，以评出最优的投标商。评标必须以招标文件为依据，不得采用招标文件规定以外的标准和方法进行评标，凡是评标中需要考虑的因素都必须写入招标文件中。

(1)初步评标

初步评标的内容包括确定供应商资格是否符合要求、投标文件是否完整、是否按规定方式提交投标保证金、投标文件是否基本上符合招标文件的要求、有无计算上的错误等。如果供应商资格不符合规定，或投标文件未有实质性的内容，都应作为无效投标处理。

(2)详细评标

只有在初步评标中确定为基本合格的投标，才有资格进入详细评定和比较阶段。具体的评标方法取决于招标文件中的规定，并按评标价的高低，由低到高评定出各投标的排列次序。在评标时，当出现最低评标价远远高于标底或缺乏竞争性等情况时，应废除全部投标。

如果在投标前没有进行资格预审，在评标后则需要对最低评标价的投标商进行资格后审。如果审定结果认为他有资格、有能力承担合同任务，则应把合同授予他；如果认为他不符合要求，则应对下一个评标价最低的投标商进行类似的审查。

合同授予最优的投标商，并要求在投标有效期内进行。决标后，在向中标投标商发中标通知书时，也要通知其他没有中标的投标商，并及时退还投标保证金。

2. 评标、决标的方法

评标方法很多，具体取决于采购单位对采购对象的要求。货物采购和工程采购的评标方法有所不同。

货物采购常用的评标方法有以下四种：

(1)以最低评标价为基础的评标方法

在采购简单的商品、半成品、原材料以及其他性能和质量相同或容易进行比较的货物时，价格可以作为评标考虑的唯一因素。以价格为尺度时，不是指最低报价，而是指最低评标价。最低评标价有计算标准，即成本加利润。其中，利润为合理利润，成本也有其特定的计算口径。如果采购的货物是从国外进口的，报价应以包括成本、保险、运费的到岸价(CIF)为基础。如果采购的货物是在国内生产的，报价应以出厂价为基础。出厂价应包括为生产、供应货物而从国内外购买的原材料和零配件所支付的费用以及各种税款，但不包括货物售出后所征收的销售性或与其类似的税款。如果提供的货物是国内投标商早已从国外进口、现已在境内的，应报仓库交货价或展销价，该价应包括进口货物时所交付的进口关税，但不包括销售性税款。

(2)综合评标法

综合评标法是指以价格另加其他因素为基础的评标方法。在采购耐用货物(如车辆发动机)时，还应考虑下列因素：

①内陆运费和保险费。
②交货期。
③付款条件。
④零配件的供应和售后服务情况。
⑤货物的性能、生产能力以及配套性和兼容性。
⑥技术服务和培训费用等。

(3)以生命周期成本为基础的评标方法

采购整套厂房、生产线或车辆等在运行期内的各项后续费用(零配件、油料、燃料、维修等)很高的设备时，可采用以生命周期成本为基础的评标方法。在计算生命周期成本时，可以根据实际情况，评标时在标书报价的基础上加上一定运行期年限的各项费用，再减去一定年限后设备的残值，即扣除这几年折旧费后的设备剩余值。在计算各项费用或残值时，都应按标书中规定的贴现率折算成净现值。

(4)打分法

评标时通常要考虑多种因素，为了既便于综合考虑，又利于比较，可以按这些因素的重要性确定其在评标时所占的比例，对每个因素打分。打分法考虑的因素包括：投标价格；内陆运费、保险费及其他费用；交货期；偏离合同条款规定的付款条件；设备价格及售后服务；设备性能、质量、生产能力；技术服务和培训等。

采用打分法评标时，要确定每种因素所占的分值，考虑的因素、分值的分配以及打分标准均应在招标文件中明确规定。

这种方法的好处在于综合考虑，方便易行，能从难以用金额表示的各个投标中选择最好的投标。缺点是难以合理地确定不同技术性能的分值比例和每一性能应得的分数，有时会忽视一些重要的指标。

（四）签订合同

具体的合同签订方法有两种：一种是在发出中标通知书的同时，将合同文本寄给中标单位，让其在规定的时间内签字退回；另一种是中标单位收到中标通知书后，在规定的时间内，派人前来签订合同。如果采用第二种方法，合同签订前，允许双方相互澄清一些非实质性的技术性或商务性问题，但不得要求投标商承担招标文件中没有规定的义务，也不得有中标后压价的行为。

中标供应商签字并按要求提交了履约保证金后，合同就正式生效，采购工作即进入合同实施阶段。

思政园地

承担社会责任是企业的使命

随着经济增长速度的加快，矿产和其他资源的消耗速度加快了，水域污染及对大气的破坏也日益严重。对此许多公司在招标采购中明确规定相关环保要求。

有关专家认为，采购供应人员在招标采购中要关注以下方面的问题：

(1) 物料与废旧产品的回收、循环及再利用。
(2) 产品与材料的安全测试。
(3) 废旧产品的安全处理。
(4) 在运输物料和最终产品过程中所产生的噪声、灰尘及震动。
(5) 符合环境标准的供应商的选择。
(6) 对关心资源节约和更新的供应商的选择。

启示：社会责任包括企业环境保护、安全生产、社会道德以及公共利益等方面，由经济责任、持续发展责任、法律责任和道德责任等构成。

技能训练

XYZ 信息公司是一家从事教学软件研究的专业公司，近日得到消息，某学院决定于年底前建成一个完整的物流综合实训室，并于近期进行招标。XYZ 信息公司对参与此项目竞标的胜算进行了一番论证，初步决定参加竞标。此后，XYZ 信息公司便成立投标小组，购买标书，收集客户及竞争对手的相关信息，研究标书中提出的具体要求。

经了解，该学院此次招标分两步进行，即首先进行技术上的公开招标，然后进行网上竞价，价格最低者中标。于是，XYZ 信息公司为了打开市场，特意采取了保本微利低价。同时，其花了一番心思进行标书的制作。在接下来的评标阶段，公司 24 小时派人值班，随时掌握评标的进展情况。经过激烈的角逐，XYZ 信息公司终于中标。

讨论：XYZ 信息公司是如何进行有效的投标的？

任务 2　电子商务采购

目前,电子商务采购已经引起了企业界的足够重视,实施电子商务采购成为建立企业竞争优势不可或缺的手段。电子商务采购的发展对全球经济的影响巨大。

一、电子商务采购的含义

电子商务是指交易双方利用现代开放的互联网络,按照一定的标准所进行的各类商业活动,是商务活动的电子化。电子商务的产生使传统的采购模式发生了根本性的变革。这种采购制度与模式的变化,使企业采购成本和库存量得以降低,采购人员和供应商数量得以减少,资金流转速度得以加快。

电子商务采购是在电子商务环境下的采购模式,也就是网上采购,即通过建立电子商务交易平台,发布采购信息,或主动在网上寻找供应商、寻找产品,然后通过网上洽谈、比价、竞价等方式实现网上订货,甚至网上支付货款,最后通过网下的物流过程进行货物配送的整个交易过程。

电子商务采购为采购提供了一个全天候、全透明、超时空的环境,即 365×24 小时的采购环境。该方式实现了采购信息的公开化,扩大了采购市场的范围,缩短了供需双方的距离,避免了人为因素的干扰,简化了采购流程,减少了采购时间,降低了采购成本,提高了采购效率,大大降低了库存,使采购双方易于形成战略伙伴关系。从某种角度来说,电子商务采购是企业战略管理的创新,是政府遏制腐败的一剂良药。

二、电子商务采购的优势

第一,有利于扩大供应商范围,提高采购效率,降低采购成本,产生规模效益。电子商务面对的是全球市场,可以突破传统采购模式的局限,从货比三家到货比多家,在比质比价的基础上找到最满意的供应商,从而大幅度地降低采购成本。由于采购人员不需要出差,可以大大降低采购费用;通过网站信息的共享,可以节省纸张,实现无纸化办公,从而大大提高采购的效率。

第二,有利于提高采购的透明度,实现采购过程的公开、公平、公正,杜绝采购过程中的腐败。电子商务是一种电子交易方式,通过将采购信息和采购流程公开,避免交易双方有关人员的私下接触,由计算机根据设定标准自动完成供应商的选择工作,有利于实现实时监控,避免采购中的黑洞,使采购更透明、更规范。

第三,有利于实现采购业务程序标准化。电子商务采购是在对业务流程进行优化的基础上进行的,必须按软件规定的标准流程进行,可以规范采购行为和市场,有利于建立一种比较良好的经济环境和社会环境,大大减少采购过程中的随意性。

第四,能更好地满足企业准时化生产和柔性化制造的需要,缩短采购周期,使生产企业由"为库存而采购"转变为"为订单而采购"。为了满足不断变化的市场需求,企业必须具有针对市场变化的快速反应能力,通过电子商务网站可以快速收集用户订单信息,然后进行生产计划安排,接着根据生产需求进行物资采购或及时补货,及时响应用户需求,降低库存,提高物流速度和库存周转率。

第五,实现采购管理向供应链管理的转变。现代企业的竞争不再是单个企业之间的竞争,而是供应链与供应链之间的竞争,因此要求供需双方建立起长期的、互利的、信息共享的合作关系,而电子商务采购模式可以使参与采购的供需双方进入供应链,从以往的"输赢关系"变为"双赢关系"。采购方可以及时将数量、质量、服务、交货期等信息通过商务网站或以 EDI 方式传送给供应方,并根据生产需求及时调整采购计划,使供应方严格按要求提供产品与服务,实现准时化采购和生产,降低整个供应链的总成本。

第六,实现本地化采购向全球化采购的转变。世界经济一体化使全球化采购成为企业降低成本的一种必然选择,其基本模式就是应用电子商务进行采购。1999 年以来,跨国公司陆续把发展物资采购的电子商务工作列入了企业发展战略目标。英美联合石油、埃克森美孚等 14 家国际石油公司联合组建了一个全球性的电子商务采购平台,以消除在物资采购、供应链管理中低效率的影响。通用、福特、戴姆勒-克莱斯勒三家汽车公司建立了全球最大的汽车专用采购平台,其每年的采购金额高达 2 500 亿美元。我国石油化工行业中的中石油、中石化、中海油,钢铁行业中的宝钢等企业都在实施网上采购,并取得了明显的经济效益。目前,通过电子商务建立全球采购系统,联结国内外两个资源市场,已成为标准化的商业行为。

第七,有利于信息的沟通,促进采购管理定量化、科学化,为决策提供更多、更准确、更及时的信息,使决策依据更充分。

三、电子商务采购的模式

电子商务采购模式主要分为买方电子采购模式、卖方电子采购模式和第三方电子采购模式。

(一)买方电子采购模式

买方电子采购模式,即由一些大企业建立自己的电子采购网站,供应商在网站上注册成为其会员。这种模式在那些由少数几家大型购买方为主导的行业通常被采用,如航天、汽车、零售等行业。但是,这种模式不适合中小型企业,主要有以下原因:

1. 成本较高

中小型企业处于势均力敌的竞争状态,几乎不存在垄断。在这样的行业中由一家或者几家企业建立自己的网站几乎是不可行的,因为所要耗费的大量人力、财力成本是这些企业所不能承担的。

2. 低效率,不支持实时采购

由于在买方采购网站上注册的供应商数量有限,而且种类也局限于能提供买方常用原料的供应商,所以,如果企业在生产过程中出现了产品短缺或者机器发生了故障,需要市场解决急需的特殊产品时,买方采购网站未必能解决。

3. 市场的不平等性

由买方建立电子市场的不平等性主要表现在买卖双方的实力不对称方面，即这样的市场中，买方处于优势，卖方处于劣势。实际上，对于一些供应商众多的完全竞争供应市场，买方购买的数量不是很多时，买方不可能也没有必要采用电子采购模式。中小型企业在国内的知名度不高，很多中小型企业只是面向区域的，其采购网站无论从技术还是形象设计方面同国内大型企业和机构相比都还不尽如人意，其对供应商的吸引力也是有限的。

（二）卖方电子采购模式

卖方电子采购模式不需要买方进行大量信息和系统的维护工作，但是这一模式还是会使买方举步维艰。首要问题是，对于许多企业来讲，要到浩瀚的网络中逐个登录供应商的门户网站寻找目标供应商进行比较，最终达成意向，是非常费时费力的。卖方电子采购模式也存在以下问题：

1. 产品选择的成本高

企业必须在浩瀚的网络中逐个登录供应商的门户网站寻找目标供应商并进行比较，这与传统的采购方式相比并没有太大的改观。

2. 低效率，不支持实时采购

如果企业在生产过程中出现了产品短缺或者机器发生了故障，需要市场快速解决急需的特殊产品时，卖方模式未能实现快速且低廉供货。

3. 市场的不平等性

在这样的市场中，卖方处于优势，买方处于劣势。

（三）第三方电子采购模式

正是由于对买方和卖方电子采购模式缺陷的分析，以及企业虚拟化和非核心能力外包趋势的增强，近年来，基于第三方的电子采购模式越来越多地被大家接受，行业采购网站的逐渐出现就是一个例子。在第三方电子采购模式下，第三方以自身的专业化采购技能，为客户提供完善的电子采购服务，建立了一个网上交易市场和服务平台，支持从买卖信息的撮合到交易完成的整个过程，即一站式采购。通过第三方电子采购网站，买卖双方可以得到更专业、更快速、更安全的服务，有利于双方交易的顺利进行。

在原来的以买方或卖方管理为基础的采购模式中，买卖双方要花费大量的时间、精力和资源来维护目录系统及各种形式的信息协定。当第三方中介商出现时，他们能提供专业化的此类服务，并以此作为核心竞争力，从而把压在买卖双方身上的重负去掉了，使得买家或卖家有更多的精力去关注采购业务本身，而不是维护目录或系统支持。由于交易平台将不同的供应商、采购商集中到同一个市场中，大大方便了买方对产品的查找和对供应商的挑选，而卖方则更方便地推广其产品，降低了销售成本。

这种由中介商控制的电子采购模式的一大优势就是提高了效率。相对于原有的电子采购模式来说，效率提高主要体现在采购的动态性和实时性上。在原有的采购模式下，当有突发事件发生需要紧急采购时，还需要采购部门先对潜在供应商进行评估，之后才能完成采购流程。而在由中介商控制的采购模式中，由于很多的供应商信息存储在数据库中，使得对供应商的评估变得相对简单、迅速，这样才能做到采购的实时性。

四、电子商务采购的实施

电子商务采购是当今最具发展潜力的采购方式,下面以阿里巴巴电子采购为例进行说明。其采购流程如图3-3所示。

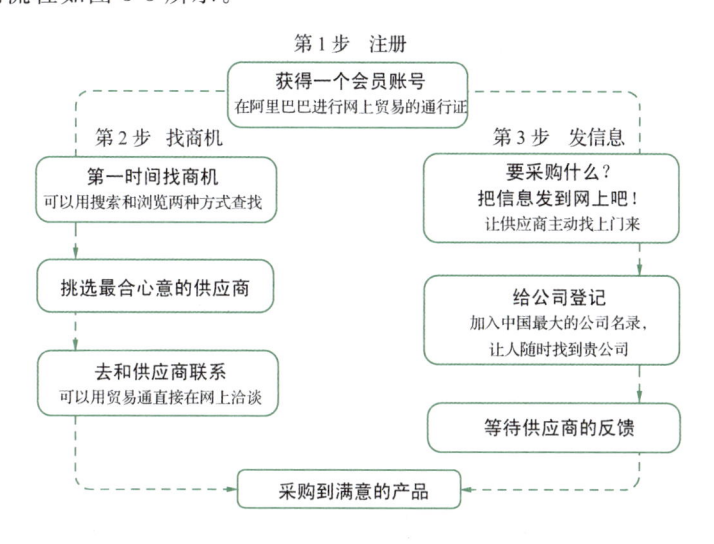

图3-3 电子商务采购流程

(一)营销商机查找

1. 注册会员账号

(1)登录阿里巴巴网站,点击"免费注册";

(2)填写注册信息,点击"同意服务条款,提交注册信息"。

2. 搜索供应商信息

阿里巴巴拥有全球最大的商机搜索引擎,可以快速、准确地找到需要的信息,及时把握商机!切换选择所需要的信息类型,可以选择"供应信息""公司库""产品图片""商友""阿里帮帮""求购"等,然后输入想搜索的产品名称,比如"螺纹钢"。搜索供应商信息如图3-4所示。

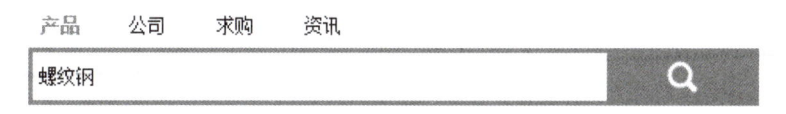

图3-4 搜索供应商信息

3. 缩小搜索范围

找信息的时候,如果觉得搜索结果内容太杂,建议根据产品所属的行业类目,通过分类查看,从而精确锁定目标;还可以通过缩小搜索范围,寻找符合条件的供应商。搜集具体信息如图3-5所示。

图 3-5　搜索具体信息

4. 货比三家

(1)选择几个产品,点击产品前的小方框,再点击"对比产品"按钮。

(2)可以从各项条件对比筛选合适的供应商。最多可以选择 10 条供应信息进行对比。

(二)发布采购信息

1. 主动发布询价单

前面所讲的都是买家主动出击,通过浏览、搜索信息等方式找到合适的供应商。如果买家通过自己搜索,找不到满意的供应商,可以通过发布采购信息的方式,让供应商主动来联系。发布采购信息的流程如图 3-6 所示。

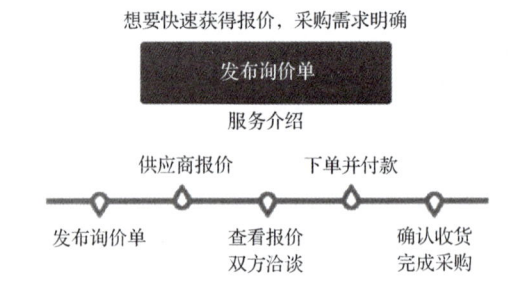

图 3-6　发布采购信息的流程

发布询价单的方式有:

通道一:在阿里巴巴首页点击"我的阿里",选择"发布询价单"或者在"让卖家找上门"项目下点击"发布询价单"。

通道二:在阿里巴巴首页点击"采购必应",进入"采购必应"发布通道。

通道三:点击我的阿里,进入采购频道。

通道四:如果想只针对某一个公司发送对应的询价单,可以在公司搜索中针对该公司点击"在线询价"。

例如,在询价单中填入所采购"螺纹钢"的信息,然后点击"确定发布"发送询价单,如图 3-7 所示。供应商将会收到此询价单(有 * 的为必填项)。

询价单发布成功界面如图 3-8 所示。

询价方式及隐私设置

询价方式 ◉ 广泛征集供应商报价（系统会为您匹配供应商，供应商也可以通过搜索找到您的询价单）
　　　　 ○ 邀请指定供应商报价（发布完成后在供应商管理中邀请报价）

采购门户 ◉ 公布到我的采购门户　○ 不公布到我的采购门户（我的采购门户）

联系方式 ◉ 报价后可见　○ 授权后可见　○ 公开

*联系人　张笑

*电话　23876666

☑ 我已经阅读并同意《询价单发布以及违规处理规则》

确定发布

图 3-7　询价单发布

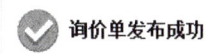

询价单发布成功

您今日已发布1条询价单，未实名认证用户每天发布询价单不得超过3条，点击 实名认证

- 系统已向 50家 供应商发出报价邀请
- 约 4万家 供应商用求购搜索获取询价单
- 您的同行平均 13小时 收到第一条报价

您可以
查看刚发布的询价单 | 继续发布询价单
将询价货品 添加为采购清单 便于后续管理

图 3-8　询价单发布成功界面

2. 发布招标单

在"我的阿里"中找到并进入"采购管理"模块，点击"发布招标单"，如图3-9所示。

想要寻找合作厂商

发布招标单

服务介绍

供应商报名　供应商投标　下单并付款

发布招标单　审核供应商　评标及授标　确认收货 完成采购

图 3-9　发布招标单

3. 发布招募书

其流程是：发布招标单→供应商报名→审核供应商→招募成功。

技能训练

近年来,中国石化电子采购物资品种、上网用户数量不断扩大,交易金额逐年提高,每年以88%的速度大幅上升。其中,电子采购物资品种从最初的8个大类,5 000多种物资,扩大到目前的56个大类,包括石油石化生产建设所需的化工原辅料、煤炭、钢材、设备等12万多种物资;网上用户也从2 381个增加到2万多个,其中网上注册供应商从300家发展到15 000多家,基本涵盖了化工、冶金、制造加工、煤矿等大型生产制造企业和部分流通企业。

随着中国石化电子采购管理力度的不断加大,以及电子采购系统不断优化提升,电子采购已经成为企业信息共享、决策制定、过程实施、操作监管和供需协同工作的综合性采购业务平台。采购方可以在平台上发布采购需求,自主地选择供应商,并采取相应的采购策略和采购方式。如对大宗战略物资,可以实施战略协议采购;对市场竞争充分的物资,可以选择询比价或动态竞价采购;对零星、紧急的物资,可以实施速配采购。采购管理者还可以在平台上实时了解采购需求、采购的历史情况以及采购过程进展情况,随时掌握并分析采购规模、渠道、价格等重要信息,进而适时调整采购策略。

讨论:简要说明中国石化电子采购的优势。

复习思考题

1. 简述招标采购的流程。
2. 简述电子商务采购的流程。

实践技能训练

1. 实训目的

通过实训加深学生对采购方式的认识,使学生能够通过电子商务采购常用模式实施电子采购,提高学生的实操能力。

2. 实训安排

将学生分为不同的小组,每组为5~6人。联系相关企业若干家,提供可联网的计算机机房以便学生进行资料查询与实训报告的完成。

3. 实训题目

利用网络工具为某企业采购移动硬盘。要求进行采购信息收集,并通过一定的技术手段和方法进行筛选加工,获得有实际价值的采购信息。

阅读案例

京东企业采购服务全面升级 JD-Business 构建战略新版图

2017年5月10日,京东企业级市场战略发布会在北京隆重举行。京东集团CTO、3C事业部总裁、京东集团大客户业务负责人、企业金融负责人、京东物流规划发展部负责人等高层悉数出席。

发布会上,京东集团大客户业务负责人发布以JD-Business命名的京东企业级市场战略。该战略以采购为主场景,围绕京东一直以来耕耘的企业采购服务,继续布局技术、商品、履约交付、增值服务四大核心能力,并依托京东云、京东金融、京东物流三大引擎,实现采购服务的全面升级。

1. 企业采购核心能力升级,巩固行业领先地位

一直以来,京东企业购始终扮演企业采购电商化的领导者角色,在JD-Business这一重要战略中,以技术、商品、履约交付和增值服务为企业采购服务的核心能力形成整体联动力,助力京东行业领先地位。

在技术层面,京东将围绕采购主场景,把企业采购的综合服务嵌入到企业内部管理系统中,将企业采购与企业经营、生产、业务开展等服务诉求,用电商的方式真正连接起来,做到前置化、移动化、模块化、智能化。

在商品层面,京东企业购目前已是非生产资料领域的最大采购平台,并将全面涵盖商旅、商用、虚拟、MRO、金融、云、物流等应用场景,物料多元化将为企业用户带来更多的选择。

值得注意的是,在JD-Business涵盖的企业采购服务中,京东商旅首次亮相,宣布将以"零服务费"模式打造全新的智慧商旅,为各种规模的企业尤其是中小微企业,提供流程规范化、监管透明化、渠道统一化、成本最低化的差旅管理服务。

此外,在履约交付和增值服务层面,京东第四张网(B2B物流网络)和企悦服务的展开,可以有效将采购履约交付与售后需求同互联网应用结合起来,真正实现整个售后服务的过程监控和服务评价。京东预付卡、企业金采、供应链风险控制等丰富的增值服务,更将为京东赢得更多企业的青睐。

2. 三大引擎助力,实现采购服务全方位提升

为实现JD-Business从企业采购电商化到采购服务全方位提升蓝图,京东将聚力京东云、京东金融、京东物流为主的企业采购集团资源,以技术驱动企业市场方向、以大数据实现供应链数字化转型,围绕企业采购场景全面打通,形成京东聚变成为电商行业发展领导者的重要引擎。

围绕企业采购,京东云不仅仅为现有京东企业购的"智慧云翼"平台提供技术支持,更通过大数据助力企业精准营销、帮助企业用户提升业务决策能力,助力企业用户向采购电商化、数字化方向转型。

为能够给企业用户带来更优质的服务体验,京东金融将企业金采服务全面升级,不仅

优化流程,做到"更快、更强、更简单",而且首次针对中小企业用户提供信用金融及账期管理服务,为更多企业提供采购智能化的助力。

作为全球唯一拥有中小件、大件、冷链、B2B、跨境和众包(达达)六大物流网络的企业,京东物流也在向企业级市场发力,进行第四张网的布局。在中小件、大件、生鲜冷链三大网络的基础上,京东物流运用多年沉淀的物流技术和电商化优势,进一步搭建灵活的、可配置的、能无限承载企业客户服务需求的物流体系,正在打造电商行业内首个面向企业级的物流网络。

三年时间,京东企业购完成行业、区域、商品和场景布局,而JD-Business概念的推出,是面对万亿级企业市场时,京东站在行业高度,继续领跑,从采购到采购服务的全面布局。

(资料来源:新华网,2017-05-11)

项目 4
采购计划与预算

知识目标

1. 了解采购计划的类别和编制采购计划的依据;
2. 掌握采购预算编制的方法;
3. 重点掌握编制采购计划的流程。

技能目标

1. 会收集编制采购计划的基础资料;
2. 具备编制简单采购计划的能力;
3. 具有分析企业采购预算合理性的能力。

素质目标

1. 培养采购管理人员的组织协调能力;
2. 培养精益求精的工匠精神;
3. 培养独立思考和逻辑推理能力。

思维导图

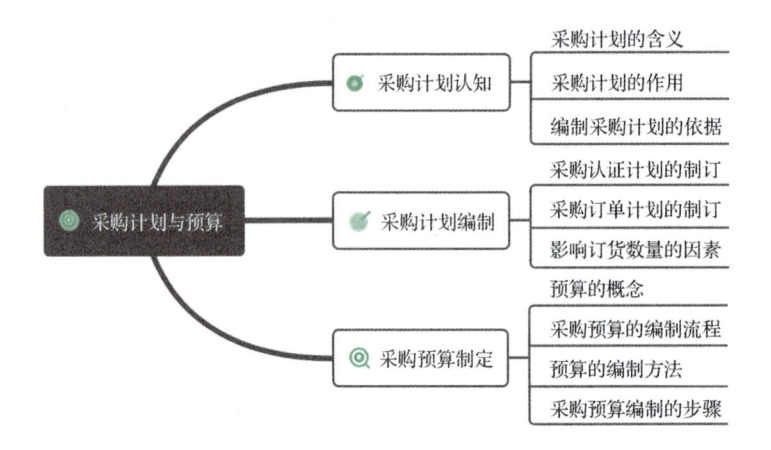

- 采购计划与预算
  - 采购计划认知
    - 采购计划的含义
    - 采购计划的作用
    - 编制采购计划的依据
  - 采购计划编制
    - 采购认证计划的制订
    - 采购订单计划的制订
    - 影响订货数量的因素
  - 采购预算制定
    - 预算的概念
    - 采购预算的编制流程
    - 预算的编制方法
    - 采购预算编制的步骤

任务描述

某木业公司主营生产细木工板,每一成品构成为:柳胺面板 2 张,杨木夹板 4 张,杨木 0.0476 m^3。2017 年 6 月 15 日,销售部接到客户订单 10 000 张,交货时间为 2017 年 8 月 1 日。该公司立即召开紧急生产会议,仓管部经过盘点,现有库存成品 2 000 张,原料:柳胺面板 2 000 张,杨木夹板 4 000 张,杨木 100 m^3。该公司月生产能力为 9 000 张。

采购部经过联系,广东番禺有三家公司经营柳胺面板,经营情况见表 4-1。

表 4-1 柳胺面板经营情况

公司名称	可供容量(张)	已承接订单量(张)	单价(元)
A 公司	12 000	4 000	25
B 公司	8 000	3 000	25
C 公司	5 000	2 000	25

湖南沅江有三家公司经营杨木夹板,经营情况见表 4-2。

表 4-2 杨木夹板经营情况

公司名称	可供容量(张)	已承接订单量(张)	单价(元)
甲公司	30 000	12 000	8
乙公司	16 000	10 000	8
丙公司	20 000	6 000	8

湖南澧县有两家公司经营杨木,经营情况见表 4-3。

表 4-3　　　　　　　　　　　　　　杨木经营情况

公司名称	可供容量(立方米)	已承接订单量(立方米)	单价(元)
E公司	500	300	520
F公司	400	200	520

假如该木业公司生产能力能满足供货要求,请你为该公司拟定一份采购订单。

任务分析

企业在生产过程中经常会出现原材料库存不足需要外购的情况,有时急需采购又资金困难,严重影响了企业生产的正常进行。其主要原因是企业的采购计划与预算没有编制好,计划需求量与企业生产实际需求量差距较大。

因此,采购计划与预算对企业是非常重要的。在任务描述的采购活动中,要制订周密而详细的采购计划,所面临的任务如下:

任务1:采购计划认知。

任务2:采购计划编制。

任务3:采购预算制定。

任务 1　采购计划认知

所谓计划,就是根据组织内外部的实际情况,权衡客观需要和主观可能,通过科学预测,提出在未来一定时期内组织所要达成的目标以及实现目标的方法。采购计划是采购管理运作的第一步,起着指导采购部门的实际工作、保证产销活动的正常进行和提高企业经济效益的作用。

一、采购计划的含义

采购计划是企业管理人员在了解市场供求情况、认识企业生产经营活动过程及掌握物品消耗规律的基础上,对计划期内的物品采购活动所做的预见性安排和部署。

一般情况下,制造业的流程始于原材料、零部件的购入,经过加工制造或组合装配成为产品,再经过销售获取利润。其中,何时、何处以合适的价格取得合适数量和质量的原材料是采购计划的重点所在。采购计划对于整个采购运作的成败有非常重要的作用。采购计划的特征主要有:

(一)目的性

企业是通过精心筹划的计划去实现目标,并使企业得以生存和发展的。制订采购计划的目的就是为实现企业的目标提供方便,配合企业生产计划与资金调度,使采购部门事先准备,选择有利时机购入材料。

(二)主导性

企业通过市场上的订货合同、订货单位或市场预测来确定其未来一段时间的需求量,这就是出产进度计划。有了出产进度计划就可以制订企业的采购计划。采购计划是生产制造的前提,通过采购计划预计材料需用时间与数量,可以防止供应中断,影响产销活动。

(三)经济性

所谓经济性,是指采购计划要讲究效率,即投入与产出之间的比例。制订合理的采购计划可以避免材料储存过多,积压资金,以及占用堆积的空间;同时确立材料耗用标准,以便管理材料的购入数量和成本。

采购计划涉及的事项包括是否采购、怎样采购、采购什么、采购多少以及何时采购等。合理的采购计划可以使企业的采购管理工作有条不紊地顺利实现。一项完善的采购计划包括采购工作的相关内容、对采购环境的分析及行动计划等,见表4-4。

表 4-4　　　　　　　　　　　　　采购计划的主要内容

内容	目的
计划概要	对拟订的采购计划进行扼要的综述,便于管理机构快速浏览
目前采购状况	提供有关物料、市场、竞争以及宏观环境的相关背景资料
机会与问题分析	确定主要的机会、威胁、优势、劣势和采购面临的问题
计划目标	确定计划的采购成本、市场份额和利润等领域所要完成的目标
采购战略	提供将用于实现计划目标的主要手段
行动计划	谁去做?什么时候去做?费用多少?
过程控制	确定如何监控采购计划实施过程

二、采购计划的作用

俗话说"好的计划是成功的一半",采购计划的作用具体表现在以下方面:

(一)能有效地规避风险,减少损失

采购计划是面向未来的,企业在编制采购计划时,已经对未来因素进行了深入的分析和预测,能够做到有备无患,既保证企业正常经营需要的物料,又降低了库存水平,减少了风险。

(二)为企业组织采购提供依据

采购计划具体安排了采购物料的活动,企业管理者安排组织采购就有了依据。

(三)有利于资源的合理配置,以取得最佳的经济效益

采购计划中经营决策的具体化和数量化能保证资源分配的高效率,对未来物料供应进行科学筹划,有利于合理利用资金,最大限度地发挥各种资源的作用,从而获得最佳效益。

三、编制采购计划的依据

影响采购计划的因素很多,通常在编制采购计划之前应掌握外部信息和内部信息。

内部信息中尤以企业的年度销售计划、年度生产计划、用料部门请购单、库存记录卡、物料标准成本及生产效率等最为重要。

(一)外部信息

编制采购计划主要考虑的外部因素有:市场供求状况及预期,价格波动及趋势,供应商的数量,其产品的质量、价格、运距与运费、供应可靠性,市场上新材料、新设备、替代品的情况和供应状况,以及政府对物品使用的政策和法规等。

(二)内部信息

1. 年度销售计划

销售计划是各项计划的基础,年度销售计划是在参考过去年度本身和竞争对手的销售实绩,列出的销售量及平均单价的计划,即表明各种产品在不同时间的预期销售数量和单价。销售计划的拟订受到外部不可控因素和内部可控因素的影响。具体而言,外部不可控因素包括国内外的政治、经济、文化以及社会环境,人口增长、科技发展等因素;内部可控因素包括企业的技术水平、厂房设备、原材料供应情况、人力资源和财务状况等。一个好的销售计划一定是符合组织自身特点、适用于本组织发展现状的计划。要想制订准确的采购计划,必须依赖于对销售因素的准确预测以及销售计划的准确制订。

2. 年度生产计划

年度生产计划是依据年度销售数量加上预期的期末存货减去期初存货而制订的计划。一般而言,生产部门是采购物料的使用者,生产人员在使用过程中的实践和技术经验可以为采购部门提供关于物料质量和生产进度方面的信息,采购部门通过对这些信息的处理,可以获得一个有用的、规划采购业务的工具。有了年度生产计划,企业就可以在正常的提前期内进行采购并获得最终的有利价格。同时生产计划是依据销售计划来制订的,而原材料的采购数量又是依据生产计划来制订的。它们之间是一个信息互动、互为协作的关系。因此,如果销售计划制订得过于乐观,易产生存货,会造成企业财务上的负债;反之,如果销售计划制订得过于保守,就会使企业丧失创造利润的机会。

3. 用料部门请购单

用料部门请购单是采购业务的凭据。其虽没有统一的标准格式,由各企业自行制定,但应包括:请购单号(识别编号)、请购单位、申请日期、订购数量、功能要求、需要日期、采购单号、供应商名称、供货日期等。请购单示例见表4-5。

表4-5　　　　　　　　　　　请购单

采购单号			年　　月　　日						共1页
									第1页
项次	品名、规格	功能要求	数量	单价	金额	需求日期	供应商名称	请购单位

另一种是与产品(工程)设计图样相配套的物料清单,它表明一件成品所需的各种材料、零部件的数量以及采购后的验收标准。一般生产计划只列出产品数量,而无法知道某

一种产品所用的物料以及数量多少,因此确定采购数量还要借助于物料清单。根据物料清单(表 4-6),可以精确地计算出每一种产品的物料需求数量。

表 4-6　　　　　　　　　　　　　　物料清单

产品料号	品名	规格	单位	经济产量	前置天数	成本	新增日	更改日	工程图号

4. 库存记录卡

库存记录卡(表 4-7)可以用来表明某一材料目前的库存状况,包括账目和物料数量是否一致、物料存量是否全部是符合要求的高品质产品。若账目上的数量与实际库存量不符,或库存量中某些物料的规格不符合要求,这将使库存量中实际可用物料的数量降低。所以,一个记载正确的库存记录卡是采购计划准确性的重要保证。

表 4-7　　　　　　　　　　　　　　库存记录卡

品名		料号			请购点			安全存量			
规格		存放	库号: 架位:		一次请购量			采购前置时间			
日期	凭证号码	摘要	入库		出库		库存	请(订)购情况			
			收	欠收	发	欠发		订购量	订购单号	订购日	请求交货日	实际交货日	交货量	备注

5. 物料标准成本

在编定采购预算时,由于对计划采购物料的价格预测较难,一般以标准成本代替物料价格。标准成本是指在正常或高效率的运转情况下制造产品的成本,而不是指实际的成本。若此标准成本的设定缺乏过去的采购资料作为依据,也没有经过工程人员严密地计算原料、人工及制造费用等组合或生产的总成本,则其正确性值得怀疑。因此,标准成本与实际购入价格的差额,即为采购预算正确性的评估指标。

6. 生产效率

生产效率的提高或降低将使预计的物料需求量与实际的耗用量产生出入。产品的生产效率降低,会导致物料的单位耗用量提高,而使采购计划中的数量不能满足生产所需。过低的产出率,也会导致经常进行修改作业,从而使得零部件的损耗超出正常需用量。所以,当生产效率有降低趋势时,采购计划必须将此额外的耗用率计算进去,才不会产生原材料的短缺现象。

影响采购计划的因素很多,因此必须经常与各部门保持密切的联系,通过全面考虑生产计划、销售计划、物料清单、库存记录卡、物料标准成本和生产效率等因素,保证采购计划的准确性,降低采购成本,实现企业的经济效益。

技能训练

根据本任务所学知识：

1. 试分析该木业公司编制采购计划的外部信息有哪些。
2. 表4-8是该公司编制的一张（假如是零库存）订购单，试编制一张依任务描述中实际库存量的订购单。

表 4-8　　　　　　　　　　　　　　订购单

采购单号 080620		2021年6月20日						共1页
项次	品名	功能要求	数量	单价	金额	需求日期	供应商名称	请购单位
1	柳胺面板	颜色均匀，无直径2 cm的腐洞	20 000张	25元	500 000元	6月30日	A公司、B公司、C公司	生产部
2	杨木夹板	颜色均匀，无直径2 cm的腐洞	40 000张	8元	320 000元	6月30日	甲公司、乙公司、丙公司	生产部
3	杨木	无直径2 cm的腐洞	500 m³	520元/m³	260 000元	6月30日	E公司、F公司	生产部

3. 通过相关资讯编制该木业公司的库存记录卡。
4. 你觉得确定该木业公司的采购数量还应考虑什么因素。

任务2　采购计划编制

采购需求确定后，下一步的任务就是编制采购计划。采购计划是企业采购的基本依据，是控制盲目采购的重要措施。采购计划要根据企业的需求、企业的生产能力和采购环境容量来制订，目的在于实现与市场供应资源的平衡，与企业内货物进、存、用的平衡，与企业的资金、成本、费用等指标的平衡。完整的采购计划包括认证计划和订单计划两部分。这两部分必须做到综合平衡，才能保证物料采购成功。

一、采购认证计划的制订

下面分析一家企业采购认证计划的制订过程。

某电视机厂去年生产的某型号电视机销量达到10万台（生产10万台电视，公司需采购某零件40万件），根据市场反应状况，预计今年的销量会比去年增长30%。公司供应此种零件的供应商主要有两家（A和B）：A的年产能力是50万件，已有25万件的订单；B的年产能力是40万件，已有20万件的订单。试给出该电视机厂的采购认证过程。

解：

第一步：分析认证需求

今年销售量预测：10×(1+30%)=13(万件)

该种零件的需求量：13×4=52(万件)

第二步：计算认证容量

A 与 B 的供应量：(50−25)+(40−20)=45(万件)

公司额外采购量：52−45=7(万件)

第三步：制订认证计划

根据经验，测试的数量为此样件数量的 0.1%，样品数量和机动数量分别为样件数量的 0.05%，要求在 10 月 1 日前完成认证，认证周期为 10 天，缓冲时间为 10 天，则：

认证数量=7+7×0.1%+7×0.05%+7×0.05%=7.014(万件)

因此，该电视机厂应从 9 月 10 日开始认证物料 7.014 万件。

由此可见，采购认证是企业采购人员对采购环境进行考察并建立采购环境的过程。

（一）准备认证计划

1. 接收开发批量需求

开发批量需求是整个供应程序流动的源头。要想制订较为准确的认证计划，首先必须熟知开发批量需求。开发批量需求通常有两种情况：一是在目前采购环境中可以找到的物品供应；另一个是新物品，这是采购环境中无法提供的，需要寻找新物品的供应商，或者与供应商一起研究新物品的开发途径。开发批量需求时不仅要分析量上的需求，而且需要了解物料的技术特征等信息。这种分析可以判断目前的采购环境是否能满足企业的需求，如果不能满足就需要另外寻找新的供应商。

2. 接收余量需求

随着市场需求的增加，采购环境容量不足以支持物品需求，或随着采购环境呈下降趋势，该物品的采购环境在缩小，满足不了需求，这两种情况都会产生余量需求，从而要求对采购环境进行扩容。采购容量的信息可由认证人员和订单人员提供。通过分析现实采购环境中的总体订单量和同期供应商的最大供应量之间的差异，即可求得余量认证需求。

3. 准备认证环境资料

采购环境的内容包括：认证环境和订单环境。有些供应商认证容量大，订单容量小，有些则相反。这是因为：认证过程是供应商的样品小批量试制过程，需要有强大的技术力量支持，有时需要与供应商一起开发；而订单生产过程是供应商的规模化生产过程，突出表现为自动化流水作业及稳定的生产，技术工艺已经固化在生产流程中，所以它的技术支持难度较前者小。

4. 制订认证计划说明书

认证计划说明书是通过对企业内部采购需求量的分析而制订的一项采购计划，包括物料项目名称、需求数量、认证周期等内容的文字说明。

(二)评估认证需求

1. 分析开发批量需求

开发批量需求的形式很多,计划人员应对开发物品需求做详细分析,必要时与开发人员、认证人员一起研究开发物品的技术特征,按照已有的采购环境及认证计划经验进行合理分类。由此可以看出,认证计划人员需要兼备计划知识、开发知识和认证知识等,并具有从战略高度分析问题的能力。

2. 分析余量需求

余量需求的来源主要有两个:一是市场销售量的扩大;另一个是采购环境订单容量的萎缩。这两种情况都会导致目前采购环境的订单容量难以满足用户的需求,因此需要增加采购环境容量。若因市场需求造成,可以通过市场及生产需求计划了解各种物品的需求量及时间;若因供应商萎缩造成,可以通过分析现实采购环境的总体订单容量与原订单容量之差得到。这两种情况的余量相加即可得到总需求余量。

3. 确定认证需求

根据开发批量需求及余量需求的分析结果,可以确定认证需求。认证需求是指通过认证手段,获得具有一定订单容量的采购环境。

(三)计算认证容量

1. 计算总体认证容量

在采购环境中,供应商的订单容量与认证容量是两个概念,有时可以相互借用,但不是等价的。一般在认证供应商时,要求供应商只做认证项目。在供应商认证合同中,应说明认证容量与订单容量的比例,防止供应商只做批量订单,不愿意做样品认证。把采购环境中所有供应商的认证容量汇总,即可得到采购环境中大概的总体认证容量。对有些供应商的认证需要加上适当系数。

2. 计算承接认证量

承接认证量即供应商正在履行认证的合同量。供应商承接认证量等于当前供应商正在履行的认证合同量。承接认证量的计算也是一个复杂的过程。各种物品项目认证周期不同,一般是计算要求的某一时间段的承接认证量。最恰当、最及时的处理方法是借助电子信息系统,模拟显示供应商已承接认证量,以便进行认证计划决策时使用。

3. 确定剩余认证容量

将某一物料所有供应商群体的剩余认证容量进行汇总即得到该物料的剩余认证容量。剩余认证容量的计算公式为

物料的剩余认证容量＝物料供应商群体总认证容量－承接认证量

(四)制订认证计划

1. 对比需求与容量

如果供应商认证容量大于认证需求量,这时无须进行综合平衡;反之,则需要借助采购环境之外的认证计划确定剩余认证需求。

2. 综合平衡

从全局出发,综合考虑市场、生产、认证容量、物品生命周期等要素,判断认证需求的可行性,通过调节认证计划尽可能地满足认证需求,并计算认证容量不能满足的剩余认证需求。这部分剩余认证需求需要到企业采购环境之外的社会供应群体中寻找,即当现有采购环境不能满足剩余认证需求时,就要开发新的供应群体。

3. 制订认证计划

只有制订好认证计划,才能做好订单计划。以下是认证物料数量及开发认证时间的确定方法:

认证物料数量＝开发样件需求数量＋检验测试需求数量＋样品数量＋机动数量

开发认证时间＝要求认证结束时间－认证周期－缓冲时间

通过分析认证需求,计算认证容量,并对其进行综合对比、平衡,采购认证计划就制订出来了。

采购认证计划表见表4-9。

表4-9　　　　　　　　采购认证计划表

序号	主项						次项							现存订单环境容量	认证资源容量预测	备注
	物料编码	名称	型号描述	年需求量	单位	开始日期	完成	样品图纸	技术规范	工艺路线	工艺指令	配料清单	巡回文档	隶属产品			
1																	
2																	
3																	
合计																	

制定		日期		审核		日期		批准		日期	
认证计划编号		制定部门		任务来源编号/说明		来源部门					

二、采购订单计划的制订

采购计划的第二部分是采购订单计划。下面是一家企业的采购订单计划制订过程。

甲供应商在1月15日之前可供应4万个开关(A型1万个,B型2万个,C型1万个),乙供应商在1月15日之前可供应5万个开关(A型1.5万个,B型1.5万个,C型2万个)。

第一步:计算总体订单容量

1月15日前,A、B、C三种开关的总体订单容量为9万个,其中A型2.5万个,B型3.5万个,C型3万个。

第二步:计算承接订单容量

若甲供应商已经承接A型8 000个、B型1.5万个、C型9 000个,乙供应商已经承接A型1.3万个、B型1.2万个、C型2万个,那么在1月15日前,开关的总体承接订单量为7.7万个(A型2.1万个,B型2.7万个,C型2.9万个)。

第三步:计算剩余订单容量

开关剩余订单容量＝9－7.7＝1.3(万个)

第四步:制订采购订单计划

如果市场容量足够,则只做采购订单计划即可。制订采购订单计划应当综合考虑各方面的因素,如市场要货计划、生产加工计划、实际采购能力等。

通常采购订单计划的制订需要通过以下几个步骤完成:

(一)分析订单需求

1. 接收市场需求

市场需求是启动生产供应程序的基础,若想制订较为准确的订单计划,首先应熟知市场需求计划或市场销售计划。市场需求的进一步分解便得到生产需求计划。企业的年度销售计划在上年末制订,并报送各个相关部门,同时下发到销售部门、计划部门和采购部门,以便指导全年的供应链运转;根据年度销售计划制订季度、月度的市场销售需求计划。分析市场要货计划的可信度、市场签订合同的数量、合同剩余量(包括延时交货的合同),参照历史要货数据,可最终得出市场需求结果。

2. 接收生产需求

生产需求对采购来说也可以称为生产物料需求。生产物料需求的时间是根据生产计划而产生的,通常生产物料需求计划是订单计划的主要来源。为了理解生产物料需求,采购计划人员需要熟知生产计划以及工艺常识。在MRP系统中,物料需求计划是主生产计划的细化,它主要来源于主生产计划、物料清单和库存文件。编制物料需求计划的主要步骤包括:确定毛需求,确定净需求,对订单下达日期及订单数量进行计划。

3. 准备订单背景资料

准备订单背景资料是非常重要的一项内容。订单背景资料是在订单物料的认证完毕之后形成的。订单背景资料主要包括:①订单物料的供应商消息;②订单比例信息(对多家供应商的物料来说,每一个供应商分摊的下单比例称为订单比例,该比例由供应商管理人员规划并进行维护);③最小包装信息;④订单周期(从下单到交货的时间间隔)。

4. 制订订单计划说明书

准备好订单计划所需要的资料,主要包括:①订单计划说明书(物料名称、需求数量、到货日期等);②各种资料,如市场需求计划、生产需求计划、订单环境资料等。

(二)评估订单需求

1. 分析市场需求

订单计划不仅来源于生产计划,因此订单计划除了考虑生产需求之外,还要兼顾市场战略及潜在需求等。此外,还要分析需求计划的可信度,仔细分析市场合同签订数量、合同剩余量的各种数据,研究其变化趋势,全面考虑需求计划的规范性和严谨性,参照相关历史需求数据,确定市场需求。总之,要对市场需求有一个全面的了解,远期发展与近期切实需求相结合。

2. 分析生产需求

要分析生产需求,首先需要研究生产需求的产生过程,其次要分析生产需求量和要货时间。因为每周都有不同的毛需求量和到货量,这样就产生了不同的生产需求,所以对企业不同时期产生的不同生产需求进行分析是很有必要的。

3. 确定订单需求

可以根据市场需求及生产需求的分析结果确定订单需求。订单需求的内容是:通过订单操作手段,在未来指定的时间内,将指定数量的合格物品采购入库。

(三) 计算订单容量

只有准确确定订单容量,最后才能制订出正确的订单计划。

1. 分析物料(项目)供应资料

认证人员倾注大量时间和精力而得到的物料供应资料应牢记在计划人员的头脑中,以便下达订单计划时进行参照。

2. 计算总体订单容量

总体订单容量是多方面的组合,一般包括两个方面的内容:一方面是可供给的物料数量,另一方面是可供给物料的到货时间。

3. 计算已承接订单量

供应商在指定时间内签下的订单量称为已承接订单量。

4. 确定剩余订单容量

这里的剩余订单容量是指某种物料所有供应商群体的剩余订单容量的总和。

$$物料剩余订单容量 = 物料供应商群体总体订单容量 - 已承接订单量$$

(四) 制订订单计划

1. 对比需求与容量

如果经过对比发现物料需求量小于供应商容量,企业要根据物料需求来制订订单计划;若发现供应商容量小于物料需求量,企业要根据情况制订合适的物料需求计划,同时对于剩余物料需求制订认证计划。

2. 综合平衡

综合平衡是指综合考虑市场、生产、订单容量等要素,分析物料订单需求的可行性,必要时调整订单计划,计算容量不能满足的剩余订单需求。

3. 确定余量认证计划

对于剩余需求,要提交给认证计划制订者处理,并确定能否按照物料需求规定的时间和数量交货。

4. 制订订单计划

订单计划做好后就可以按照计划进行采购了。在采购订单计划里,有两个关键指标:下单数量和下单时间。

下单数量＝生产需求量－计划入库量－现有库存量＋安全库存量

下单时间＝要求到货时间－认证周期－订单周期－缓冲时间

制订订单计划是开展采购工作的基础，是采购工作得以及时、有序进行的有力保证，因此企业应当充分重视。采购订单计划表见表 4-10。

表 4-10　　　　　　　　　　　采购订单计划表

序号	主项						次项								现存库存数量	订单环境容量	备注
	物料编码	名称	型号描述	年需求量	单位	开始日期	完成	样品图纸	技术规范	工艺路线	工艺指令	配料清单	巡回文档	隶属产品			
1																	
2																	
3																	
合计																	

制定		日期		审核		日期		批准		日期	
订单计划编号			制定部门			任务来源编号/说明			来源部门		

三、影响订货数量的因素

企业每次订货的数量多少直接关系到采购成本的高低，因此，采购人员需要找到合适的订货数量使得物料总成本最小。影响订货数量的因素如下：

（一）采购批量引起的价格变化

一般，采购数量越多，价格越低，因为供应商不需要更换设备、重新安排作业等。

（二）库存量变化

要拥有多少库存，除了考虑经营方针之外，也视原材料或零配件的不同而异。为保管须占较大仓库储位的货品，有必要尽量减少库存。

（三）资金充足程度

资金宽裕则合起来订货较为方便，如果资金短缺则不宜合起来订货。另外，如果遇到新工厂建设或机器设备的增设需要资金时，订货数量也将受到限制。

（四）订货次数

订货单的填制次数越多，所花费用越高。尤其是价格低的货品，多次小批量订货在办手续上所花的成本可能会高于物料本身的价格。

（五）管理费用

采购人员需要考虑的管理费用包括：

(1)采购费用：包括人事费、消耗费、通信费、差旅费、交通费等。

(2)用于议价的费用：与卖方讨价还价的费用。

(3)库存维持的费用：为了保管所需的设备及搬运、老化、减耗、破损等损失的费用。

(4)库存投资的利息：为购买库存品的资金所付的利息。

(5)保管场所的费用:建筑物的折旧费、维护费、光热费等。

(6)仓库部门的人员费用:从事物料收受、保管、领出等工作的人员的薪资。

(六)消耗量

每天的使用数量不多,但作为交易的单位,没有达到一定的数量无法订购时,务必凑成最小的交易单位才行。

(七)备用资料

进货延迟时,若备有融通使用的材料,则订货数量不必太多。

(八)材料取得的难易度

由于具有季节性因素,仅某一季节才能上市的材料也只能集中在一起订购。

(九)生产管理方式

采用准时制生产管理的公司,其订货数量必须限于最小。

(十)订货到进货的期间

假如不考虑卖方制订生产计划所需的时间、生产所需的时间、运输时间、验收时间来决定订货的数量,则会发生缺货损失。

(十一)市场折扣与价格倾向

由于市场原因,原料的价格也会发生变化,如金、银、铁、铜等金属。对于上述货品,判断其价格要上涨时就需要成批订货。

技能训练

对本项目任务描述中的案例从分析订单需求、评估订单需求、计算订单容量、制订订单计划四个方面,讨论如下问题:

1. 分析该木业公司采购计划的编制流程。

2. 编制该木业公司的采购计划。

3. 对于案例中杨木的采购,如果E公司出现错报已有容量,实际可供容量为320立方米,已承接订单量仍为300立方米,试借助资讯给出解决方案,并为该木业公司做出杨木认证计划。

4. 根据已知条件,如公司实行集中采购,讨论下单时间。

任务3 采购预算制定

预算是以财务术语表示的计划,用以安排和控制企业运作。预算以一年为期限,实际的支出以月度预算监控。企业的每个部门都会提交年度预算,涉及部门一年内所要开展的种种活动和所需资金、人员等情况。高层管理人员和会计部门会根据年度财务计划来核定业务费用,使人员、资金、设备等与预测的需求相匹配。有效的各职能预算是采购供应规划所需的信息资源。

一、预算的概念

(一)预算的含义

所谓预算,就是一种用数量来表示的计划,是将企业未来一定期间经营决策的目标通过有关数据系统地反映出来,是经营决策的具体化、数量化。

预算的时间范围要与企业的计划期保持一致,不能过长或过短。长于计划期的预算没有实际意义,浪费人力、财力和物力,而过短的预算则不能保证计划的顺利执行。企业所能获得的可分配的资源和资金在一定程度上是有限的,受到客观条件的限制,企业的管理者必须通过有效分配有限的资源来提高效率以获得最大的收益。一个良好的企业不仅要赚取合理的利润,还要保证企业有良好的资金流,因此良好的预算既要注重最佳实践,又要强调财务业绩。

传统上编制采购预算是将本期应购数量(订购数量)乘以各物料的购入单价,或者按照物料需求计划(MRP)的请购数量乘以标准成本,从而获得采购金额(预算)。为了使预算对实际的资金调度具有意义,采购预算应以现金基础编制,而非采用传统上的应计统计。也就是说,采购预算应以付款的金额来编制,而不以采购的金额来编制。

(二)预算的种类

为了与企业的财务账户结构相匹配,每一项部门的预算都应分别列出业务性和资本性支出。业务性需求的预算表示正常的商业运转所需的费用,而资本性需求的预算则表示对新资产的投资。

1. 业务性需求的预算

采购供应部门通过提供有关费用的历史统计资料,可以帮助职能部门规划其未来的需求。一份报告所显示的上一年度对某一特定功能所采购的产品以及这些产品的成本将有助于该职能部门在更具体的层次上编制计划。

一旦产品或服务的用途被确定,就要建立成本预算。采购供应部门可以通过其对供应市场状况的了解以及与供应商的联系而对此做出贡献。依据采购的价值和性质,有以下几种选择:

(1)利用当前价格:适用于低价值产品,且价格是稳定的或是协议价格。

(2)调整当前价格:适用于采购方能对供应市场价格走势进行预测或需要量的变化对价格产生影响的情况。

(3)从供应商处得到预算价格:这种方法适用于预算和实际价格之间的任何变化都将对公司的成本产生重大影响的较高价值的产品。如果我们确切了解使用量水平,如公司已经签订了一项销售固定数量产品的合同,那么采购供应部门便可以同供应商就相关的投入品和材料的价格进行谈判。实际的价格将被用于相关的预算。

2. 资本性需求的预算

成本预算是资本项目采购流程的组成部分。只有所涉及的成本被确认是合理的,一项大的费用开支才会被批准。正是由于这一原因,采购供应部门应确保自己是项目团队的初期成员。除非企业在评估相似的项目成本方面有相当丰富的经验,否则采购人员应到供应市场去确认可能的成本。

具有较长生命周期的典型的资本项目,除了采购价格之外,还需承担与此相关的其他大量成本。如一座建筑物将需要照明电,需要维护和清洁等。

二、采购预算的编制流程

对制造业而言,通常业务部门的行销计划为年度经营计划的起点,然后生产计划才随之制订。而生产计划包括采购预算、直接人工预算及制造费用预算。由此可见,采购预算是采购部门为配合年度的销售预测或生产数量,对需求的原料、物料、零件等的数量及成本所做的翔实的估计,以利于整个企业目标的达成。

换句话说,采购预算如果单独编定,不但缺乏实际的应用价值,也失去了其他部门的配合。所以采购预算的编定,必须以企业整体预算制度为依据。采购预算的编定有一定的流程与步骤,如图 4-1 所示。

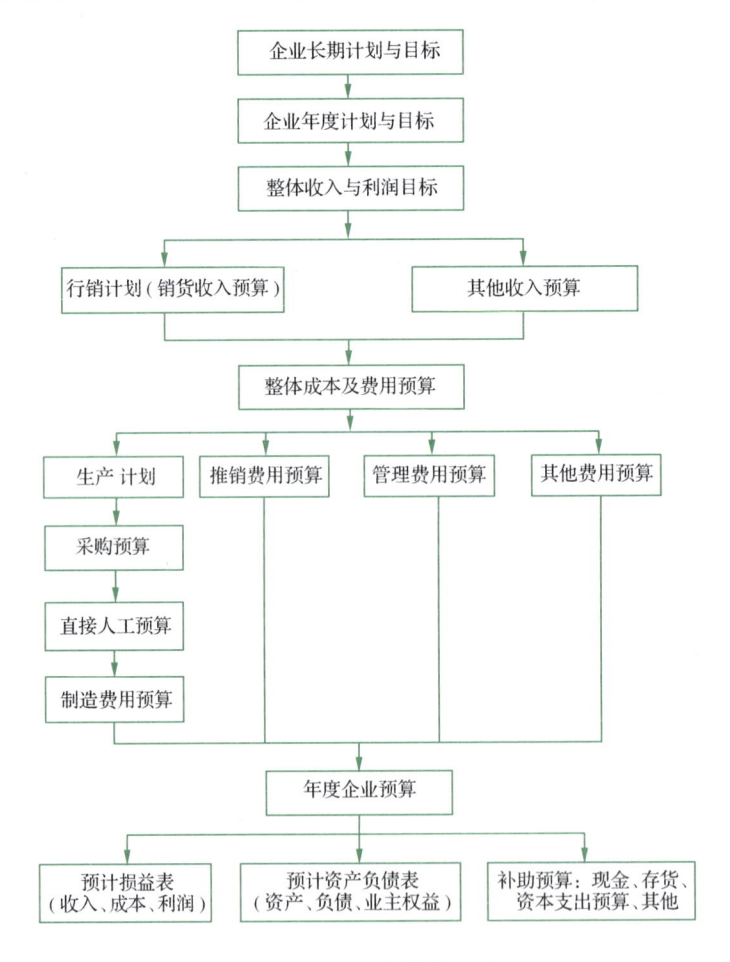

图 4-1 采购预算的编制流程

思政园地

新时代采购管理中的工匠精神

国务院印发的《贯彻实施质量发展纲要2016年行动计划》明确提出要"开展质量素养提升行动,塑造精益求精、追求质量的工匠精神"。

工匠精神首先是精益求精,在完成工作的基础上,注重内在本质,通过精雕细琢将细节之美展现得淋漓尽致;其次是坚持和忍耐,任何企业和个人在成长的过程中都不能急功近利,只有脚踏实地、艰苦磨炼、不断攀越,才能达到匠人的境界;最后是思辨和创新,工匠精神不是因循守旧,它是在传统工艺的基础上不断创造新工艺、新技术的过程,是一种传承与创新的并存。

采购管理是企业管理的重要环节,是提高经济效益和市场竞争力的主要手段。采购管理与工匠精神的内在联系,就是通过在企业自身采购制度、采购流程、采购人员专业化建设、采购信息化水平等方面贯彻工匠精神,提高企业的采购管理水平,降低企业采购成本,实现企业经济效益提升。

启示:工匠精神是企业发展的必需,采购管理需要工匠精神,只有把工匠精神落实到采购管理的各个环节,以工匠精神打造新时代采购管理,才能更科学地制定采购策略、控制采购成本,更好地提高企业的经营效益,提升企业自身的竞争力,顺应经济发展的新形势。

三、预算的编制方法

(一)弹性预算

弹性预算亦称为变动预算,它是根据计划期间可能发生的多种业务量,分别确定与各种业务量水平相适应的费用预算数额,从而形成适用于不同生产经营活动水平的一种费用预算。

编制弹性预算,首先要确定在计划期内业务量的可能变化范围。在具体编制工作中,对一般企业,其变化范围可以确定在企业正常生产能力的70%至110%,其间隔取5%或10%,也可取计划期内预计的最低业务量和最高业务量为其下限和上限。

其次,要根据成本形态,将计划期内的费用划分为变动费用部分和固定费用部分。在编制弹性预算时,对变动费用部分,要按不同的业务量水平分别进行计算,而固定费用部分在相关范围内不随业务量的变动而变动,因而不需要按业务量的变动来进行调整。

(二)概率预算

在编制预算过程中,涉及的变量较多,如业务量、价格、成本等。企业管理者不可能在编制预算时就十分精确地预见到这些因素在将来发生的变化,以及变化到何种程度,而只能大体上估计出它们发生变化的可能性,从而近似地判断出各种因素的变化趋势、范围和结果,然后,对各种变量进行调整,计算其可能值的大小。这种利用概率(可能性的大小)来编制的预算即为概率预算。

概率预算必须根据不同的情况来编制,大体上可分为以下两种情况:

(1)销售量的变动与成本的变动没有直接联系。这时,只要利用各自的概率分别计算销售收入、变动成本、固定成本的期望值,然后即可直接计算利润的期望值。

(2)销售量的变动与成本的变动有直接联系。这时,需要用计算联合概率的方法来计算利润的期望值。

(三)零基预算

零基预算是指在编制预算时,对于所有的预算项目均以零为起点,不考虑以往的实际情况,而完全根据未来一定期间生产经营活动的需要和每项业务的轻重缓急,从根本上来研究、分析每项预算是否有支出的必要和支出数额大小的一种预算编制方法。

零基预算的编制大致上可以分为以下三步:

1. 提出预算目标

企业内部各有关部门,根据本企业计划期内的总体目标和本部门应完成的具体工作任务,提出必须安排的预算项目,以及以零为基础确定的具体经费数据。

2. 开展成本——收益分析

组成由企业的主要负责人、总会计师等人员参加的预算委员会,负责对各部门提出的方案进行成本——收益分析。这里所说的成本——收益分析,主要是指对所提出的每一个预算项目所需要的经费和所能获得的收益进行计算、对比,以其计算对比的结果来衡量和评价各预算项目的经济效益。然后,列出所有项目的先后次序和轻重缓急。

3. 分配资金、落实预算

按照上一步骤所确定的预算项目的先后次序和轻重缓急,结合计划期内可动用的资金来源,分配资金,落实预算。

(四)滚动预算

滚动预算又称连续预算或永续预算,其主要特点是预算期随着时间的推移而自行延伸,始终保持一定的期限(通常为一年)。当年度预算中某一季度(或月份)预算执行完毕后,就根据新的情况进行调整和修改后几个季度(或月份)的预算。以此往复,不断滚动,使年度预算一直含有四个季度(或12个月份)的预算。其基本特征如图4-2所示。

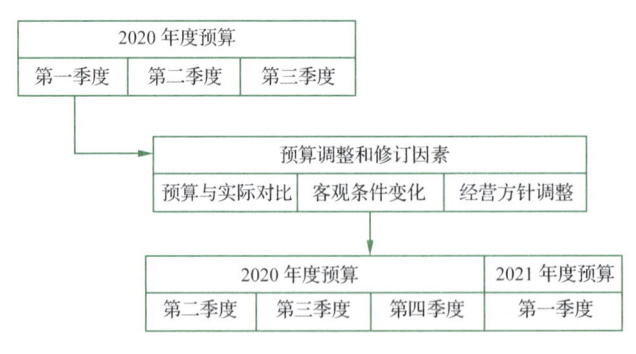

图4-2 滚动预算的基本特征

四、采购预算编制的步骤

预算的实质是一种协调过程,它要求根据来自企业各个部门、各个层次的管理者的知识、所从事的具体活动的经验及各自的职责得出一个综合的或总的预算。采购预算可能包括的成本类型范围越广(如维护修理项目、固定资产设备、其他材料和用品的折价等),采购部门预算与其他部门和层次的相互依赖程度就越高,采购部门就越要与各个部门共同合作,确保它们能提供合理的预算数据。

采购预算编制的步骤如图 4-3 所示。

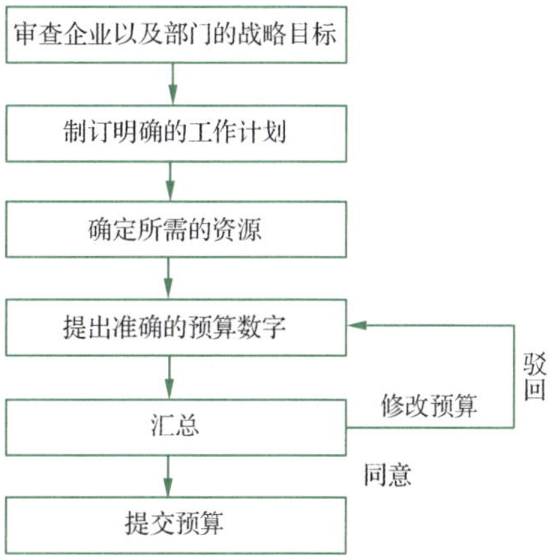

(一)审查企业以及部门的战略目标

预算的最终目的是保证企业目标的实现,企业在编制部门预算前首先要审视本部门和企业的战略目标,以确保它们之间的相互协调。

(二)制订明确的工作计划

管理者必须了解本部门的业务活动,明确其特征和范围,制订出详细的计划表,从而确定该部门实施这些活动所带来的产出。

(三)确定所需的资源

有了详细的工作计划表,管理者可以对支出做出切合实际的估计,从而确定为实现目标所需要的人力、物力和财力。

图 4-3 采购预算编制的步骤

(四)提出准确的预算数字

管理者提出的数字应当保证最大准确性。可以通过以往的经验做出准确判断,也可以借助数学工具和统计资料通过科学分析提出准确方案。

目前,企业普遍的做法是将目标与历史数据相结合来确定预算数据,即对历史数据和未来目标逐项分析,使收入和成本费用等各项预算切实合理可行。对过去的历史数据可采用比例趋势、线性规划、回归分析等方法找出适用于本企业的数学模型,以预测未来。有经验的预算人员也可以通过以往的经验做出准确判断。

(五)汇总

汇总各部门、各分单元的预算,最初的预算总是来自每个分单元,而后层层提交、汇总,最后形成总预算。

(六)修改预算

由于预算总是或多或少地与实际有所差异,因此必须根据实际情况选定一个偏差范围。偏差范围可以根据行业平均水平,也可以根据企业的经验数据确定。设定了偏差范围以后,采购主管应比较实际支出和预算的差距以便控制业务的进展。如果支出与估计值的差异达到或超过了容许的范围,就有必要对具体的预算做出建议或必要的修订。

(七)提交预算

采购预算通常是由预算部门会同其他部门共同编制的,采购预算编制后要提交给企业财务部门及相关管理部门,为企业资金筹集和管理决策提供支持。

技能训练

某手机店准备销售当年全球火爆的某品牌手机。在销售前,该店拟制订一个采购该型号手机的计划。首先,该店获得了A卖场销售该型号的手机的数据,了解到种类、颜色、内存、价格以及数量等信息;然后,通过数据分析客户需求;接着,根据客户需求数据分析、安全库存的需要和采购价格的制定,该店确定了采购该型号的手机的数量;最后根据数量和价格做出了采购预算,保证了资金的分配效率,协调了组织资源。

讨论:描述手机采购计划与预算的流程。

复习思考题

1. 什么是采购计划?采购计划的作用有哪些?
2. 简述编制采购计划的依据。
3. 简述编制采购计划的基本程序。
4. 简述编制采购预算的基本步骤。

实践技能训练

1. 实训内容: 采购计划的编制。

2. 实训目的: 通过实训使学生加深对采购计划和采购预算的认识,理解采购计划的制订过程,了解采购预算编制的注意事项,掌握二者对采购流程的重要意义。

3. 实训组织: 将学生分组,4～6人为一组,确定职务及职责。以实际操作为主,同时利用网络查找资料,分析采购计划与采购预算编制的过程,最后整理出详案,提交报告。

4. 实训题目: 为庆祝新年到来,班级预组织一次大型文艺活动,活动需租用场地、布置场地、租借服装、派送礼物等。请完成以下任务:

(1) 编制采购计划;
(2) 编制采购预算;
(3) 总结出采购计划与预算编制的一般流程,并写出报告。

阅读案例

基于协同库存的采购流程优化

某集团公司长期以来实行"集中招标,分散操作"的零配件采供模式,作为生产设备保障的零配件采购计划分解、订单任务下达、出入库仓储配送等职能均分散在各下属公司独立运行,每个下属公司都积累了一定库龄的零配件库存。

近年来,该集团公司零配件库存出现上升态势。一是重复采购产生高库存:各下属公司之间虽然共同借助ERP系统进行库存管理，但共享机制的分散管理模式导致各下属公司之间库存信息互为孤岛；二是技术改进后进口零配件大量采购产生高库存：由于高价值进口零配件供应周期较长，公司普遍存在提前采购，使零配件库存不断累积。

1. 零配件公司间协同库存情况

零配件公司间协同库存是以信息系统下的库存动态信息为切入点，实现各下属公司零配件库存共享。通过信息系统进行零配件信息采集和分析，并在此基础上制定零配件采购调拨业务流程，从而可以实现零配件在各下属公司之间调拨使用，解决由于信息孤立、共享渠道不畅带来的重复库存和库存过剩问题。

零配件各下属公司间协同库存应具备以下几个基本条件：

一是一定库龄的零配件库存积累。集团公司将一定库龄的零配件确定为可供调拨的对象，并将此类零部件定义为"呆滞库存"。实际运行中，将库龄在1年以上的零配件定义为"呆滞库存"，理由在于这部分零配件本公司使用概率渐小，调拨出去才能重新激活其价值。

二是共同的设备机型。

三是有效的信息系统支持。集团公司依托ERP系统实施零配件基础管理和采购、耗费、储存业务信息化管理，可以实现交叉查询和共享。

四是零配件信息唯一。集团公司零配件统一实行编码管理，编码具有唯一性。

2. 协同库存采购模式的应用

ERP系统将1年内没有发生领用的零配件标记为"呆滞库存"，当各下属公司在提出零配件使用需求时，不但要判断本公司库存，同时还要查询"呆滞库存"，有"呆滞库存"的无条件进行建团内调拨，不满足需求的差额部分才由采购补充。

下属公司间协同库存采供模式对维修使用部门、设备管理部门、物资采购部门、物资仓储部门的职能、职责进行了重新界定。与传统的采购流程相比，纳入协同库存的采供流程强化了使用部门、设备管理部门在零配件调拨申请、审批及调拨订单创建过程中的推动作用，相对弱化了物资部门在调拨过程中的职能，其变化主要体现在两个方面：一是调拨类采购申请经过调入方和调出方两级审批，调出方一级审批并可以拒绝调出，调入方二级审批并生成调拨订单；二是调拨类采购申请由调入方使用部门创建，而非由物资采购部门创建，在源头上即将调拨申请发起直接划入使用部门。"呆滞库存"的应急调拨也同步纳入新流程。

项目 5
供应商开发与管理

知识目标

1. 了解分销渠道管理与供应的关系;
2. 掌握供应商的开发与选择;
3. 掌握供应商绩效考评方法;
4. 重点掌握供应商的关系管理。

技能目标

1. 能够设计供应商调查问卷;
2. 能够对供应商做出正确的选择和评估;
3. 能够与供应商达成伙伴关系。

素质目标

1. 培养遵守职业道德、严格自律的品质,建设良好的营商环境;
2. 树立共建、共享、共赢的思想;
3. 培养创新思维和创新创造能力。

思维导图

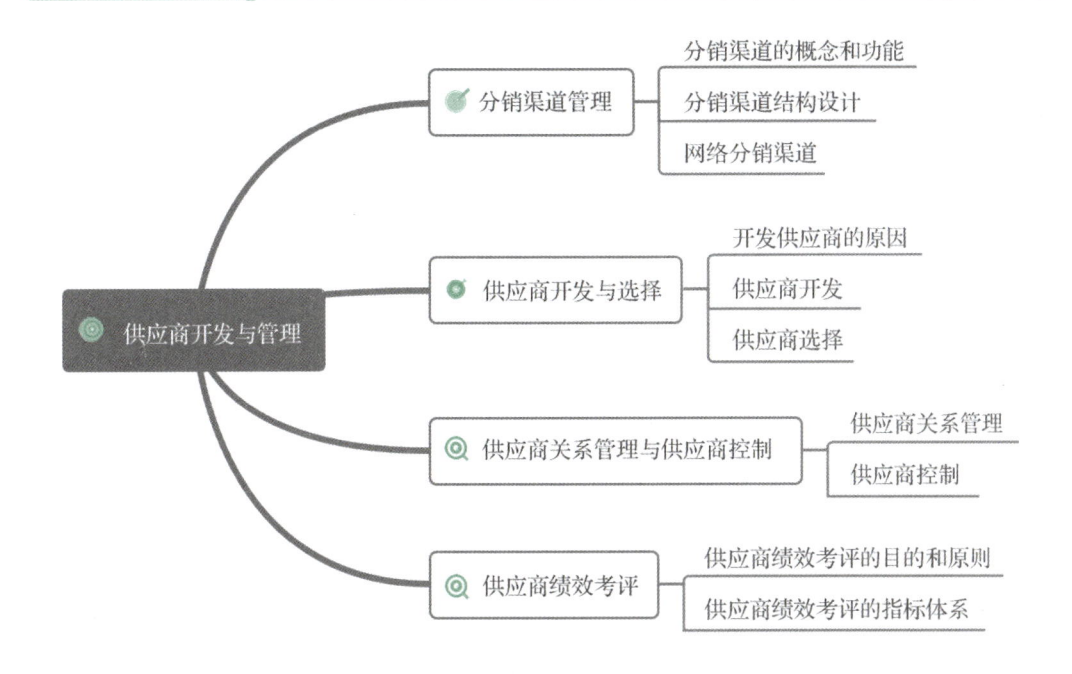

- 供应商开发与管理
  - 分销渠道管理
    - 分销渠道的概念和功能
    - 分销渠道结构设计
    - 网络分销渠道
  - 供应商开发与选择
    - 开发供应商的原因
    - 供应商开发
    - 供应商选择
  - 供应商关系管理与供应商控制
    - 供应商关系管理
    - 供应商控制
  - 供应商绩效考评
    - 供应商绩效考评的目的和原则
    - 供应商绩效考评的指标体系

任务描述

兴达电子公司是一家成立不久的新公司,最近公司的采购部遇到了以下几个问题:

其一,采购经理刚刚获悉,在提供给客户的设计方案中用到的一款 IC 器件在 3 个月前供应商就已经停产了,但制造部门已经利用该器件的库存进行了生产,并开始陆续交货。客户现在有新的订单进来,但采购部门却无法获得之前所采用的 IC 器件,而这一器件的库存也已全部用完。现在需要采用新的器件重新设计方案,然后给客户确认,这一过程至少需要一个月的时间,可是新订单却要求下周就要交货。

其二,公司制订了年度供应商实地考察计划,要求每季度对所有的 100 多家供应商进行实地考察,这意味着每年度采购部门要拜访 400 多次供应商。采购人员花费了大量时间,感觉力不从心。

其三,公司在拓展全球市场时,成立了集中采购组织。但是,他们很快发现集中采购组织和分散在各地区工厂的分散采购常常存在责任不清的问题。而且,在过去三年合格供应商清单中,供应商数量每年都在不断增加。

其四,前期公司宣布,在全国率先通过以向厂家预先支付货款、支持其采购芯片的方式,最终要求大幅度降低某款产品的价格。由于核心零部件无法自足,使得该款产品的价格难以真正下降。这一现状造成了众多厂家在采购芯片时非常慎重,往往采购数量难以形成规模,而这又使其无法获得更优惠的采购价。预付货款的做法反过来又常常使得一些供应商无视合约,造成延期供货等问题。

任务分析

这是一个典型的供应商管理问题,电子行业快速变化的商业环境对供应商管理提出了更高的要求。一些大型公司已开始设置专门的职位,从事对供应市场进行环境调查和行业情报收集的工作,包括供求关系、原材料行情、价格信息、货源信息,并为采购决策和执行团队提供最新的商业信息,以便他们对市场环境的变化快速做出响应与正确决策。

从兴达电子公司遇到的问题中,我们可以看到:供应商管理是采购管理中的重要工作,同时也是国内企业管理中的薄弱环节。企业在这一环节所面临的任务如下:

任务1:分销渠道管理。
任务2:供应商开发与选择。
任务3:供应商关系管理与供应商控制。
任务4:供应商绩效考评。

任务1 分销渠道管理

本项目的任务描述中,公司采购部遇到的第一个问题是:一款IC器件在3个月前供应商就已经停产了,但制造部门已经利用该器件的库存进行了生产,并开始陆续交货。客户现在有新的订单进来,采购部门却无法获得之前所采用的IC器件。这说明,在兴达电子公司与IC器件供应商之间存在着分销渠道不畅、信息沟通不良的问题。所以分销渠道是决定客户服务质量的一个重要的企业业务领域,优越的渠道结构能够为企业带来竞争优势。

一、分销渠道的概念和功能

(一)分销渠道的含义

美国营销协会把分销渠道定义为"公司内部的组织单位和公司外部的代理和经销商、批发商与零售商的结构,通过这种结构,进行产品或服务的营销活动"。任何一个提供上述一种或多种交易功能的组织单元都是分销渠道中的一员。分销渠道是一群企业或机构的集合,在从原始卖主到最终买主的营销过程中,它们之间进行着产品或设施的物权交换。所以,分销渠道也称为销售渠道、分配渠道、流通渠道,它是产品在其所有权转移过程中从生产领域进入消费领域的途径。

分销渠道的特点主要有以下几个方面:

(1)每一条分销渠道的起点都是产品生产企业,终点是那些在生活消费或生产消费中使用产品的消费者或用户。

(2)分销渠道是由参与商品流通过程的各种类型的机构和人员(生产者以及各种代理商、批发商、零售商等)组成的,只有通过这些机构和人员,商品才能从生产者流向最终消费者或用户。

(3)商品在从生产企业向最终消费者或用户流动的过程中,商品的所有权也要发生转移。商品所有权转移的次数取决于流通过程中中间环节的多少,所有权转移的形式取决于中间商的类型。

(4)在分销渠道中,除物流之外,还有与之匹配的物权流、资金流、促销流、信息流等,其与物流是相辅相成的,但是这些流动在时间、空间与流向上并不完全一致。由于分销渠道是这些流动的载体,因而一条分销渠道的优劣也就取决于该分销渠道能否使这些流动具有安全性、协调性、顺畅性、准确性、经济性与高效性。

(二)分销渠道的功能

分销渠道所执行的功能是将产品由生产者转移至消费者,它弥补了产品、服务和其使用者之间的缺口。这个缺口主要包括时间、地点和所有权等。

分销渠道的功能主要包括五个方面:

(1)整理。由中间商负责完成的整理功能是指中间商要将不同的产品分类、集合、分配、组合,使所提供的产品能够满足顾客需求。

(2)大量分销。大量分销可以达到成本的规模经济效益,从而企业才可能盈利。在交易中,通过分销渠道的中间商(如批发商、零售商等)可以实现集中采购与配送,从而减少市场交易的次数,提高交易的效率。分销渠道的经济效果如图5-1所示。

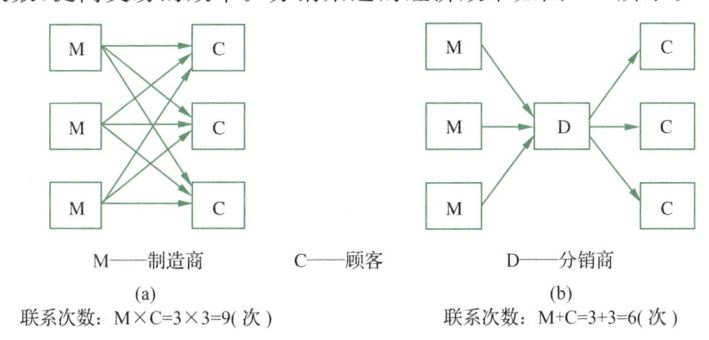

图 5-1　分销渠道的经济效果

(3)联系顾客。联系顾客是指与消费者的接触和沟通,可发生于销售前(寻找目标顾客)、销售中(销售演示)及销售后(售后服务)。

(4)信用。信用是指资金的取得及周转,以满足销售工作的各项成本。

(5)市场调查。市场调查是指搜集与传递有关营销环境的各种信息以供规划和促成交易。

(三)分销渠道管理的重要性

分销渠道管理的重要性体现在以下几个方面:

(1)通过分销,产品或服务才能进入消费阶段,实现其价值。

(2)发挥分销渠道组织的功能,可提高企业的经济效益。

(3)建立起管理良好的分销渠道,可提高企业的竞争优势。

二、分销渠道结构设计

(一)分销渠道的类型

(1)零阶渠道:所谓的直达供应,物流可控性比较强,其结构如图 5-2 所示。

生产者(供应商) → 消费者(用户)

图 5-2　零阶渠道结构

(2)一阶渠道:有一个中间销售商,如图 5-3 所示。钢材、木材等生产资料商品,其销售渠道多选用零阶和一阶渠道。

生产者(供应商) → 批发商(零售商) → 消费者(用户)

图 5-3　一阶渠道结构

(3)二阶渠道:有两个中间销售商,如图 5-4 所示。该销售渠道环节多,销售系统的不稳定因素较多。

生产者(供应商) → 批发商 → 零售商 → 消费者(用户)

图 5-4　二阶渠道结构

(4)三阶渠道:有三个中间销售商,如图 5-5 所示。分销渠道的级数越多,控制越困难。

生产者(供应商) → 代理商 → 批发商 → 零售商 → 消费者(用户)

图 5-5　三阶渠道结构

(二)影响分销渠道设计的因素

企业在选择和设计分销渠道时,应对影响渠道选择与设计的因素进行综合分析,然后再做出决策。影响分销渠道设计的因素主要有以下几方面:

1. 市场特征

首先,我们需要了解潜在客户群的购买动机,以便选择能最有效地实现销售功能的中间商。其次,要选择适合不同类型产品的分销方式。再次,要考虑所选中间商的物流能力和容量:是否具备所需的专用设备,以及是否具有与企业共同成长的能力等。最后,企业需要考虑以有关方法和措施能否对渠道成员进行一定程度的控制,以保证产品和售后服务的质量,确保企业的长远利益。

2. 产品特征

在分销渠道中,主要销售的是产品和服务,因此渠道设计时需要重点考虑产品特征。一般来说,渠道的设计者需要分析产品的价值、产品的技术特征、市场对产品的认同程度、产品的可替代性等。

3. 企业自身特征

企业自身特征涉及营销目标、营销战略与政策、企业规模与实力、管理能力与经验以及企业形象与声誉等因素。

4. 利润

在渠道设计过程中，设计者可以先设计出一些渠道结构的备选方案，然后以每个方案的成本和收益为基础，用财务会计的方法进行判断。

5. 中间商特征

中间商特征主要包括中间商的类型、执行的职能与可能提供的服务、实力状况、市场声誉、分销业绩与经验等。

三、网络分销渠道

（一）网络分销渠道的含义

中国作为世界最大互联网市场之一，庞大的网民群体形成了巨大的网络消费群体和网络营销空间。网络分销渠道是指通过互联网平台将产品或服务转移到消费者手中的具体通道或路径。它有广义和狭义之分。狭义的网络分销渠道是指生产者借助计算机、网络软硬件技术创建网络平台，并依靠这个平台将产品或服务从生产者转移到消费者的过程中，能够实现分销渠道所涉及的商流、物流、资金流、信息流等功能的传递目的。广义的网络分销渠道是指包括分销过程中的各个环节都从不同程度使用网络及管理系统，并促使分销过程中商流、物流、资金流、信息流等功能的实现。

从定义中可以看出，网络分销渠道和传统分销渠道一样，是为企业的产品或服务的销售服务而采用的渠道模式，最终目的都是争夺市场、争夺消费者，实现企业的各种市场经营目标。但是网络分销渠道在渠道结构、渠道基础等方面与传统分销渠道有明显的区别。

在渠道结构上，传统分销渠道的结构是线性的，体现为一种有流动方向的线性通道；而网络分销渠道是网状的，呈现出以互联网站点为中心，向周围发散式的渠道结构模式。传统的分销渠道的决策更多考虑批发商、零售商、代理商等中间商的选择，以及渠道的冲突、地域的限制等要素；而网络分销渠道更多考虑的是银行、安全认证机构、物流配送商等合作伙伴的选择，以及网络的适用性、安全性等要素。

在渠道基础上，传统分销渠道依靠各种各样的市场中介组织，具有现实的可见性；网络分销渠道依靠计算机、网络软硬件技术，具有网络的虚拟性。

（二）网络分销渠道的特征

1. 范围的广泛性

互联网打破了地域和国界的限制，使全球市场的整合成为现实，产品的销售渠道扩展到了更广阔的全球市场，而非局限于局部区域市场。作为一种新型的沟通渠道，互联网的全球性特点克服了交易双方在地域和时间上的巨大差异，能快速实现跨国经营。瑞士一家生产火车模型的企业只有15名员工，其中有6人专门负责外出参展等事宜，并利用网络开展营销，这家企业的火车模型占据了世界市场份额的40%。

2. 沟通的互动性

网络分销渠道打破了信息的不对称性，为交易双方提供了一个交互式的贸易平台，使双方可以快速反馈各种信息,低成本地向消费者提供定制化服务,实现与消费者之间的互动,即一对一营销,满足消费者的个性化需求。

3. 交易的高效性

网络分销渠道的引入,为企业大规模定制化制造提供了可能。思科公司通过网上发布技术文件,为客户提供在网上了解其订单情况的渠道,同时加快用户反馈的速度,无形中提高了客户的忠诚度。

4. 低分销成本

借助于系统平台,分销企业可以轻松管理渠道和下级代理商,并及时更新信息;与传统分销渠道相比,网络分销渠道宣传范围的广度和宣传内容的深度更有优越性,显著降低了企业的营销成本;利用网络分销渠道,企业可以把存货集中于一处,提高货物的周转率,从而使企业的库存成本得以降低。

(三)网络分销渠道的发展

互联网和移动互联的兴起,使得企业可以轻松建立与目标客户的信息沟通渠道,其效果优势不容小觑,这不仅仅因为网络分销渠道依托互联网载体,拥有传统分销无法匹敌的优势,更重要的是,近些年电子商务的发展催生了一些比较好的分销平台。

基于以上因素,网络分销已在很多行业开展起来,无论是钢铁、纺织、建材,还是食品、汽车、服装都在通过网络分销去拓展各自的市场。总体上说,网络分销确实是企业求发展的绝佳选择,更是互联网时代企业的必由之路,它必然会成为企业角逐的竞争热点。

技能训练

小米手机在分销上采取了电子渠道加物流公司合作的模式。其渠道以直接渠道、短渠道以及窄渠道为主,由厂家直接供货。小米手机目前的销售大部分依靠小米科技旗下电子商务网站小米网的网络直销,规避了与实体店和分销商的利润分割,避免了网络诈骗和多余成本,杜绝了假冒商品,又很有时尚感,能吸引年轻顾客的兴趣,同时强化了自身的品牌影响力。在库存和物流上,小米科技充分利用凡客等诸多互联网公司的支持,将小米手机与这些公司进行服务对接,突出其低成本、高效率、快整合、双向推动的优势。小米科技与中国联通联手推出小米手机联通合约机,合约推出预存话费送手机和购机入网送话费两种方式。此举也为小米手机的分销增加了新的渠道。同时,小米科技又增加代工厂,以保证货源。

讨论:小米手机是如何进行分销渠道管理的?

任务2 供应商开发与选择

兴达电子公司面临的第二个问题就是供应商管理问题。对于采购工作来说,能否合理选择供应商是非常重要的一步,它关系到企业能否降低采购成本、保证物料、以准确时间和准确数量供应,是企业生产能否顺利进行的保证。

一、开发供应商的原因

在传统的采购中,企业是被动的,导致与企业进行交易的供应商不是最优的。而供应商开发是指作为采购方主动出击,提出采购要求,在更大范围内寻找供应商。开发供应商的原因有:

1. 价格

因为商品的售价高低是决定商品是否畅销的主要因素,所以许多企业不断寻找新供应商,以求降低成本。如在中国,沃尔玛销售的95%的商品都是"中国造",大大降低了采购成本。

2. 质量

原材料的质量有问题会直接影响到产成品的质量,同时由于质量问题所导致的退货物流成本提高也是企业领导层应关注的问题。

3. 供应链理念

现代的供应链理念要求企业根据自己的期望去寻找合适的合作伙伴。例如JIT生产、VMI方式等,都需要企业与供应商有更紧密的合作。

4. 技术

因新产品、新材料、新技术的不断出现,迫使企业必须不断寻找新的合作伙伴。

二、供应商开发

供应商开发的首要工作是了解供应商。要了解供应商的情况,就要对供应商进行调查。对供应商进行调查是对供应商的能力做出一种预测。一般方法是派出一组有资格的观察员对资源市场进行调查,然后是了解供应商的硬件和软件,对其进行初步调查,最后收集有关信息,做深入的调查。

选择供应商是供应链中的关键环节,因为他们处在供应链的最上端,如果上游出了问题,下游无论多么努力都无法做到最优。全面系统地调查供应商可以对供应商的情况进行把握。通常从以下三个方面进行调查:

(一)对资源市场的调查

(1)了解资源市场的规模、容量、性质。例如,对于买方市场,在选择供应商时,将质量、价格、服务的权重适当增大;对于卖方市场,在选择供应商时,将质量的权重适当减小。另外,还包括资源市场究竟有多大范围,有多少资源,多少需求量,是一个新兴的成长市场还是一个陈旧的没落市场等。

(2)了解资源市场的环境。例如,市场的管理制度、法制建设、市场的规范化程度、市场的经济环境和政治环境等外部条件如何?市场的发展前景如何?

(3)了解资源市场的总水平。资源市场的各个供应商的情况如何?例如,资源市场的生产能力、技术水平、管理水平、可供资源量、质量水平、价格水平、需求状态以及竞争性质等如何?

(二)对供应商进行初步调查

供应商初步调查非常简单,调查的基本依据就是供应商的名称、地址、生产能力以及产品的品种、数量、价格、质量、市场占有率和运输进货条件等。在条件合适的供应商中选择几个作为初步调查的对象。一般可以采用访问调查法,通过访问有关人员获得信息;也可以在采购过程中通过供应商卡片建立有关信息。供应商卡片要根据情况的变化,经常进行维护、修改和更新。常见的供应商卡片见表 5-1。

表 5-1 供应商卡片

公司基本情况	名称					
	地址					
	营业执照号			注册资本		
	联系人			部门、职务		
	电话			传真		
	E-mail			信用度		
产品情况	产品名	规格	价格	质量	可供量	市场份额
运输方式		运输时间		运输费用		
备注						

(三)对供应商进行深入调查

对供应商的深入调查,一是根据企业自己产品的 ABC 分类确定产品的重要程度,二是根据供应商企业的生产能力水平的实际情况,对于企业的关键产品、重要产品,要认真地选择供应商。这些产品,或者是价值高,或者是精度高,或者是性能优越,或者是技术先进,或者是稀缺品,或者是企业产品关键的、核心的零部件等,要对这些产品的供应商进行深入研究、考察、考核,选择真正能够满足企业要求的供应商。深入调查供应商主要是从企业的实力、产品的生产能力、技术水平、质量保障体系和管理水平等方面进行,具体就是深入到供应商企业的生产线、生产工艺、质量检验环节,甚至管理部门,对其现有的设备工艺、生产技术、管理技术等进行考察,看供应商所提供的产品能否满足企业的要求。有的甚至要根据所采购的产品的生产要求,进行资源重组,并进行样品试制,试制成功后,才算考察合格。只有通过深入的供应商调查,才能发现可靠的供应商,建立起比较稳定的采购物资供需关系。进行深入的供应商调查需要花费较多的时间和精力,调查的成本高,一般只有准备发展为伙伴关系的供应商以及关键零部件的供应商才需要进行深入调查。

通过上述对供应商的调查,了解了供应商的基本情况,可以为今后与供应商建立长期稳定合作打下良好的基础。

三、供应商选择

供应商选择是供应商管理的主要内容,选择好的供应商,不仅对企业能否正常生产起决定作用,而且对企业的发展也非常重要。供应商选择的目的是建立起一个稳定可靠的供应商队伍,为企业生产提供可靠的物资供应。

（一）供应商选择的标准

1. 技术水平

对技术水平的评价主要是看供应商所提供的产品能否在质量上达到采购方的要求。采购物料的质量合乎采购单位的要求是企业生产经营活动正常进行的必要条件，是采购单位进行商品采购时首要考虑的因素，采购方需充分调查供货厂商的技术能力，确保采购商品的质量。

采购方可以组建由采购、设计、生产制造、财务等部门人员组成的专家小组，对供应商进行调研或实地考察。其中，收集供应商的技术资料可利用供应商调查表，见表5-2。

表 5-2   供应商调查表

供应商企业名称：			
总部地址：			
工厂地址：			
联系人姓名	职务		电话
成立时间	所在国		
企业主要负责人	职务		电话
1 2 3			
工厂负责人（请列出设计部、生产制造部、质量管理部主要经理）			
1 2 3			
主要产品	年份	近3年生产能力	近3年产量
1	1 2 3		
2	1 2 3		
3	1 2 3		
主要客户	采购商品		上一次采购日期
1 2 3			
资信查询机构名称及地址：			

另外，采购单位还要考虑以下几个方面的内容：

（1）考察供应商的硬件（设备的先进性、环境配置是否完善等）和软件（人员技术水平、工艺流程、管理制度、合作意识等）；

（2）考察供应商是否通过ISO9000系列的质量认证或是其他一些企业要求的质量认证，以及质量控制措施；

（3）考察供应商为哪些企业供货，这些企业采购的物料是否与本企业相同等。

2. 采购成本

对供应商的报价单进行成本分析，是有效选择供应商的措施之一。采购成本不仅包括采购价格，而且包括获得物料过程中所发生的一切费用。降低采购总成本有利于企业提高竞争力和增加利润，是选择供应商的一个主要因素，但并不是最重要的因素。采购总成本包括物料成本、采购管理成本和存储成本。其中，物料成本包括货款、运费和通关费用等，采购管理成本包括人工成本、办公费用、旅差费用及信息费用等。

采购总成本具有下列特点：
(1) 与采购次数直接相关。
(2) 不同公司采购成本相差较大。
(3) 确定采购总成本较难。

3. 管理水平

管理水平的高低是判断一个企业经营成功与否的重要标准之一，特别是在采购商品的金额巨大、性能复杂时，对供应商管理能力的评价就更为重要了。采购方可通过长期营业额等，分析潜在供应商的管理系统和管理方式，或通过企业现有的人员水平来判断供货企业的管理能力。

供应商内部组织与管理关系到日后供应商的供货效率和服务质量。如果供应商组织机构设置混乱，采购的效率与质量就会因此下降，甚至会由于供应商部门之间的互相扯皮而导致供应活动不能及时、高质量地完成。另外，供应商的高层主管是否将采购单位视为主要客户也是影响供应质量的一个因素。如果供应商的高层没有将买主视为主要客户，在面临一些突发状况时，买主便无法取得优先处理的机会。

除此之外，还可以从供应商机器设备的新旧程度及保养状况看出管理者对生产工具、产品质量的重视程度以及内部管理的好坏。另外，还可以参考供应商同业之间的评价及在所属产业的地位。对客户满意程度的认知、对工厂的管理、对原材料来源地的掌握、对生产流程的控制，也是评估供应商内部管理水平的指标。

4. 整体服务水平

供应商整体服务水平是指供应商内部各作业环节能够配合购买者的能力与态度。评价供应商整体服务水平的主要指标有以下几个方面：

(1) 安装服务。如空调的免费安装、电脑的装机调试等都属于供应商提供的安装服务。对于采购者来说，安装服务是一大便利。通过安装服务，采购商可以缩短设备的投产时间或投入运行所需要的时间。

(2) 培训服务。对于采购者来说，会不会使用所采购的物品决定着该采购过程是否结束。如果采购者对如何使用所采购的物品不甚了解，供应商就有责任向采购者传授所售产品的使用知识。每一个新产品的问世都应该有相应的辅助活动推出。供应商对产品售前和售后的培训工作情况，也会影响采购方对供应商的选择。

(3) 维修服务。供应商对所出售产品一般都会做出免费维修一段时间的保证。免费维修是对买方利益的保护，同时也对供应商所提供的产品提出了更高的质量要求。这样供应商就会想方设法提高产品质量，避免或减少免费维修情况的出现。

(4) 升级服务。这也是一种非常常见的售后服务形式，现代信息时代的产品更需要升级服务的支持。信息时代的产品更新换代速度非常快,各种新产品层出不穷,功能越来越强大,价格越来越低廉,供应商提供免费或者有偿的升级服务对采购者有很大吸引力,也是供应商竞争力的体现。

(5)技术支持服务。这是供应商寻求广泛合作的一种手段。采购者有时非常想了解在其产品系统中究竟什么样参数的器件最合适,有时浪费大量的时间和费用也不一定能够找到合适的解决办法。这时,如果供应商向采购者提供相应的技术支持,就可以在为采购者解决难题的同时销售自己的产品。这种双赢的合作方式是现代采购工作中经常采用的。

5. 快速响应能力

在市场经济条件下,市场竞争越来越激烈,客户对企业的要求越来越高,交货期越来越短,企业要求供应商要有较好的响应能力,能及时满足企业的需要。同时许多企业为了适应消费者多种多样的需求,实行个性化定制和生产,企业只有提高柔性生产能力,生产多样化的产品,才能适应消费者需求的个性化,提高企业产品的市场竞争力,而这些都是以供应商的品种柔性生产能力以及快速响应能力为基础的。

除了以上的选择标准外,有些企业也把企业信誉、财务状况、生产能力、配合度等作为选择供应商的条件。

(二)供应商选择的方法

1. 直观判断

直观判断法是指通过调查、征询意见、综合分析和判断来选择供应商的一种方法。这是一种主观性较强的判断方法,主要是倾听和采纳有经验的采购人员的意见,或者直接由采购人员凭经验判断。这种方法取决于供应商资料是否正确、齐全和决策者的分析判断能力与经验。这种方法运作方式简单、快速、方便,但是缺乏科学性,常用于选择企业非主要原材料的供应商。

2. 考核选择

考核选择的方法包括以下内容:

(1)调查了解供应商。供应商调查可以分为初步调查和深入调查。每个阶段的调查对象都有一个选择的问题,而且选择的目的和依据是不同的。

初步调查对象的选择非常简单,选择的基本依据就是供应商产品的品种、规格、质量、价格水平、生产能力、地理位置、运输条件等。在这些条件合适的供应商当中选择几个,就是初步调查的对象。

深入调查对象的选择标准主要是企业的实力、生产能力、技术水平、质量保障体系和管理水平等。

(2)考察供应商。初步确定的供应商还要进入试运行阶段进行考察。试运行阶段的考察更实际、更全面、更严格,因为这是直接面对实际的生产运作。在运作过程中,就要进行所有各个评价指标的考核评估,包括产品质量合格率、准时交货率、交货差错率、交货破损率、价格水平、进货费用水平、信用度、配合度等的考核和评估。在单项考核评估的基础上,还要进行综合评估。综合评估就是把以上各个指标进行加权平均而得到一个综合成

绩。可以用下式计算

$$S=\frac{\sum W_i P_i}{\sum W_i}\times 100\%$$　　　　　　　　(5-1)

（3）考核选择供应商。通过试运行阶段，得出各个供应商的综合评估成绩，基本上就可以最后确定哪些供应商可以入选，哪些供应商被淘汰，哪些应列入候补名单。现在一些企业为了制造供应商之间的竞争机制，创造了一些做法，就是故意选2个或多个供应商，称作 AB 角。A 角作为主供应商，分配较大的供应量；B 角作为副供应商，分配较小的供应量。在运行一段时间后，可以适当调整，促使供应商之间竞争，使得采购企业获得更大的好处。

总之，考核选择供应商是一个时间较长的、深入细致的工作。这个工作需要采购管理部门牵头负责，全厂各个部门共同协调才能完成。当供应商选定之后，应当终止试运行，签订正式的供应关系合同。进入正式运行之后，双方就开始了比较稳定、正常的供需关系合作。

3. 招标选择

选择供应商也可以通过招标的方式。招标选择是采购企业采用招标的方式，吸引多个有实力的供应商来投标竞争，然后经过评标小组分析评比结果而选择最优供应商的方法。招标方法可以是公开招标，也可以是选择性招标。公开招标对投资者的资格不予限制，选择性招标则由采购单位预先选择若干供应商，再进行竞标和决标。招标方法竞争性强，采购单位能在更广泛的范围内选择供应商，以获得供应条件有利的、便宜而实用的物资。但招标方法手续繁杂，时间长，不能适应紧急订购的需要；订购机动性差，有时订购者了解不够，双方不能充分协商，造成货物不符或不能按时到货。

4. 协商选择

在可供单位多，采购单位难以抉择时，也可以采用协商选择的方法，即由采购单位选出供应条件较为有利的几个供应商，同他们分别进行协商，再确定合适的供应商。和招标方法相比，协商选择方法因双方能充分协商，在商品质量、交货日期和售后服务等方面较有保证。但由于选择范围有限，不一定能得到最便宜、供应条件最有利的供应商。当采购时间紧迫、投标单位少、供应商竞争不激烈、订购物资规格和技术条件比较复杂时，协商选择方法比招标方法更为合适。

技能训练

C 集团公司的采购员老王，正面临着困难的供应商抉择——复印机租赁合同的竞争者只剩下最后的 A 和 B 这两家公司。A 公司给出了更为有利的报价，但是老王对与 A 公司以前的合作并不满意。

4 年前，C 集团公司与 A 公司签订了一份为期 4 年的复印机租赁合同。A 公司是一家大型的跨国公司，在市场中占主导地位，它以每次复印大约 0.07 元的投标价格获得了合同。但在合同的执行过程中，A 公司表现得很一般。它所提供的所有复印机不仅都没有放大功能，而且不能保证及时维修。

B 公司在这次招标中脱颖而出，其提供了每次复印 0.05 元的价格。另外，B 公司提供了多种规格和适应性很强的机型，有放大、缩小等多种功能。同时，B 公司总经理承诺将提供关于每一台复印机的服务记录，允许老王随时更换经常出故障的复印机。

A公司也做出了改变,承诺提供与B公司相似的服务,而且价格比B公司还要低20%。

老王在考虑这些影响他做出决策的因素时,感到有些忧虑。

显然A公司做出了一个在价格方面很有吸引力的投标,但在其他方面又会如何呢?另外,又很难根据过去的表现来确定A公司的投标合理性。同时,B公司是家小公司,对老王来说是新的供应商,又没有足够的事实能确定它的确能提供所承诺的服务。

讨论: 如果签订的采购合同不合理,日后势必会出现一些消极的影响,老王必须权衡许多问题。如果你是老王,你会做出怎样的抉择?

任务3 供应商关系管理与供应商控制

随着经济的发展和竞争的加剧,企业若想取得显著的竞争优势,必须做好上游供应商的控制与管理工作。很显然,兴达电子公司在这方面还是空白,如果不予重视,将成为公司未来发展的障碍。所以加强供应商关系管理和控制是今后企业管理的重点之一。

一、供应商关系管理

(一)供应商关系的发展

采购商与供应商之间的买卖关系可以说是历史悠久,从企业建立之初便已存在了。在最初,采购商与供应商之间是一种"零和"的竞争关系,一方所赢即为另一方所失,采购方总是试图将价格压到最低,而供应商总是以各种理由要求提价。传统的采购商与供应商的关系是一种短期的、松散的竞争对手的关系。

在最近几十年,双赢的观念开始在企业中处于上风,而供应商关系的观念也只是近十几年的事,很难具体说出是由谁或哪个公司创立了供应商关系的理论和实践,但较认同的是这种模式在日本企业中取得了很大成功并广为流传。在这种模式下,采购商与供应商的关系是一种长期的、互惠的伙伴关系。传统供应商管理与现代供应商管理这两种模式有着根本的区别,见表5-3。

表5-3 传统供应商管理与现代供应商管理的比较

项目	传统供应商管理	现代供应商管理
供应商的数目	多	少
企业与供应商的关系	短期、买卖关系	长期合作、伙伴关系
企业与供应商的沟通	限于企业采购部与供应商销售部之间	双方多个部门之间
信息交流	限于订货、收货信息	多项信息共享
价格	尽可能低的价格	互惠的价格、双赢
供应商选择	凭采购员经验	通过完善的程序
供应商对企业的支持	无	提出建议
企业对供应商的支持	无	技术支持

(二)供应商的分类

供应商分类是指在供应市场上,采购企业依据采购物品的金额、采购物品的重要性以及供应商对采购方的重视程度和信赖程度等因素,将供应商划分成若干群体。供应商分类是供应商管理的先行环节,只有在供应商细分的基础上,企业才有可能根据供应商的不同情况实行不同的供应商关系管理策略。

1. 按 80/20 规则分类

根据 80/20 规则可以将供应商分为重点供应商和普通供应商。其基本思想是针对不同的采购物品应采取不同的策略,同时采购工作精力的分配也应各有侧重,相应地,对于不同物品的供应商也应采取不同的策略。根据 80/20 规则,通常 20% 数量的采购物品占总价值的 80%,这一类就是重点采购物品;而 80% 数量的采购物品则占 20% 的价值,这一类就是普通采购物品。相应地,可以将供应商分为重点供应商和普通供应商。对于重点供应商,应投入 80% 的时间和精力进行管理与改进。这些供应商提供的物品为企业的战略性物品或集中采购的物品。而对于普通供应商,则只需投入 20% 的时间和精力,因为这类供应商所提供的物品的运作对企业的成本、质量和生产的影响较小。

在按 80/20 规则进行供应商划分时,应注意以下问题:

(1)80/20 规则划分的供应商并不是一成不变的,随着企业生产结构和产品线调整,需要重新进行划分;

(2)对重点供应商和普通供应商应采取不同的策略。

2. 按供应商的重要性划分

根据供应商对本单位的重要性和本单位对供应商的重要性进行分析,可以将供应商分为商业型、重点型、优先型和伙伴型四种,如图 5-6 所示。

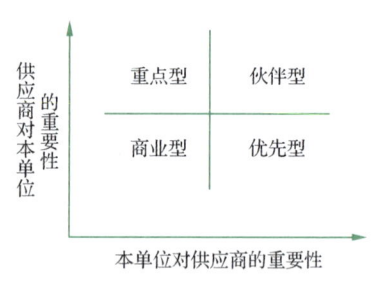

图 5-6 按重要性划分的供应商

如果供应商认为本单位的采购业务对于他们来说非常重要,同时该采购业务对本单位也很重要,那么这些采购业务对应的供应商就是"伙伴型";如果供应商认为本单位的采购业务对于他们来说非常重要,但该项业务对于本单位却不是十分重要,这样的供应关系无疑有利于本单位,是本单位的"优先型";如果供应商认为本单位的采购业务对他们来说无关紧要,但该业务对本单位却是十分重要的,这样的供应商就是需要注意改进提高的"重点型";那些对于供应商和本单位来说均不是很重要的采购业务,相应的供应商可以很方便地选择更换,那么这些采购业务对应的供应商就是普通的"商业型"。

(三)供应商伙伴关系

1977 年 7 月,英国 BCG 报告曾经谈道:"在 1974 年,日本本田汽车公司通知一些零部件厂商,未来的五年内本田不希望零部件涨价,同时本田还将新的生产方法、技术提供给供应商。"这是供应商合作伙伴关系的较早记录。到了 20 世纪 90 年代,这种供应商伙伴关系得到了进一步的发展,受到企业的广泛关注。

1. 供应商伙伴关系的概念

供应商伙伴关系是企业与供应商之间达成的最高层次的合作关系,是在相互信任的基础上,由双方为着共同的明确目标而建立的一种长期合作的关系。这种关系由明确或口头的合约确定,双方共同确认并且在各个层次都有相应的沟通;双方为着共同的目标有挑战性地改进计划,相互信任,共担风险,共享信息,共同开发、创造,不断提高。

例如,作为全球最大的汽车零部件公司,德尔福(Delphi)认为,要保证提供给整个企业的产品中没有一个是次品,那就需要有一个强有力的供应链支持。首先必须要求德尔福供应商的产品100%是成品。所以德尔福很重视和供应商的关系,重视供应商供应链的精益管理。每年德尔福都颁发"年度供应商奖"。

2. 建立供应商伙伴关系的意义

采购方发展与供应商的伙伴关系具有十分重要的意义。具体表现在:可以缩短供应商的供应周期、提高供应的灵活性;减少原材料、零部件的库存,降低行政费用,加快资金周转;提高原材料、零部件的质量,降低非质量成本;加强与供应商的沟通,改善订单处理过程,提高材料需求准确度;共享供应商的技术与革新成果,加快产品的开发速度;与供应商共享管理经验,推动企业整体管理水平的提高。

当然不同的企业对建立供应商伙伴关系的目的也是不一样的,如美国企业对发展供应商伙伴关系期望达到的目的见表5-4。

表5-4　　　　　　　美国企业对发展供应商伙伴关系期望达到的目的

目的	所占比例(%)
降低库存	76
控制成本	75
保证供应	70
缩短生产交货周期	67
减少纸面工作	46
改进质量	43
取得技术支持	23

例如,沃尔玛的核心竞争力在于其完善的供应商管理系统,有效的商品配送、存货周转是保证沃尔玛达到最大销售量和最低成本的核心。沃尔玛有一套完善的采购系统,利用高效的信息和物流系统可以降低成本,从而做到"天天低价"。供应商参与了沃尔玛价值链的形成过程,对企业的经营效益有着举足轻重的影响,建立战略性合作伙伴关系是供应链管理的重点。与其他连锁超市向供应商收取名目繁多的进场费不同,沃尔玛不仅不收取供应商任何进场费,几乎不拖欠货款,而且还带动供应商改进产品工艺,降低劳动成本,甚至分享沃尔玛的信息系统等。

3. 建立供应商伙伴关系的程序

建立供应商伙伴关系的先决条件是要得到公司高层领导的重视和支持。最高管理层要注意到供应商管理是整个公司业务管理中最重要的有机组成部分,要大力支持采购等部门与供应商发展伙伴关系,然后才能开展具体的工作。

(1)对潜在供应商进行调查。采购方首先要对供应市场进行调查,收集供应商的信息,并在此基础上对供应商进行评价,确定伙伴型供应商的大致范围。供应商关系层次见表 5-5。

表 5-5　　　　　　　　　　　供应商关系层次

层次类型	特征	适合范围
自我发展的伙伴供应商	优化协作	态度、表现好的供应商
共担风险的供应商	强化合作	——
运作相互联系的供应商	公开、信赖	——
需要持续接触的供应商	竞争游戏	表现好的供应商
已经认可的供应商	便利商店、现货买进关系	方便、合理的供应商
可考虑的供应商	——	潜在的供应商
不可接受的供应商	——	不合适

(2) 供应商的改进。根据采购方的要求,明确具体的目标及考核指标,制订出能够达成目标的行动计划,并通过供应商会议、供应商访问等形式,使供应商针对企业所制订的行动计划进行改进。

(3) 供应商的合理化调整。对供应商产品质量、交货速度、新技术开发和降低成本等方面进行跟踪考核,定期对其进度进行检查,及时反馈改进要求,并根据长期的观察,对供应商的数目和类别进行合理安排,对供应商的数量和收益等进行合理调整。

(4) 建立伙伴关系。采购方与符合要求的供应商建立战略联盟关系,并纳入公司中长期战略计划中,为双方的共同发展做出努力。

(四) 供应商的管理

对供应商进行管理,首先要完善内部机制,教育员工把供应商当作伙伴,与供应商进行友好合作,引导供应商为企业服务。具体需做好以下几方面的工作:

(1) 建立主次供应商;
(2) 积极与供应商沟通;
(3) 就近寻找合适的供应商;
(4) 对供应商进行定期考核;
(5) 培养长期协作能力;
(6) 帮助供应商成长;
(7) 完善内部采购机制。

二、供应商控制

采购方既要充分发挥供应商的积极性、创造性,保证企业的生产顺利进行,又要防止供应商的不轨行为,预防对企业产生不确定损失。

(一) 控制供应商的方法

1. 完全竞争控制

在买方市场环境下,采购方可以通过完全竞争的方法对供应商进行控制。在完全竞争状态下,供应商成为市场的接受者,从而使采购方拥有更大的讨价还价能力;供应商为了获得厂商的信赖而进行竞争,能够不断地提高产品质量,控制生产成本;由于供应商的激烈竞争,价格和信息都逐渐趋向于客观,采购方能得到较为全面准确的价格和质量信息。

2. 合约控制

合约控制是一种介于供应商正常交易管理和伙伴管理模式之间的供应商控制方法,是由双方签署框架式协议而进行控制的方法。采购方利用自己的实力建立一个宽松的环境,通过合约控制得到非常优厚的条件,从而获得更多的利润。合约控制的关键是要对双方的利益和关系进行积极的维护并实现真正有效的控制。

(二)防止被供应商控制

许多企业对于某些重要材料的采购过分依赖于一家供应商,使得供应商占据主动地位,左右采购价格,而采购方无计可施。

1. 供应商的独家供应

独家供应常发生在以下几种情况:

(1)按客户要求专门制造的高科技、小批量产品;

(2)某些企业的产品及其零部件对工艺技术要求高,且由于保密的原因,不愿意让更多的供应商知道;

(3)工艺性外协,如电镀、表面处理等;

(4)产品的开发周期很短,必须要有伙伴型供应商的全力、密切配合。

独家供应除了客观上的条件局限以外,主观方面也具有优势,主要体现在:

(1)节省时间和精力;

(2)更容易实现双方在产品开发、质量控制、计划交货、降低成本等方面的改进并取得积极成效。

同时,独家供应会造成供需双方的相互依赖,进而可能导致以下风险:

(1)供应商有了可靠顾客,会失去竞争的动力及应变、革新的积极性;

(2)供应商可能会疏远市场,以致不能完全掌握市场的真正需求;

(3)企业本身不容易更换供应商。

2. 防止被供应商控制的方法

许多企业过于依赖一家供应商,从而落入供应商垄断供货的控制之中,在这种情况下,企业仍可以找到防止被供应商控制的措施:

(1)再找一家供应商。独家供应有两种情况:一是供应商有多家,但只向其中一家采购;另一种是仅有一家供应商。对于前一种情况,只要多找几家供应商,由一家供应变成多家供应,造成卖方的竞争,自然会限制供应商随意抬高价格;对于后一种情况,企业可以通过开发新来源以扩大范围。

(2)增强相互依赖性。企业可以增加对一家供应商的采购量,提高其在供应量中所占的比重,从而提高供应商对采购方的依赖性。这样,该供应商为了维护自己的长期利益,就不会随意哄抬价格。

(3)更好地掌握信息。要清楚地了解供应商对采购方的依赖程度,并对这些信息加以利用。

（4）注意业务经营的总成本。当采购方只有一家供应商时，供应商可能会利用采购方对他的依赖而制定较高的价格，但采购方可以说服供应商在其他非价格条件上做出让步。

（5）让最终客户参与。如果采购方能与最终客户合作并给予他们信息，向他们解释只有一家货源的难处，并向最终客户解释他们所不了解的其他选择，往往可以让采购方采购到截然不同的原料，从而就可能产生摆脱供应商垄断的机会。

（6）协商长期合同。如果企业长期需要某种产品，则可以考虑订立长期合同，从而保证持续供应和对价格的控制。

（7）与其他企业联合采购。

采购方可以通过采取上述措施，摆脱供应商的控制，最大限度地为企业带来利益。

技能训练

A是国内当前著名的互联网食品品牌，其坚果类全网销量位列前茅。据媒体报道，日前A的供应商处境艰难，部分供应商的工厂处于停工状态。不仅如此，报道还指出了A的供应商没有利润空间、A与供应商之间存在矛盾等问题。以B公司为例，其在2019年、2020年占据了A供应商的第一、第二名，该公司2019年销售金额超过亿元，但净利润却仅有58万元，2020年，其销售金额为2亿多元，净利润下降到57万元，负债金额达7 785万元。上述情况在一定程度上反映了A和供应商之间是存在博弈的，一方面由于电商平台的费用，作为强势方的A需要靠压榨供应商来换取利润；另一方面，由于旺季等过于集中的销售特点，A可能会产生拖欠供应商款项的情况，这样容易激发供应商与A之间的矛盾。

讨论：你认为是什么原因导致了A和B公司之间的矛盾？应该怎样解决？

任务4　供应商绩效考评

我们从事任何一项工作，都要通过对该项活动所产生的效果进行度量和评价，以判断这项工作的绩效及其存在的价值。在采购管理中，为了能够使供应商关系健康发展，科学、全面地分析和评价供应商的运营绩效是一项非常重要的内容。

一、供应商绩效考评的目的和原则

（一）供应商绩效考评的目的

供应商绩效考评的主要目的是确保供应商供应产品的质量，同时在供应商之间进行比较，以便继续同优秀的供应商进行合作，淘汰绩效较差的供应商。通过供应商的绩效考评也可以了解供应商存在的不足之处，并将其反馈给供应商，促进供应商改善其业绩，为日后更好地完成供应活动打下良好的基础。

（二）供应商绩效考评的原则

（1）供应商绩效考评必须持续进行，要定期地检查目标达成的程度。当供应商知道会被定期评估时，自然就会致力于改善自身的绩效，从而提高供应质量。

（2）要从供应商和企业自身各自的整体运作方面来进行评估，以确立整体的目标。

（3）供应商的绩效总会受到各种外来因素的影响，因此对供应商的绩效进行评估时，要考虑到外在因素的作用，不能仅仅衡量绩效。

二、供应商绩效考评的指标体系

为了科学、客观地反映供应商供应活动的运作情况，应该建立与之相适应的供应商绩效考评体系。在制定考评指标体系时，应突出重点，对关键指标进行重点分析。供应商考评指标很多，不同的公司因做法不同，所用的考评指标也各异，但概括起来有四类：质量指标，供应指标，经济指标及支持、配合与服务指标。

（一）质量指标

质量是用来衡量供应商的最基本的指标。每一个采购方在这方面都有自己的标准，要求供应商遵从。供应商质量指标主要包括：

$$来料批次合格率＝（合格来料批次／来料总批次）\times 100\%$$

$$来料抽检缺陷率＝（抽检缺陷总数／抽检样品总数）\times 100\%$$

$$来料在线报废率＝[来料总报废数（含在线生产时发现的）／来料总数]\times 100\%$$

$$来料免检率＝（来料免检的种类数／该供应商供应的产品总种类数）\times 100\%$$

其中，以来料批次合格率最为常用。此外，也有一些公司将供应商体系、质量信息等是否通过了ISO9000认证纳入考评体系，还有一些公司要求供应商在提供产品的同时提供相应的质量文件，如过程质量检验报告、出货质量检验报告、产品成分性能测试报告等。

思政园地

高质量的产品是高质量的人做出来的

某健康科技有限公司为确保原材料的质量安全，依照国内外技术和行业标准，对重要原材料实行基地化、有机化、产业化管理。

以芦荟原料为例，选用纯正的库拉索芦荟，芦荟生长环境的空气中二氧化氮、二氧化硫、颗粒物等符合GB 3095标准，种植于年均温度23.7 ℃，年日照超2 270 h，年均降水804.8 mm，全年无霜的环境中，灌溉用水符合GB 5084农田灌溉标准要求。

芦荟采收前，公司将检测芦荟可溶性固含物、叶基厚、叶重等指标。之后，对芦荟进行多达13项资格审核与26项质量检测的原材料技术评估。最后，要在数字仿真技术下，模拟生产过程。至此，通过"初试"的优质芦荟，才能成为公司可遴选的原料。

启示：我们不管从事哪种工作，都应清楚了解自己的工作要求和自身岗位的质量职责，并使自己做的每件事符合要求，正所谓"高质量的产品是高质量的人做出来的"，这是对质量的贡献。

(二)供应指标

供应指标是同供应商的交货表现以及供应商企业管理水平相关的考核因素,其中最主要的是准时交货率、交货周期、订单变化接受率等。

准时交货率=(按时按量交货的实际批次/订单确认的交货批次)×100%

交货周期是自订单开出之日到收货之日之间的时间长度,一般以天为单位。

订单变化接受率是衡量供应商对订单变化灵活性反应的一个指标,指在双方确认的交货周期中供应商可接受的订单增加或减少的比率。

订单变化接受率=(订单增加或减少的交货数量/订单原定的交货数量)×100%

值得一提的是,供应商能够接受的订单增加接受率与订单减少接受率往往并不相同。其原因在于前者取决于供应商生产能力的弹性、生产计划安排与速度、库存大小与状态(原材料、半成品或成品)等,而后者则主要取决于供应商的反应速度、库存大小以及因减少订单带来可能损失的承受力。

(三)经济指标

供应商考核的经济指标总是与采购价格、成本相联系。质量与供应指标考核通常每月进行一次,而经济指标则相对稳定,多数企业是每季度考核一次。此外,经济指标往往都是定性的、难以量化的。具体考核点有:

(1)价格水平。企业可以将自己的采购价格同本公司所掌握的市场行情比较,也可以根据供应商的实际成本结构及利润率等进行判断。

(2)报价行为。这主要包括报价是否及时,报价单是否客观、具体、透明等。

(3)降低成本的态度及行动。这主要包括供应商是否自觉、自愿地配合本公司或主动地开展降低成本活动、制订成本改进计划、实施改进行动,是否定期与本公司审查价格等。

(4)分享降价成果。这是指供应商是否将降低成本的利益与本公司分享。

(5)付款。这主要包括供应商是否积极配合响应本公司提出的付款条件、付款要求以及付款办法,供应商开出的付款发票是否准确、及时,是否符合有关财税要求。有些单位还将供应商的财务管理水平与手段、财务状况以及对整体成本的认识纳入考核范围。

(四)支持、配合与服务指标

同经济指标一样,供应商在支持、配合与服务方面的表现通常也都是进行定性的考核,一般来说可以每季度考核一次。考核的内容主要包括:

(1)反应表现。供应商对订单、交货、质量投诉等反应是否及时、迅速?答复是否完整?对退货、挑选等要求是否及时处理?

(2)沟通手段。供应商是否派出合适的人员与本公司定期进行沟通?沟通手段是否符合本公司的要求(电话、传真、电子邮件以及文件书写所用软件与本公司匹配程度等)?

(3)合作态度。供应商是否将本公司看成其重要客户?供应商高层领导或关键人物是否重视本公司的要求?是否经常走访本公司?供应商内部沟通协作(如市场、生产、计划、工程、质量等部门)是否能整体理解并满足本公司的要求?

(4)共同改进。供应商是否积极参与或主动提出与公司相关的质量、供应、成本等改进项目或活动?是否经常采用新的管理方法?是否积极组织参与本公司召开的供应商改进会议、配合本公司开展的质量体系审核等？

（5）售后服务。供应商是否主动征询顾客意见？是否主动走访本公司？是否主动解决或预防问题发生？是否及时安排技术人员对发生的问题进行处理？

（6）参与开发。供应商是否主动参与本公司的各种相关开发项目？如何参与本公司的产品或业务开发过程？表现如何？

（7）其他支持。供应商是否积极接纳本公司提出的有关参观、访问、实地调查等事宜？是否积极提供本公司要求的新产品报价与送样？是否妥善保存与本公司相关的机密文件等并不予泄露？是否保证不与影响到本公司切身利益的相关公司或单位进行合作等？

根据以上供应商考评指标，企业可设计供应商评价表，见表5-6。

表5-6　　　　　　　　　　　　　　　供应商评价表

厂商资料		调查及评分										
公司名称	负责人		质量管理				供应能力			价格	管理	总计
公司地址	电话	调查内容	质量管理观念及管理组织	进料管理、生产管理	材料保管、成品保管、运输	检查标准、检验标准等	检验仪器的精密度及其校正能力	设备维护保养制度等	设备规模、生产能力	技术水准、操作方法	过去供应其他公司是否按期	价格	组织制度	现场管理	财务状况、经营情况	
工厂地址	电话															
营业执照号码																
经营品种																
员工人数																
生产设备																
备注		总分 得分	10	9	10	9	6	6	5	10	15	5	5	5	100

填表人员：　　　　　　　　调查人员：　　　　　　　　调查日期：

技能训练

L公司欠供应商货款事件持续发酵，波及众多EMS代工厂、元器件分销代理商，数个代理商相关损失达几千万元至数亿元不等。"如果按照我们内部的风控体系显示的对L公司的高风险评估，我们完全可以不做这样的客户。但种种原因之下，我们成了他们的供应商。"一位L公司的供应商说。在L公司产生对其欠款后，该供应商随即停止了供货，力图将风险和损失降至最低。

有业内人士认为，把拖欠供应商货款作为变相的资金来源，这类制造商并没有很好地珍视来自渠道和供应商提供服务的价值。在当今的产业链生态环境中，客户和供应商往往是一条船上的共同体，想要获得更多供应商的支持，应该有长远合作的眼光和价值的认同,只有在合理的利润分配基础上,合作才会共赢。从本质上来说,拥有更多供应商的支持也是企业核心竞争力之一。

讨论:参考上面的资料,从存货角度谈谈企业运营资金的不足问题。

复习思考题

1. 企业对供应商应如何进行分类管理?
2. 供应商选择的原因和标准有哪些?
3. 评价供应商的指标体系包括哪些?
4. 如何防止供应商的控制?
5. 举例说明如何保持与供应商的良好关系。
6. 什么是供应商伙伴关系?在我国的条件下企业应发展何种供应商关系?

实践技能训练

1. 实训内容:如何选择与管理供应商。

2. 实训目的:通过实训,加深对供应商管理工作的认识,掌握供应商选择与评价的方法,了解供应商选择的指标。

3. 实训组织:在老师的指导下,针对下面的案例,解决问题,并提交作业。

4. 实训题目:临近春节,A 手机公司生产任务特别紧张,然而手机塑胶外壳的供应商 B 却不给力,承诺好的交货期一再延误,喷漆与丝印良好率跌至 50%。采购总监驻厂催货都没有效果。供应商 B 在深圳是数得上的手机塑胶外壳生产供应商,专注于供应国内知名品牌客户。但为何 A 公司的需求就一再满足不了?究其原因,首先,临近春节用工紧缺,产出不足,加上其他客户占据产能,A 公司需求的优先级别不高;其次,产品外发加工,导致良好率低下。

完成下列问题:

(1) 在阿里巴巴网站搜索手机塑胶外壳的供应商,至少选择三家,对比三家供应商的特点,并选择其中的一个,说明原因。

(2) 让好的供应商变成合适的供应商,日常的供应商管理工作也非常重要。你能想到的供应商管理策略有哪些?

阅读案例

D 公司如何选择和管理供应商?

D 公司选择和管理供应商的方式是该公司取得成功的重要因素之一。D 公司在选择新的供应商时重点评估质量、技术能力和规模,成本次之。而成为 D 公司的供应商绝非易事,竞争非常激烈,原因在于 D 公司的认可被视为是对制造能力的认可。

在 D 公司的供应商名录上,可以看到 156 家公司的名单,然而,这些供应商的背后还有代表 D 公司向这些供应商供货的数百家二级和三级供应商。

随着时间的推移,D 公司已经同这些供应商建立了强大的合作关系,同时,还投资了特殊技术并派驻 600 名自己的工程师帮助供应商解决生产问题,提高工厂的效率。

很少有买家能有像 D 公司那样的业务范围或同样的需求。但是,D 公司在选择、谈判和管理中采用的战略能够为从中国采购的公司提供一些经验。最主要的经验如下:

1. 拜访工厂

买家需要确定供应商是否有能力及时满足订单要求以及是否有能力生产高质量的产品。拜访工厂还能够使买家了解供应商的员工人数和他们的技能水平;评估供应商的无形资产,包括供应商的领导能力以及增长潜力。

2. 谈判和监督并用

同一种产品寻找不止一家供应商,以改善买家的议价能力并降低风险。

下单后,派本地代表拜访工厂并且在不同的阶段检查货物,以便能够介入和矫正缺陷。

发货前的检查非常重要,因为由于税收原因向中国退回有缺陷的产品代价非常高。买家应该密切监督供应商的表现。在建立合作关系的最初阶段,这一点尤为重要。

3. 了解供应商的供应商

供应链的高能见度对于尽量减少有缺陷的产品和知识产权盗窃的风险以及控制成本来说非常必要,必须了解采购的产品中使用的不同材料的出处,因为供应商为了节省成本经常更换他们自己的供应商。

4. 准备好提供帮助

当确定了供应商名录中的优质供应商时,要准备好同这些供应商分享产品的想法,以便提高供应商所售产品的利润。这样做可以向供应商表明,降低成本(比如通过使用更便宜的材料)不是持续提高利润的唯一方法。

5. 经常沟通

第三方报告和年度拜访不足以建立合作关系,而建立一个包括反馈在内的成熟的沟通机制势在必行。这样可以避免误解的发生,同时可以在问题演变成危机前把问题解决。

项目 6
采购谈判与合同管理

知识目标

1. 了解采购谈判的概念、种类、特点和主要内容；
2. 熟悉采购谈判的基本程序；
3. 重点掌握采购谈判的策略与技巧以及应用；
4. 了解采购合同签订的程序和注意事项；
5. 熟悉采购合同履行中存在的问题及处理办法。

技能目标

1. 能够根据企业实际情况，进行采购谈判前的背景资料准备；
2. 能够确定采购谈判的策略；
3. 能够熟练运用采购谈判技巧；
4. 能够独立编写采购合同；
5. 能够审核采购合同，设计采购订单管理流程，监督订单管理工作；
6. 能够判定违约情况并及时做出相应的处理。

素质目标

1. 培养遵守合约、遵纪守法的品质；
2. 树立严谨的职业道德观，有较强的责任感和全局意识；
3. 具有质量意识、绿色环保意识、全球视野和市场洞察力。

思维导图

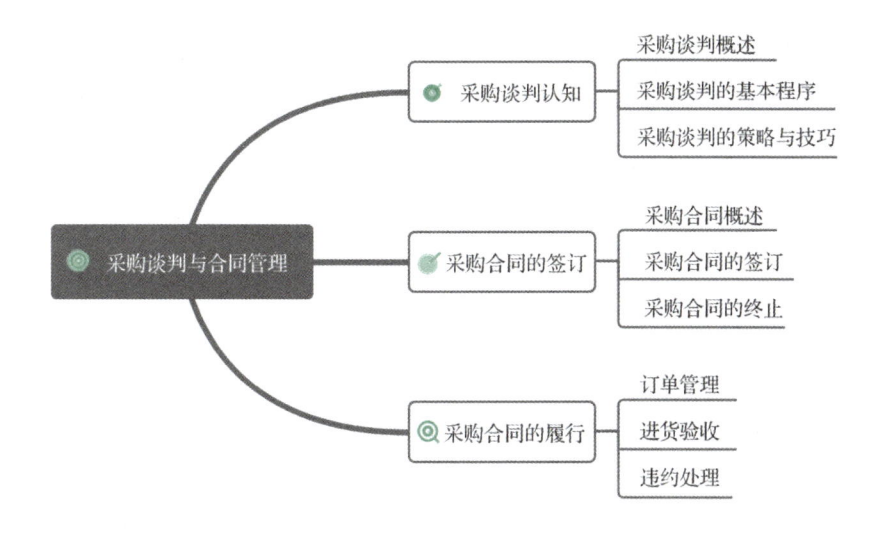

- 采购谈判与合同管理
  - 采购谈判认知
    - 采购谈判概述
    - 采购谈判的基本程序
    - 采购谈判的策略与技巧
  - 采购合同的签订
    - 采购合同概述
    - 采购合同的签订
    - 采购合同的终止
  - 采购合同的履行
    - 订单管理
    - 进货验收
    - 违约处理

任务描述

我国某冶金公司要向外方购买一套先进的组合炉,派一名高级工程师与外商谈判,为了不负使命,这位高级工程师做了充分的准备工作,他查找了大量有关冶炼组合炉的资料,花了很大的精力对国际市场上组合炉的行情及外方这家公司的历史和现状、经营情况等进行了了解。

谈判开始,外商报价230万美元,经过讨价还价压到130万美元,中方仍然不同意,坚持出价100万美元。外商表示不愿意继续谈下去了,说:"我们已经做了这么大的让步,贵公司仍不能合作,看来你们没有诚意,这笔生意就算了,明天我们回国了。"中方工程师闻言轻轻一笑,把手一伸,做了一个优雅的请的动作。外商真的走了,冶金公司的其他人有些着急,甚至埋怨工程师不该抠得这么紧。工程师说:"放心吧,他们会回来的。同样的设备,去年他们卖给 A 国只有 95 万美元,国际市场上这种设备的价格 100 万美元是正常的。"

不出所料,一个星期后外商又回来继续谈判了。工程师向外商点明了他们与 A 国的成交价格,外商愣住了,只得说:"现在物价上涨得厉害,比不了去年。"工程师说:"每年物价上涨指数没有超过 6%。一年时间,你们算算,该涨多少?"外商被问得哑口无言,在事实面前,不得不让步,最终以 101 万美元达成了这笔交易。对于这个案例,明显地可以看出,中方工程师对于谈判技巧的运用更为恰当准确,赢得有利于己方利益的谈判结果也是一种必然。

任务分析

这是一个采购谈判问题,采购活动的主要目的就是以最低的成本为企业购得能满足需求的物资,而这必须与选定的供应商共同来完成。在一些相对重要的采购活动实施前,采购方必须与供应商进行面对面的直接接触,进行谈判。可见谈判是采购部门最重要的活动之一。

从对上述美国人谈判失败的案例分析中,我们可以看到:采购谈判是企业采购管理中的重要工作,也是决定采购成败及采购质量的重要因素。采购管理人员在这一环节所面临的任务如下:

任务1:采购谈判认知。

任务2:采购合同的签订。

任务3:采购合同的履行。

任务1 采购谈判认知

在进行采购谈判之前,采购管理人员必须首先明确谈判的目的,理解采购谈判的特点,确定采购谈判的内容,然后才能进入真正的谈判阶段。

一、采购谈判概述

采购谈判(Acquisition Negotiations)是指企业为采购商品作为买方,与卖方厂商对购销业务有关事项,如商品的品种、规格、技术标准、质量保证、订购数量、包装要求、售后服务、价格、交货日期与地点、运输方式、付款条件等进行反复磋商,谋求达成协议,建立双方都满意的购销关系。采购谈判的程序可分为计划和准备阶段、开局阶段、正式洽谈阶段和成交阶段。

(一)采购谈判的目的

当今的供应环境很重视良好的供应关系,成功的采购依赖于恰当的供应关系。谈判一直是采购中的一个重要组成部分,且对于采购专家来说是一项有价值的技术。谈判的传统作用是决定重要合同的具体细节,如价格、质量、运输等。但从19世纪80年代中期开始,谈判的作用就已经改变了。当代进行谈判的主要原因之一是对建立更强、更具有竞争力的伙伴关系的渴求。建立高层次的信任和协作关系通常是现代谈判的主要目的。对采购方而言,谈判的目的主要有:希望获得供应商质量好、价格低的产品;希望获得供应商比较好的服务;希望在发生物资差错、事故、损失时获得合适的赔偿;当发生纠纷时能够妥善解决,不影响双方的关系。

(二)采购谈判的特点

1. 合作性与冲突性

由于采购谈判是建立在双方的利益既有共同点又有分歧点的基础上的,因此,从此特点来说，就是合作性和冲突性并存。

合作性表明双方的利益有共同的一面，冲突性表明双方利益有分歧的一面。作为谈判人员要尽可能加强双方的合作性，减少双方的冲突性。合作性和冲突性是可以相互转化的，如果合作性的比例加大，冲突性的比例将会减小，那么双方谈判成功的可能性就大；反之，如果冲突性的一面通过谈判没有得到解决或减小，那么，谈判就有可能失败。采购人员可以在事前将双方意见的共同点和分歧点分别列出，并按照其在谈判中的重要性分别给予不同的权重和分数，根据共同点方面的分数和分歧点方面的分数比较来预测谈判成功的概率，并决定如何消除彼此的分歧。

2. 原则性和可调整性

原则性指谈判双方在谈判中要有最后退让的界限，即谈判的底线。通常谈判双方在弥合分歧方面彼此都会做出一些让步，但是，让步不是无休止和任意的，而是有原则的。超过了原则性所要求的基本条件，让步就会给企业带来难以承受的损失。因而，谈判双方对重大原则性问题通常是不会轻易让步的，退让也是有一定限度的。

可调整性是指谈判双方在坚持彼此基本原则的基础上可以向对方做出一定让步和妥协。作为采购谈判，如果双方在所有的谈判条件上都坚持彼此的立场，不肯做出任何让步，那么，谈判是难以成功的。因此，在采购谈判中，原则性与可调整性也是并存的。作为谈判人员，要从谈判中分析双方原则性差距的大小，并分析是否可以通过谈判调整双方的这种差距，使谈判成功。双方在原则性方面的差距越大，谈判的任务就越艰巨，因为原则的调整和改变是非常困难的，所以，在原则性方面的差距较大的情况下，谈判人员要有充分的心理准备，既要艰苦努力，采取种种手段消除或缩小这种差距，又要做好谈判失败的应变措施。

3. 经济利益中心性

采购谈判是商务谈判的一种，在采购谈判中双方主要围绕着各自的经济利益，将其作为谈判的中心。作为供应商，希望以较高的价格出售物资而使自己得到较多的利润；而作为采购方，则希望以较低的价格购买物资而使自己降低成本。而价格在谈判中作为调节和分配经济利益的主要杠杆就成为谈判的焦点。

经济利益中心性是所有商务谈判的共性，它不同于政治谈判、外交谈判等。在这些谈判中，需要考虑许多方面的问题，要在许多利益中进行平衡并做出选择，因而谈判更为艰难。当然，谈判中经济利益中心性并不意味着就不考虑其他利益，而是相对于其他利益来说，经济利益是首要的，起着支配作用。

（三）采购谈判的内容

1. 产品条件谈判

采购的主角是产品，因此，谈判的内容首先是对产品的有关条件进行谈判。产品条件谈判有的复杂，有的简单，主要取决于采购方购买产品的数量和产品的品种、型号。对于采购方来说，如果购买的产品数量少、品种单一，产品条件谈判就比较简单；如果购买的产品数量多、品种型号也多，产品条件谈判就比较复杂。一般来说，产品条件谈判的内容包括：产品品种、型号、规格、数量、商标、外形、款式、色彩、技术标准、质量标准和包装等。

2. 价格条件谈判

价格条件谈判是采购谈判的中心内容，是谈判双方最关心的问题之一。通常，双方都会进行反复的讨价还价，最后才能敲定成交价格。价格条件谈判也包括数量折扣、退货损失、市场价格波动风险、商品保险费用、售后服务费用、技术培训费用和安装费用等条件的谈判。

3. 其他条件谈判

除了产品条件谈判和价格条件谈判之外，还有交货时间与地点、付款方式、运输方式、售后服务、违约责任和仲裁等其他条件的谈判。

（四）采购谈判的流程

采购活动的主要目的就是要以最低的成本为企业购得能满足需要的物资，而这一切都必须与选定的供应商共同完成，在一些相对重要的采购活动实施中，采购方必须与供应商进行面对面的直接接触，进行谈判。可见谈判是采购部门最重要的活动之一。

采购谈判从准备到结束，其逻辑流程如图 6-1 所示。

成立谈判小组 → 制订谈判方案 → 邀请供应商 → 实施采购谈判 → 确定成交供应商 → 达成初步合同意向

图 6-1　采购谈判的逻辑流程

（1）成立谈判小组。谈判小组由采购人的代表和有关专家共三人以上的单数组成，其中专家的人数不得少于成员总数的 2/3。

（2）制订谈判方案。谈判方案应当明确谈判程序、谈判内容、合同草案的条款以及评定成交的标准等事项。

（3）邀请供应商。确定邀请参加谈判的供应商名单。谈判小组从符合相应资格条件的供应商名单中确定不少于三家供应商参加谈判，并向其提供谈判文件。

（4）实施采购谈判。谈判小组所有成员集中与单一供应商分别进行谈判。在谈判中，谈判的任何一方不得透露与谈判有关的其他供应商的技术资料、价格和其他信息。谈判文件有实质性变动的，谈判小组应当以书面形式通知所有参与谈判的供应商。

（5）确定成交供应商。谈判结束后，谈判小组应当要求所有参加谈判的供应商在规定时间内进行最后报价，采购人员从谈判小组提出的成交候选人中根据符合采购需求、质量和服务相等且报价最低的原则确定成交供应商，并将结果通知所有参加谈判的未成交的供应商。

（6）达成初步合同意向。

二、采购谈判的基本程序

（一）采购谈判前的准备

采购谈判前的准备工作主要包括采购谈判资料的收集、对涉及价格方面的准备等。

1. 采购谈判资料的收集

（1）市场资源调查。调查的主要内容包括产品供需情况、产品销售情况、产品竞争情况、产品分销渠道。

（2）对方情报收集。调查供应商的资信情况及对方的谈判作风和特点，收集供应商要求的货款支付方式、谈判最后期限等方面的资料。

（3）对资料进行整理和分析。通过各种渠道搜集到以上有关信息资料以后，还必须对它们进行整理和分析。

2. 对涉及价格方面的准备

企业进行采购谈判，其主要内容还是决定所采购材料的价格。因此，企业在进行采购谈判以前，要对谈判时涉及的价格方面的事情做充分准备，包括慎重选择供应商，决定采购材料的底价或预算，分析和比较报价的内容等。

（二）采购谈判方案的制订

谈判方案是指导谈判人员行动的纲领，在整个谈判过程中起着重要作用。

由于采购谈判的规模、重要程度不同，因此采购谈判内容有所差别，内容可多可少，要视具体情况而定。尽管内容不同，其要求却都是一样的。

采购谈判方案的主要内容包括：谈判目标、谈判策略、谈判议程以及谈判人员的分工职责、谈判地点等。其中，比较重要的是谈判目标、谈判策略和谈判议程的安排等内容，详见表 6-1。

表 6-1　　　　　　　　　　　采购谈判方案说明

环节控制	相关说明
谈判目标	由于采购谈判具有不确定性，因此，在确定采购谈判目标时，应确立不同层次的目标，包括最高目标、中等目标和底线目标
采购要素	采购谈判项目要对谈判内容予以确定，包括物料品质、包装、价格、数量、折扣、付款条件以及交货期等
有关信息	收集供应商的信息，包括了解供应商的运营状况、商业信誉、供货成本以及供应商的价格底线等内容
成本分析	议价分析，主要是通过专业人员进行成本分析，确立议价的底线
谈判策略	谈判的优劣势，包括公司在采购谈判中需要把握的谈判的资本和不足。优劣势一般通过对比来体现，如采购量的大小、采购的连续性、供应商供货期的长短、所供货物差异性的大小以及公司的实力和供应商的实力等
谈判方案	合同管理专员根据前期掌握的信息，制订详细的采购谈判方案，方案的内容包括谈判目标、谈判议程、参加人员以及谈判策略等
谈判决策	采购部经理组织相关人员同供应商进行谈判。采购部经理在权限范围内有一定的决策权，可以对谈判过程进行控制，灵活做出决策

（三）正式谈判阶段

1. 摸底阶段

在正式谈判开始前，双方的主要任务是相互摸底，希望知道对方的谈判目标底线。所以在这一阶段说话往往非常谨慎，通常以介绍自己的来意、谈判人员的情况（姓名、职务、分工等）、本企业的历史以及产品的有关情况为主，并倾听对方的意见和观察其反应。在这一阶段，价格这一敏感问题往往先不在谈判中涉及，而是在倾听对方意见之后，再来决定。另外，在这一阶段切勿只是自己一方喋喋不休地讲话，要遵循"多听、多看、少说"的原则，给对方讲话的机会。

2. 询价阶段

价格是采购谈判的敏感问题，也是谈判的关键。在这一阶段要考虑的问题是：谁先开价、如何开价、对方开价后如何还价等问题。

3. 磋商阶段

在进行询价后，谈判就进入了艰难的磋商阶段，双方都已经知道了对方的初始报价，所以在磋商阶段主要是双方彼此讨价还价，尽力为己方争取更多利益。而初始报价已经表明了双方分歧的差距，要为己方争取到更多的利益，就必须判断对方为何如此报价，他们的真实意图是什么，可以通过一系列审慎的询问来获得信息。比如这一报价和购买数量的关系，有没有包括运费、零配件费用和其他费用在内等。但是，在这一阶段，不适宜马上对对方的回答予以评论或反驳。

4. 设法消除分歧阶段

在明确了分歧类型和产生的原因之后，就要想办法消除双方之间的分歧。对由于误解而造成的分歧，通过加强沟通、增进了解，一般是可以消除的。出于策略的考虑而人为造成的分歧，比如，双方立场相差很远而形成的分歧，其消除过程是非常困难和漫长的，需要高明的策略和技巧。

5. 成交阶段

经过磋商之后，双方的分歧得到了解决，就进入了成交阶段。在这个阶段，谈判人员应将意见已经一致的方面进行归纳和总结，并办理成交手续或起草成交协议文件。

（四）检查确认阶段

这是谈判的最后阶段。在这一阶段主要做好以下工作：

1. 检查成交协议文本

应该对文本进行一次详细的检查，尤其是对关键的词、句子和数字的检查，一定要仔细认真。一般应该采用统一的经过公司法律顾问审定的标准格式文本，如合同书、订货单等。对大宗或成套项目交易，其最后文本一定要经过公司法律顾问的审核。

2. 签字认可

经过检查审核之后，由谈判小组长或谈判人员对协议文本进行签字并加盖公章，予以认可。

3. 小额交易的处理

对于小额交易，在检查确认阶段，应主要做好货款的结算和产品的检查移交工作。

4. 礼貌道别

无论是什么样的谈判及谈判的结果如何，双方都应该诚恳地感谢对方并礼貌地道别，这有利于建立长期的合作关系。

总之，在谈判过程中，双方都是力求维护本企业的利益，想方设法使对方让步。如果双方都不让步，谈判就进行不下去，最后导致谈判破裂、失败。如果双方能够逐步让步、协调，最后大体利益均等，这时谈判双方意见达成一致，谈判就获得成功了。

三、采购谈判的策略与技巧

在采购谈判中,为了使谈判能够顺利进行并取得成功,谈判者应善于灵活地运用一些谈判策略和技巧。谈判策略是指谈判人员通过某种方法达到预期的谈判目标,谈判技巧则是指谈判人员采用具体行动执行谈判策略。在实际工作中,应根据不同的谈判内容、谈判目标、谈判对手等个体情况,选用不同的谈判策略与技巧。

(一)采购谈判策略

1. 投石问路策略

所谓投石问路策略,就是在采购谈判中,当买方对卖方的商业习惯或诸如产品成本、价格方面不太了解时,买方主动地摆出各种问题,并引导对方去做较为全面的回答,然后从中获得有用的信息资料。这种策略一方面可以达到尊重对方的目的,使对方感觉到自己是谈判的主角和中心;另一方面,自己又可以摸清对方底细,争得主动权。

例如,当企业的采购人员向供应商提出要购买5 000件产品时,他就可以使用此策略。首先,他可以向供应商询问如果他购买1 000件、2 000件、3 000件、4 000件和4 500件产品的单价分别是多少,当卖方做出回答后,买方就可以从中获取有关的信息资料,进而分析研究出供应商的生产成本、生产能力、产品价格政策等。最后,买方就能够以较低的成本费用从供应商那里获得所需的产品。

运用该策略时,关键在于买方应给予卖方足够的时间并设法引导卖方对所提出的问题尽可能详细地正面回答。为此,买方在提问时应注意:问题简明扼要,要有针对性,尽量避免暴露提问的真实目的或意图。在一般情况下,买方可以提出关于以下内容的问题:如果我们订货的数量增加或者减少,如果我们让你方作为我们固定供应商,如果我们有临时采购需求,如果我们分期付款,等等。

当然,这种策略也有不适用的情况。比如,当谈判双方出现意见分歧时,买方使用此策略则会让对方感到买方是故意给他出难题,这样,对方就会觉得买方没有谈判诚意,谈判也许就不能成功。

2. 避免争论策略

谈判人员在开始谈判之前,要明确自己的谈判意图,在思想上进行必要的准备,以创造融洽、活跃的谈判气氛。然而,谈判双方为了谋求各自的利益,必然会在一些问题上发生分歧,此时,双方都要保持冷静,防止感情冲动,尽可能地避免争论。因为争论不休于事无补,而只能使事情变得更糟,最好的方法是进行协商。

3. 情感沟通策略

如果与对方直接谈判的希望不大,就应该采取迂回的策略。所谓迂回策略,就是要先通过其他途径接近对方,彼此了解,联络感情。在沟通了情感后,再进行谈判,人都是有感情的,满足情感和欲望是人的一种基本需要。因此,在谈判中利用情感因素去影响对方是一种可取的策略。

4. 货比三家策略

在采购某种商品时,企业往往选择几个供应商进行比较分析,最后择优签订供销合约。这种情况在实际工作中非常常见,我们把采购商的这种做法称为"货比三家策略"。在采用该策略时,企业首先选择几家生产同类型己方所需产品的供应商,并向对方提供自己的谈判内容、谈判条件等,同时也要求对方在限定的时间内提供产品样品、产品的性能等相关资料。然后,企业依据资料比较分析卖方在谈判态度、交易条件、经营能力、产品性价比等方面的差异,最终选择其中的一家供应商并与其签订合同。

另外,在运用此策略时,买方应注意选择实力相当的供应商进行比较,以增加可比性和提高签约效率,从而更好地维护己方的谈判利益。同时,买方还应以平等的原则对待所选择的供应商,以严肃、科学、实事求是的态度比较分析各方的总体情况,从而寻找企业的最佳合作伙伴。

5. 声东击西策略

该策略是指一方为达到某种目的,有意识地将洽谈的议题引导到无关紧要的问题上,故作声势,转移对方的注意力,以求实现自己的谈判目标。具体做法是:在无关紧要的事情上纠缠不休,或在自己不成问题的问题上大做文章,以分散对方对自己真正要解决的问题的注意力,从而在对方无警觉的情况下,顺利实现自己的谈判意图。例如,对方最关心的问题是价格,而我方最关心的问题是交货时间,这时,谈判的焦点不要直接放到价格和交货时间上,而是放在价格和运输方式上。在讨价还价时,我方可以在运输方式上让步,而作为让步的交换条件,要求对方在交货时间上做出让步。这样,对方感到了满意,我方的目的也达到了。

6. 最后通牒策略

处于被动地位的谈判者,总有希望谈判成功、达成协议的心理。当谈判双方各持己见,争执不下时,处于主动地位的一方可以利用这一心理,提出解决问题的最后期限和解决条件。期限是一种时间性通牒,它可以使对方感到如不迅速做出决定,他会失去机会。因为从心理学角度讲,人们对得到的东西并不珍惜,而对要失去的本来在他看来并不重要的某种东西,却一下子变得很有价值,在谈判中采用最后通牒策略就是借助人的这种心理定式来发挥作用的。

最后通牒既给对方造成压力,又给对方一定时间考虑,随着最后期限的到来,对方的焦虑会与日俱增,因为谈判不成功损失最大的还是自己。因而,最后期限的压力,迫使人们快速做出决策。一旦他们接受了这个最后期限,交易就会很快顺利结束。

7. 其他谈判策略

除以上介绍的谈判策略和方法以外,在实际谈判活动中,还有许多策略可以采用,如多听少讲策略、先苦后甜策略、讨价还价策略、欲擒故纵策略、以退为进策略等。

总之,只要谈判人员善于总结,善于观察,并将理论结合实际,就能创造出更多、更好的适合自身的谈判策略,并灵活运用它们,以指导实际谈判。

(二)采购谈判技巧

1. 入题技巧

谈判双方刚进入谈判场所时,难免会感到拘谨,尤其是谈判新手,在重要谈判中,往往会产生忐忑不安的心理。为此,必须讲求入题技巧,采取恰当的入题方法。

(1)迂回入题

为避免谈判时单刀直入,过于暴露,影响谈判的融洽气氛,谈判时可以采用迂回入题的方法,如从题外话入题,从介绍己方谈判人员入题,从"自谦"入题,或者从介绍本企业的生产、经营、财务状况入题等。

(2)先谈细节,后谈原则性问题

围绕谈判的主题,先从洽谈细节问题入题,条分缕析,丝丝入扣,待各项细节问题谈妥以后,也便自然而然地达成了原则性的协议。

(3)先谈一般原则,再谈细节

一些大型的经贸谈判,由于需要洽谈的问题千头万绪,双方高级谈判人员不应该也不可能介入全部谈判,往往要分成若干等级进行多次谈判。这就需要采取先谈一般原则,再谈细节的方法入题,一旦双方就原则问题达成了一致,那么,洽谈细节问题就有了依据。

(4)从具体议题入手

大型谈判总是由具体的一次次谈判组成的。在具体的每一次谈判中,双方可以首先确定本次会议的谈判议题,然后从这一议题入手进行洽谈。

2. 阐述技巧

(1)开场阐述

谈判入题后,接下来就是双方进行开场阐述,这是谈判的一个重要环节。

①开场阐述的要点

具体包括:一是开宗明义,明确本次会议所要解决的主题,以集中双方的注意力,统一双方的认识。二是表明我方通过洽谈应当得到的利益。三是表明我方的基本立场,可以回顾双方以前合作的成果,说明我方在对方所享有的信誉;也可以展望或预测今后双方合作中可能出现的机遇和障碍;还可以表示我方可采取各种方式为共同获得利益做出贡献等。四是开场阐述应是原则性的,而不是具体的,应尽可能简明扼要。五是开场阐述的目的是让对方明白我方的意图,创造和谐的洽谈气氛,因此,阐述应以诚挚和轻松的方式来表达。

②对对方开场阐述的反应

具体包括:一是认真耐心倾听对方的开场阐述,归纳并弄懂对方开场阐述的内容,思考和理解对方的关键问题,以免产生误会。二是如果对方开场阐述的内容与我方意见差距较大,不要打断对方的阐述,更不要立即与对方争执,而应当先让对方说完,认同对方之后再巧妙地转开话题,从侧面进行谈判。

(2)让对方先谈

在谈判中,当己方对市场态势和产品定价的新情况不太了解,或者尚未确定购买何种产品,或者无权直接决定购买与否的时候,一定要坚持让对方先说明可提供何种产品,产品的性能如何,产品的价格如何等。然后,己方再审慎地表达意见。有时即使己方对市场态势和产品定价比较了解,有明确的购买意图,而且能直接决定购买与否,也不妨先让对方阐述利益要求、报价和产品介绍,然后己方在此基础上提出自己的要求。这种先发制人的方式,常常能收到奇效。

(3)坦诚相见

谈判中应当提倡坦诚相见,不但将对方想知道的情况坦诚相告,而且可以适当透露我方的某些动机和想法。坦诚相见是获得对方同情的好办法,人们往往对坦诚的人自然有好感。但是应当注意,与对方坦诚相见,难免要冒风险。对方可能利用你的坦诚逼你让步,你可能因为坦诚而处于被动地位,因此坦诚相见是有限度的,并不是将一切和盘托出。总之既要赢得对方的依赖,又要以不使自己陷于被动、丧失利益为重。

3. 提问技巧

要用提问摸清对方的真实需要、掌握对方的心理状态,表达自己的意见和观点。

(1)提问的方式:①封闭式提问;②婉转式提问;③开放式提问;④澄清式提问;⑤探索式提问;⑥借助式提问;⑦强迫选择式提问;⑧引导式提问;⑨协商式提问。

(2)提问的时机:①在对方发言完毕时提问;②在对方发言停顿、间歇时提问;③在自己发言前后提问;④在议程规定的辩论时间提问。

(3)提问的其他注意事项:①注意提问的速度;②注意对方的心境;③提问后给对方足够的答复时间;④提问时应尽量保持问题的连续性。

4. 答复技巧

答复不是容易的事,回答的每句话,都会被对方理解为是一种承诺,都负有责任。

答复时应注意:①不要彻底答复对方的提问;②针对提问者的真实心理答复;③不要确切答复对方的提问;④降低提问者追问的兴趣;⑤让自己获得充分的思考时间;⑥礼貌地拒绝不值得回答的问题;⑦要找借口拖延答复。

5. 说服技巧

说服技巧具体包括:①讨论先易后难;②多向对方提出要求、传递信息,影响对方意见;③强调一致、淡化差异;④先谈好后谈坏;⑤强调合同有利于对方的条件;⑥待讨论赞成和反对意见后,再提出你的意见;⑦说服对方时,要精心设计开头和结尾,要给对方留下深刻印象;⑧结论要由己方明确提出,不要让对方揣摩或自行下结论;⑨多次重复某些信息和观点;⑩多了解对方,以对方习惯的、能够接受的逻辑方式去说服对方。

6. 还价技巧

(1)还价要有弹性

在价格谈判中,还价要讲究弹性。对于采购人员来说,切忌漫天还价;也不要一开始就还出了最低价。前者让人觉得是在"光天化日下抢劫",而后者却因失去弹性而处于被动,让人觉得有欠精明,使价格谈判毫无进行的余地。

(2)化零为整

采购人员在还价时可以将价格集中开来,化零为整,这样可以在供应商心理上造成相对的价格昂贵感,以收到比用小数目进行报价感觉更好的交易。这样也会给供应商造成很大的压力。

(3)过关斩将

所谓"过关斩将",是指采购人员应善用上级主管的议价能力。通常供应商不会自动降价,采购人员必须据理力争。但是,供应商的降价意愿与幅度,视议价的对象而定。因此,如果采购人员对议价的结果不太满意,此时应要求上级主管来和供应商议价,当买方提高议价者的层次,卖方会有受到敬重的感觉,可能同意提高降价的幅度。

(4)压迫降价

所谓压迫降价,是指在买方占优势的情况下,以胁迫的方式要求供应商降低价格,并不征询供应商的意见。这通常是在卖方处于产品销路欠佳,或竞争十分激烈,以致发生亏损和利润微薄的情况下,为改善其获利能力而使出的撒手锏。

(5)敲山震虎

在价格谈判中,巧妙地暗示对方存在的危机,可以迫使对方降价。通过暗示对方不利的因素,从而使对方在价格问题上处于被动,有利于使自己提出的价格获得认同。

思政园地

自尊自强是一个民族发展的动力

电影《首席执行官》以海尔集团为创作原型,讲述了一家从欠债百万元濒临倒闭的集体小厂,发展成为大型跨国企业的真实故事。其中有一段精彩内容,讲述了海尔集团与德国蓝波公司就生产线采购的谈判过程。

海尔:总裁先生,我们觉得450万美元的报价太高了,可不可以降低一点儿,200万美元,怎么样?

德总裁高级助理:如果你们实在没有钱,可以买100万美元的生产线。

海尔翻译:什么样的生产线?

德总裁高级助理:MONITO-TOP冰箱生产线(注:这是美国通用公司1925年的产品)。

海尔:先生,我们是带着诚意而来的,你作为总裁的高级助理,不应该开这样的玩笑。如果你们不接受200万美元,可以适当增加,但不能太多。

德总裁高级助理:我们珍惜自己的声誉,如果用我们给你们的设备,生产出劣质产品,我们在世界上的声誉将受到损害,所以,很抱歉,在质量上是不能讨价还价的。

海尔:我们去掉一些自动化程度比较高的零部件,用手工代替。

经过磋商之后,双方以230万美元的价格达成一致意见。

德总裁:230万美元成交,说实话,达成这样的协议不是我的本意。我这样做是着眼于未来,我有一点儿担心,没有这些自动化部件,可能会影响产品的质量,所以在卖给你们设备之前,我要验厂。如果你们的设备和管理水平达不到我们的要求,合同将自动作废。

正当海尔加紧整顿工厂,迎接德国生产线时,德国人突然提前了验厂时间。如果验厂不合格,签订的合同就会自行失效,海尔紧急动员全厂职工连夜加班,清理环境。海尔改变企业面貌的志气和努力,感动了前来验厂的德国专家。验厂顺利通过了,第一批用德国生产线生产的冰箱终于成功上线。

启示: 在谈判中要弘扬民族正气,展现民族自强自立精神。

技能训练

在进行谈判时,各方的谈判人员应在自己一方居中而坐,并遵循右高左低的原则,依照职位的高低分别在主谈人员的两侧就座。谈判角色分配见表6-2。假如需要翻译人员,应安排其就座于仅次于主谈人员的位置,即主谈人员右侧。采购谈判座位图如图6-2所示。

表6-2　　　　　　　　　　　谈判角色分配

角色名称	角色特点	角色在谈判中的作用
"首席代表"	任何谈判小组都需要"首席代表",由最具专业水平的人担任,而不一定是小组中职位最高的人	1. 组织谈判准备 2. 精心安排谈判事宜 3. 指挥谈判,需要时召集他人 4. 裁决与专业知识有关的事
"白脸"	由被对方大多数人认同的人担任,对方非常希望仅与"白脸"打交道	1. 对对方的观点表示同情和理解 2. 看起来要做出让步 3. 给对方安全的假象,使他们放松警惕
"红脸"	"白脸"的反面就是"红脸",这个角色就是使对手感到如果没有他(她),会比较容易达成一致	1. 需要时中止谈判 2. 削弱对方提出的任何观点和论据 3. 胁迫对方并尽力暴露对方的弱点
"强硬派"	这个人在每件事上都采取强硬立场,使问题复杂化,并要求其他组员服从	1. 用延时战术来阻挠谈判进程 2. 允许他人撤回已提出的未确定的报价 3. 观察并记录谈判的进程 4. 使谈判小组的讨论集中在谈判目标上
"清道夫"	这个人对谈判过程进行记录、整理,将所有的观点集中,作为一个整体提出来	1. 设法使谈判走出僵局 2. 防止讨论偏离主题太远 3. 指出对方论据中自相矛盾的地方

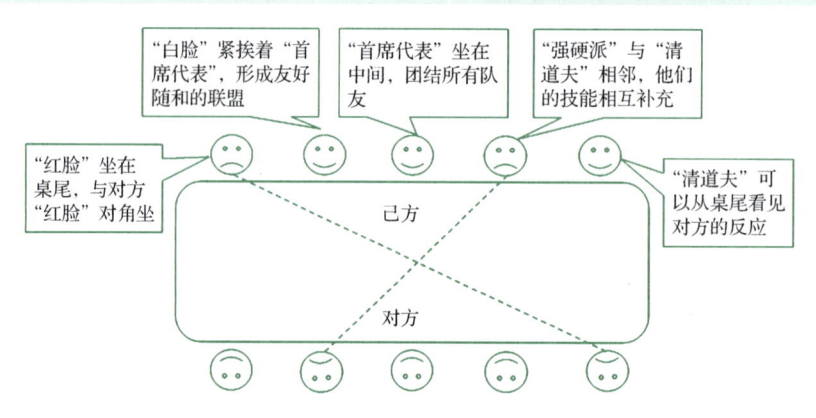

"白脸"紧挨着"首席代表",形成友好随和的联盟

"首席代表"坐在中间,团结所有队友

"强硬派"与"清道夫"相邻,他们的技能相互补充

"红脸"坐在桌尾,与对方"红脸"对角坐

"清道夫"可以从桌尾看见对方的反应

己方

对方

双方"红脸"与"强硬派"相差面对,以免发生冲突

图6-2　采购谈判座位图

讨论:谈判人员角色的分配及座位安排的技巧。

任务 2　采购合同的签订

采购合同是商务性的契约文件,是确定双方权利和义务的书面协议。采购合同的签订是采购流程中的重要环节。

一、采购合同概述

(一)采购合同的基本结构

采购活动因采购对象不同,合同类型也多种多样,有原材料采购合同、设备采购合同、服务采购合同、技术采购合同等。在实践中,各类型合同的结构大致相同,一般由开头、正文和结尾等构成,如图 6-3 所示。

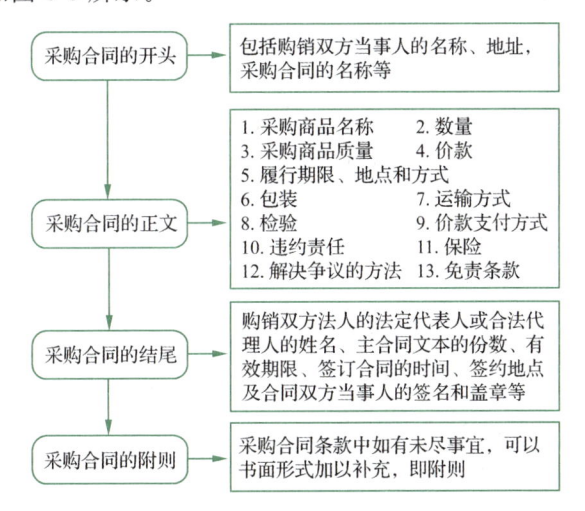

- **采购合同的开头**：包括购销双方当事人的名称、地址,采购合同的名称等
- **采购合同的正文**：
  1. 采购商品名称　2. 数量
  3. 采购商品质量　4. 价款
  5. 履行期限、地点和方式
  6. 包装　　　　　7. 运输方式
  8. 检验　　　　　9. 价款支付方式
  10. 违约责任　　　11. 保险
  12. 解决争议的方法　13. 免责条款
- **采购合同的结尾**：购销双方法人的法定代表人或合法代理人的姓名、主合同文本的份数、有效期限、签订合同的时间、签约地点及合同双方当事人的签名和盖章等
- **采购合同的附则**：采购合同条款中如有未尽事宜,可以书面形式加以补充,即附则

图 6-3　采购合同的结构

(二)采购合同条款

采购合同条款是采购双方权利和义务的体现,是合同正文部分的具体细化,其具体内容见表 6-3。

采购合同条款

表 6-3　　　　　　　　　　采购合同条款

条款	主要内容
商品名称	要采购的物品名称
数量	采用一定的度量制度对物料进行量化,以表示出物料的重量、个数、长度、面积、容积等,必要时还应清楚说明误差范围
质量	采购商品所具有的内在质量与外观形态的综合,包括品种、规格、型号、等级、标准、技术要求等。填写合同的质量条款时所采购商品的以上内容要写具体,要参照国家标准或行业标准以最明确的方式界定所采购商品可接受的质量标准 对采购合同中质量条款的控制方法有两种:一是使用实物或样品;二是使用设计图纸或说明书

续表

条款	主要内容
价款	价款是取得标的物的一方向对方以货币支付的代价。在采购合同中,价款是指购销双方交易商品每一计量单位的货币数量。价格除国家规定必须执行政府定价或政府指导价以外的由当事人协商议定。采购合同中价格条款的主要内容有价格术语的选用、结算币种的选择、单价和总价等
履行期限、地点和方式	履行期限是采购合同双方实现合同规定的权利和履行义务的时间。履行期限不仅直接关系到采购合同义务完成的时间,也是确定违约与否的因素之一。履行地点是采购合同双方依照合同规定完成自己义务的场所。履行方式是指采购合同双方完成合同义务的方法
包装	主要内容有:包装标志、包装方法、包装材料要求、包装质量、包装要求、环保要求、规格、成本、分拣运输成本等
运输方式	运输是货物装上运载工具并运送到交货地点,包括运输费和包装费由谁承担、运输距离、送货频率、指定的交易时间、货品包装及包装单位、运输时所选的车种等质量管理要求、卸货时的方式和数量等
检验	采购方对购入的货物进行检验,要根据货物的生产类型、产品性能、技术条件不同,采取感官检验、理化检验、破坏性检验等方法,双方应在合同中约定检验的标准、方法、期限以及索赔的条件
价款支付方式	采用一定的手段,在指定的时间、地点,使用确定的方式支付货款。采购人员要重点确认支付金额、支付方式和支付时间,包括银行转账及期票或支票的方式选择,结算截止日和结算支付日,代销、委托销售需附的特殊条件等
违约责任	违约责任是采购合同的当事人由于自己的过错,没有履行或没有全部履行应承担的义务,按照法律规定和合同约定应承担的法律责任。当然,合同中没有约定违约责任的,并不意味着违约方就不承担违约责任
保险	企业向保险公司投保并缴纳保险费的,货物在运输过程中受到损失时,保险公司依照保险条款向企业提供经济上的补偿
解决争议的方法	解决争议的方法是指采购合同双方当事人解决合同纠纷的手段、途径,如协商、仲裁及诉讼等
免责条款	免责条款是指采购合同双方当事人以协议排除或限制其未来责任的合同条款。它与不可抗力具有相同功效,但规定的主体不同。不可抗力是由各国法律所规定承认的,是违约责任的一般法定免责事由

确认采购合同条款要认真、仔细,数量、质量、价格条款是重中之重,采购人员要确认修理、更换、退货条款,力争减少"真空"存在,最大程度维护己方的权益。

技能训练

在采购条款中,质量是我们最关心的问题,也是采购合同中出现问题最多的地方。我们在审核合同时,关注最多的地方也应是质量。因为公司采购部门一般是独立的(先由申请部门向上一级申请采购,待批下来后由采购部门统一采购),因此采购部门给出的合同对标的的质量只是一笔带过,连验收标准也是模糊不清。对于采购合同来说,一般都应该由申请部门提出质量要求以及详细的验收标准。

讨论:你对其他条款的注意事项了解多少?

二、采购合同的签订

(一)采购合同订立前的准备工作

1. 审查合同主体的资格

合同当事人应调查对方的资信能力,了解对方是否具有签订合同的资格,或者代理人是否有代理资格。具有法人资格的企业、农村集体经济组织、国家机关、事业单位、社会团体可以作为合同的当事人。

2. 审核合同的内容

在签订采购合同之前,采购人员要审核并理解每一条款,包括其是否表达了采购方的意图,是否包含了基本条款,是否包含了所有的附加条款,最重要的是采购方应不应该签字等。

3. 注意审核要点

在审核采购合同时,应注意的要点见表6-4。

表 6-4　　　　　　　　　　　采购合同的审核要点

审核条款	具体内容
采购商品信息	名称、规格、数量、单价、总价、交货日期及地点,须与请购单及决算单所列相符
付款办法	明确买卖双方约定的付款方式,如一次性付款、分期付款
验收与保修	在合同中约定:供应商物料送交企业后,须另立保修书,自验收日起保修一年(或几年);在保修期间如有因劣质物料而致损坏者,供应商应于多少天内无偿修复,否则企业另请第三方修理,其所有费用由供应商负责赔偿
解约办法	在合同中约定:供应商不能保持进度或不能符合规格要求时的解约办法,以保障企业的权益
延期罚款	在合同中约定:供应商须配合企业生产进度,最迟在某月某日以前全部送达交验,除发生天灾及其他不可抗力的事故;若逾期,供应商应每天赔偿企业采购金额百分之几的违约金
保证责任	在合同中约定:供应商应找实力雄厚的企业担保履行本合同所订明的一切规定,保证期间指从物料运抵企业经验收至保修期满为止,保证人应负责赔偿企业因供应商违约所蒙受的损失
其他附加条款	视采购商品的性质与需要而增列

只有以上所有问题在合同中都能寻找到答案,采购人员才可以签字。

(二)签订采购合同的原则

(1)合同的当事人必须具备法人资格。这里所指的法人,是指有一定的组织机构和独立支配财产,能够独立从事商品流通活动或其他经济活动,享有权利和承担义务,依照法定程序成立的企业。

(2)合同必须合法。必须遵照国家的法律、法规、方针和政策签订合同,其内容和手续应符合有关合同管理的具体条例和实施细则的规定。

(3)签订合同必须坚持平等互利、充分协商的原则。

(4)签订合同必须坚持等价、有偿的原则。

(5)当事人应当以自己的名义签订经济合同,委托别人代签必须要有委托证明。

(6)采购合同应当采用书面形式。

(三)签订采购合同的程序

签订采购合同的程序是指合同当事人对合同的内容进行协商,取得一致意见,并签署书面协议的过程。一般有以下五个步骤:

(1)订约提议。订约提议是指当事人一方向对方提出的订立合同的要求或建议,也称要约。订约提议应提出订立合同所必须具备的主要条款和希望对方答复的期限等,以供对方考虑是否订立合同。提议人在答复期限内不得拒绝承诺,即提议人在答复期限内受自己提议的约束。

(2)接受提议。接受提议是指提议被对方接受,双方对合同的主要内容表示同意,经过双方签署书面契约,合同即可成立,也叫承诺。承诺不能附带任何条件,如果附带其他条件,应认为是拒绝要约,而提出新的要约。新的要约提出后,原要约人变成接受新的要约的人,而原承诺人成了新的要约人。实践中签订合同的双方当事人,就合同的内容反复协商的过程,就是要约——新的要约——再要约……直至承诺的过程。

(3)填写合同文本。

(4)履行签约手续。

(5)报请签证机关签证,或报请公证机关公证。有的经济合同,法律规定还应获得主管部门的批准或工商行政管理部门的签证。对没有法律规定而又必须签证的合同,双方可以协商决定是否签证或公证。

三、采购合同的终止

(一)采购合同终止的原因

概括起来,采购合同的终止有下列两种情形:

1. 合同因期限届满而终止

例如,国内制造工程合同,合同期限届满即自动取消,但承包商(卖方)对该工程的保修责任,不因合同的终止而消失。

2. 合同因法定或约定解除权的行使而终止

(1)在合同期限内,除合同另有规定外,经双方同意,可终止合同。否则视实际需要,可要求对方赔偿损失。

(2)买方因卖方所交货品有瑕疵,可解除合同或请求减少金额。但其解除权或请求权于货品交付后六个月内,不行使即自动取消。

(3)信用证规定单据提示的有效期限届满,而卖方仍未能在有效期限内提供货品装运文件并办理押汇手续时,买方可以不同意延期为由终止合同,不需承担任何责任。

(二)采购合同终止的方法

《民法典》所称采购合同的权利义务终止,又称采购合同的终止或采购合同的权利义务消灭,是指由于某种法律事实的出现而使得采购合同当事人之间已经存在的权利义务关系不复存在。其终止方法具体有以下几种:

1. 采购合同清偿

所谓采购合同清偿,是指供采双方都已经按合同约定履行完了自己的义务。

2. 采购合同解除

所谓采购合同解除，是指采购合同有效成立以后且没有履行完毕之前，在一定条件下，因当事人一方的意思或者双方的协议，而使基于合同存在的权利义务关系终止的行为。

3. 采购合同抵销

所谓采购合同抵销，即采购合同债务的相互抵销，是指在采购合同中双方当事人互相有债务时，各自用自己的债权在对等的数额内同对方抵销债务的行为。债务抵销后，抵销部分的权利义务关系终止。

4. 采购合同提存

所谓采购合同提存，是指在采购合同中因享受权利的一方当事人的原因而无法向其交付合同的标的物时，履行义务的一方当事人将标的物交给提存机关而使采购合同的权利义务关系终止的单方法律行为。

5. 采购合同债务免除

所谓采购合同债务免除，是指采购合同中的债权人免除债务人债务的单方法律行为。当债权人免除债务人的全部债务时，采购合同终止。

6. 采购合同债权债务混同

所谓采购合同债权债务混同，是指在采购合同中债权人和债务人成为一个人，致使债权人与债务人之间的权利义务关系终止。采购合同的债权人与债务人同归于一个人时，自己既是债权人又是债务人，自己向自己履行债务是毫无必要的，合同的权利义务关系就应当终止。

技能训练

有些合同争议的解决只是"双方友好协商解决"，而当双方真正发生纠纷时，往往因为解决方式和地点的争议而变得难以协商。下面提出几点解决办法：

(1) 明确合同签订的时间和地点。

(2) 提出异议的期限：对外观验收，可约定到货后几天内提出异议；对需要安装调试的设备，则要约定试运转正常、整体验收合格后几天内提出异议。

(3) 解决争议的办法有和解、调解、仲裁和诉讼四种方式，但是，仲裁和诉讼是采取或裁或诉的原则。合同中应尽量约定纠纷解决地为己方所在地的人民法院或者仲裁委员会，这样便于己方处理法律事务，降低维权成本。

讨论：对合同争议的解决你还有哪些方法？

任务3 采购合同的履行

采购合同的履行就是采购双方当事人按照合同的约定或者法律的规定，全面、正确地履行自己所承担的义务。采购合同的履行包括订单管理、进货验收和违约处理等几个环节。

一、订单管理

采购订单是采购业务的起点,详细记录企业物流的循环流动轨迹。采购订单表示了对供应商进行采购业务的正式和最终的确认。

采购订单管理是一项关键业务功能,它引导和监控整个流程,从最初下订单开始到成功交付产品或服务结束。其范围可从供应商贯穿到客户,包括一系列关键的子流程。在整个流程中,它与供应链上的多数参与者均有互动。

企业不同,采购订单的内容和形式会有所变化,但一般都有交易条件、交货日期、运输方式、单价、付款方式等主要内容。

因用途不同,订购单(采购订单)一般一式五联,其中:

- 第一联为厂商联,由供应商留存,作为供应商交货时的凭证;
- 第二联为回执联,由供应商签字确认后寄给企业采购部留存;
- 第三联为物料联,由财务部留存,与收货记录一起做收货凭证,作为企业控制存量和验收的参考;
- 第四联为请款联,由财务部(采购部)留存,与收货记录一起作为结算货款的依据;
- 第五联为承办联,由制发订购单的收货部门留存。

正式的采购订单按企业的相关规定编号后,由采购员以双方议定的方式(传真、快递、网络以及其他管理信息系统)传递给供应商,并按一定的步骤实施采购工作。

(一)采购订单的编制

1. 编制订单草案

采购员根据企业采购计划、当月生产等部门上报的采购申请,编制采购订单草案。若是临时采购,那么订单制定的基本依据则为仓库库存报表,这就要求采购员及时了解库存情况,以便提前采购,不影响正常的生产进度。

2. 上报主管审核

采购订单草案编制完成,采购员仔细检查无误后上报主管领导审核、批准。

3. 形成正式订单

采购主管领导接收采购订单草案后,根据采购订单内容,查阅是否有供应商合同,如果有,则安排采购员编制正式的采购订单,实施采购;如果没有,则安排采购员进行市场询价谈判,并在规定时间内完成谈判事宜,编制正式采购订单发送给相应供应商。

通常情况下,企业的采购订单必须连续编号,用统一的标准格式,一式三联:一联采购部门留存,一联财务部门存档,一联交供应商。

表 6-5 是一份采购订单合同范本。

表 6-5   采购订单合同范本

签订日期：   年 月 日   订单合同编号：

××公司(买主)向＿＿＿＿＿＿(卖主)订购下列货品，经双方议定买卖条件如下：

项目	货品名称	规格	单位	数量	单价	金额
1						
2						
3						
……						

货价总计	万　千　百　十　元　角整
交货地点	
交货日期	
付款方式	
包装	
保险	
货品验收	
逾期违约金	
解约办法	
保证责任	
惩罚	
其他	

买主签名盖章： ××公司： 总经理：	卖主签名盖章： 供应商名称： 负责人： 地址：	卖主连带保证人签名盖章： 单位名称： 负责人： 地址：

(二)采购订单的出具

1. 发出采购订单

正式的采购订单按照企业的相关规定编号后，由负责相应货品采购的采购员以适当的形式(如快递、传真等)发送给供应商，实施采购工作。

采购员在选择供应商时，应考虑以下因素：

(1)是否是长期供应商？其信誉、产品品质如何？

(2)供应商的产品价格是否适当？是否具有市场竞争力？

(3)供应商能否保证准时交货？

2. 确认采购订单

采购员应通过电话沟通等形式及时向供应商确认其是否收到采购订单，因为如果对方没有表示接受,则发出的采购订单并不能构成一项合同,采购事项无效。另外,只有当采购订单被确认接受之后,采购方才能确信在约定的日期供应商将发货。如果发货日期不确定,采购方在进行任何有效行动之前都必须了解确切信息。

通常,供应商接受了采购订单的各项条件后,要向采购方的采购部门发出所谓的接受函以确定采购事项,并着手备货,执行采购订单。因此,采购员在发出采购订单后,一定要与供应商及时沟通、确认。

3. 编制采购记录

采购订单确认接受后,采购员应就同期所采购的货品、物料编制采购记录并填写采购记录表,以便供应商交货时,对照采购订单进行接货检验。

物料采购记录表见表 6-6。

表 6-6　　　　　　　　　　　物料采购记录表

日期:　　　年　　月　　日

请购日期	请购单号	料号	品名、规格	供应商	单价	数量	订购日期	验收日期	质量记录

(三)采购订单的跟踪

采购的目的是及时取得符合企业生产经营要求的物料,所以采购员必须要对订单进行跟踪,促使供应商及时交货。

订单跟踪就是采购员对采购订单执行的全部过程进行跟踪检查,以保证采购订单的正常履行,其目的主要有三个:促进合同正常执行、满足本企业生产经营的物料需求、保持合理的库存水平。

1. 订单执行前跟踪

采购订单发出之后,供应商是否愿意接受订单,是否及时签订合同等是采购员需及时确认的问题。但值得注意的一点是,在采购过程中,同一物料或货品可能有几家供应商可供选择(独家供应商情况除外),虽然每个供应商都有分配比例,但是具体操作时可能会遇到意想不到的情况,比如,供应商提出改变"认证合同条款",包括价格、质量、交货期等。因此,采购员在发出订单后应充分与供应商沟通,确认本次采购可供应的供应商。当然,如果供应商确实难以接受订单,也不必强人所难,可以在采购环境里另外选择其他供应商,必要时可要求认证人员协助办理。

2. 订单执行过程中跟踪

供应商确认采购订单后,采购订单是具有法律效力的,所以采购员应全力跟踪,确实需要变更时要征得供应商的同意,双方协商解决。表 6-7 为订单确定或更改通知单。

表 6-7　　　　　　　　　　　　　订单确定或更改通知单

选择类别：□ 确定通知　□ 更改通知　　　　　　　　　　　　　　编号：　　　　日期：

原订购日期		订购物品名称			
订购单号码		预定交货日期		更改日期	

未确定事项或拟更改事项：

确定或更改内容：

其他说明：

　　　　　　　　　　　　　　　　　　　　　　　　　单位名称：　　　　经办人：

订单执行过程中，采购员对订单跟踪主要应把握的事项见表 6-8。

表 6-8　　　　　　　　　　　订单执行过程中的跟踪事项

具体事项	操作
严密跟踪供应商备货的详细过程	发现问题及时反馈，需要中途变更的要立即解决，以保证准时到货
密切关注影响生产需求形势的市场因素	1.如果因市场生产需求紧急，需本批物料立即到货，采购员应马上与供应商协调，必要时可帮助供应商解决疑难问题，保证所需物料的准时供应 2.如果市场出现滞销，企业经研究决定延缓或者取消本次订单，采购员也应尽快与供应商进行沟通，确认可承受的延缓时间，或者中止本次订单操作，给供应商赔偿
恰当处理库存控制	既不能让生产缺料，又要保持最低的库存水平。采购员应根据本企业生产进度等因素，提前规划好采购物资的到货时间，出现库存过高或过低时，应及时与供应商协调到货时间，保证库存控制在合理的水平上
控制好物料验收环节	物料到达订单规定的交货地点，采购员必须按照要求，对照采购订单，对货品数量、批量、单价等方面进行确认、记录归档等

对于设备、工程等的采购，由于订单周期较长，采购员在订单执行过程中除做好跟踪工作外，还要不断了解订单状态，了解供应商产品的质量、货期的变化情况，及时填写订单状态报告，以便主管领导掌握采购进程，进一步开展工作。

表6-9是一份设备采购订单状态报告表,采购员可参考使用。

表6-9　　　　　　　　　　　设备采购订单状态报告表

表单编号		报告日期				报告人			
项目名称			项目经理						
订单编号	设备编码	设备名称	单位	数量	价款(万元) 预算 / 合同	异常值(万元)	已完成合同值	供货厂商	负责人
总结说明									

3. 合同执行后跟踪

（1）货款支付跟踪

供应商按时交货且经验收合格后,采购员应按合同规定向供应商支付货款,并进行跟踪。如果供应商未收到货款,采购员有责任督促财务人员按照流程规定加快操作,否则会影响企业的信誉。

（2）货品使用质量跟踪

所购物料、货品在使用过程中可能会出现问题,偶发性的小问题可由采购员或现场检验者联系供应商解决,重要的问题可经质管人员、认证人员鉴定后,根据所出现的问题、责任确定解决方案,由采购员及时与供应商沟通协调后解决。

（四）订单存档管理

采购员与供应商签订的合同、出具的采购订单及相关文件、资料要及时存档,以备后查。

1. 存档管理的作用

采购合同、订单及相关数据资料等必须建档管理,其作用有以下三个方面：

（1）每一采购项目分别建档,以备使用和查询。

（2）供应商的历史表现数据对订单下达及合同跟踪有重要的参考价值,因此采购员应首先注意供应商的历史情况,然后决定对其实施何种监督方式。

（3）若出现供应商违约行为或发生纠纷需要诉诸法律解决时,完备的资料是获得胜诉的有力保证。

2. 订单存档管理的方法

（1）建档

①建档方式

订单的建档原则是需要的时候能够轻而易举地找到。因此,采购员在建立订单档案时可采用以下方式：

- 按照采购订单编号顺序建档。
- 按照供应商名称的字母顺序建档。
- 其他有效方式。

②档案内容

一项采购的所有相关数据、文书等都应作为存档内容,主要包括采购订单、订单接受函、其他与供应商的往来信函、有关采购货品的资料等。

(2)保存

采购员还应注意将采购订单等各种经验数据的分类保存工作做好,如做好防潮、防虫等保管工作。如果有条件,可采用计算机软件管理系统对订单进行管理,同时将相关数据资料扫描后转换成电子版保存在电脑中,以便随时查阅。

二、进货验收

进货验收的结果关系到采购业务能否最终完成,也是采购管理中非常重要的一环,为了对进货验收各环节进行有效控制,有必要对验收环节与结果进行管理和记录。

(一)确定交货与验收时间

通常,采购合同中要写明供应商必须在某年某月某日前交货,并必须于交货前若干日将交货清单送交采购员,以便采购员准备验收工作。

交货和验收时间应以采购合同中写明的时限要求为准,一般有以下四种情况:

(1)生产过程所需的预备操作时间。

(2)供应物料的交货日期。

(3)特殊器材验收所需时间,或者采用分期交货的时间。

(4)供应商如有延期交货或需要变更交货时间的,采购员应根据供应商的说明函件与供应商确认后,确定验收时间。

(二)确定交货与验收地点

交货与验收地点,通常以合同指定地点为主。若预定交货地点因故不能使用,需转移他处办理验收工作时,采购员应事先通知供应商。

一般验收地点有以下四种情况,采购员可根据货物的实际情况、理化性质等,经双方约定,确定最佳的验收地点。

(1)在供应商生产地验收。

(2)在指定仓库或交货地点验收。

(3)在采购商使用地点验收。

(4)其他约定的验收地点。

(三)明确采购验收职责

一般而言,国内供应物料的验收工作由买卖双方共同办理,以示公平,如有争执就提交仲裁。国外采购因涉及国际贸易,通常委托公证机构办理。至于涉及理化、生物性能或品质问题,则抽样送专门的化验机构,以其检验报告书作为判定依据。如果买卖双方或者一方具有化验能力,则经双方同意,也可由双方共同(或一方)化验。

由上可知,采购验收职责有三种情况,需双方在采购合同中明确标注:

(1)自行负责检验,通常用于国内采购。

(2)委托检验,如委托专门的检验机构,通常用于国外采购或特殊规格采购。

(3)由供应商出具产品合格证明书。

(四)选择货品检验方法

验收工作做得好坏直接影响所购货品、物料的品质,进而影响生产、成本、销售等环节,所以采购员应按自己所在岗位的职责严格控制,选择正确的方法,减少因人为因素造成的验收过程的疏忽以及错误,以提高验收作业的正确性、可靠性。

交货的验收方法很多,而其处理步骤也有区别,具体情况见表6-10。

表 6-10　　　　　　　　　　货品检验方法解析

检验方法	说明	具体操作
目视验收	是所购物料、物品能以一般度量器具按合同规定的数量予以称量点数的验收方法	使用一般器具对到货物料、货品进行外观、数量等的检验
技术验收	凡检验物料、货品的理化性能以及使用效能等,都需要采用技术鉴定。这应由专门技术人员以专门仪器做适当的试验来完成,分为现场检验及实验室鉴定两种	对整套机械设备、建筑工程或简单机件及一般的物料,最好采用现场检验。如必须进行理化生物试验或装配试用等,应抽样检验
试验验收	对特殊规格的物料、货品必须做技术上的试验(包括物理试验、化学分析、专家复验),即试验验收	1.社会上的试验场所 2.供应商或采购企业的实验室内 3.专家复验
抽样检验	抽取一定数量货品作为样本进行检验的方法。抽取数量常以经济性判断为基础,但若根据数学公式的"量表"进行检验则更为准确	凡货品数量庞大无法一一试验,或物料经拆封、露光、与空气接触,试用后不能复原者,都应采取抽样检验的方式进行

(五)组织货物验收

做好验收准备后,采购员就可根据约定的时间、地点,组织有关人员进行货物验收工作。货物验收主要从以下三个方面进行:点收数量、检验品质、检验交货手续。

1.点收数量

采购员检验实际交货数量是否与运送凭单或订单所记载数量相符。一般做法就是直接检验。注意检验时要将数量进行两次确认,以确保准确无误。

另外,如果货品数量太多,采购员可采用抽查方式进行数量清点。特别要注意有固定包装者是否数量一致,例如,"一打"的包装是否确实有 12 个,不要只顾计算"打",而疏忽每打的个数。

2. 检验品质

到货检验主要是采购员确认接收的货物与订购的货物是否一致。商品检验还可以用科学的红外线鉴定法等，或者是依照验收的经验及对商品的品质采取各种检验办法。

另外，不管是将所有货品做全面性的检查，还是将货品抽样检查，采购员都要认真、仔细。尤其是高级品或招牌商品，尽量做全面性检查，而对购入数量大或单价低的货品，则采取抽样检查，填写抽样检验表（表 6-11）。

表 6-11　　　　　　　　　　　　　　　抽样检验表

商品名称	抽样数	验收标准	接收数量

3. 检验交货手续

一般在交货时，由供应商列具清单一式若干份，在交货当天或交货前若干天送达采购企业。在清单上要注明交付物料的名称、数量、商标编号、毛重量、净重量以及运输工具的牌照号码、班次、日期及其他需要注明的事宜，以供采购企业做验收准备工作之用。同时，采购合同的统一号码、分区号码、合同签订日期及通知交货日期等也应注明于该清单上，以供参考。

而在交货现场，采购员应对照供货清单核对交来货品的种类及数量等，并鉴定一切由于运输及搬运而引起的损害，核对结果并立即编写报告，详细加注于清单上。

（六）验收结果处理与记录

1. 验收结果处理

经过检验，采购员应根据验收结果及时对来货进行处理。

（1）标识。对于通过验收的货品，采购员应及时加以标识，以便查明验收经过及时间，并易于与未验收的同类物品有所区别。同时，还要配合仓储部门及时办理货品入库，以便使用部门安排生产进度。

（2）拒收。凡不符合规定的物料、货品，应一律拒绝接收。合同规定准许换货重交的，需在办理完合格的验收手续后再予以发还。

通常供应商对不合格的物品都延迟处置，仓储人员应配合采购员催促供应商前来收回，否则逾越时限，则不负责保管或自行抛弃。

（3）处理短损。根据验收结果，若发生短损应立即向供应商或运输单位索赔，或是办理内部报损手续等。

2. 填写验收报告

到货验收后，采购员应及时给供应商出具验收证明书或报告书。如因交货不符而拒收，也必须详细写明原因，以便洽谈办理其他手续。

表 6-12 和表 6-13 是两份采购验收报告书模板，采购员可参考使用。

表 6-12　　　　　　　　　　　　　设备采购验收报告单

采购专员：　　　　　　　　　　　　　　　　　　　　　　　　　　　　日期：

设备名称		规格型号		出厂日期	
出厂编号					
国别及生产厂商				到货日期	
单位		数量		主要附件	
单价		经费来源			
验收详细记录	设备外观情况				
	设备数量符合情况				
	技术指标符合情况				
验收人签字	签字：		日期：	年　月　日	
使用单位验收人意见	签字：		日期：	年　月　日	
使用单位负责人意见	签字：		日期：	年　月　日	
设备管理科意见	签字：		日期：	年　月　日	
备注	验收完毕应立即持验收报告单到设备管理科办理固定资产登记和入库手续				

表 6-13　　　　　　　　　　　　　　检验报告书

编号：　　　　　　　　　　　　日期：　　　　　　　　　　　　　填表：

采购单编号		供应商			
物料名称		料号		点收数量	抽样数
存放仓库		适用批号		产品名称	
编号	各检验项目检验记录			合格	备注
				是　否	
检验结果	□合格　□不合格	处理方式		审核	检验者

（七）检验与接收管理

1. 检验时间、地点和人员的确定

检验时间和地点的确定与货物本身的性质有关。一般较大型的机械设备往往要到供应商的生产现场进行检验；而小型的原材料、零部件或配件等可以在货物到库时与运输方共同检查验收；对于超市等采购的品质较为稳定的消费品等，可以在货物送达采购方仓库后再进行抽样检验。具体的时间、地点和人员确定要由采供双方沟通商议后在合同条款中加以确定。

2. 检验部门的确定

一般采购方都设有专门的质量检验部门。检查验收作业中采购部门要与质量检验部门及时沟通，共同完成货物的检验工作。对于一些大型设备和长期订货，采购方也可派检验人员常驻供应商企业进行检验。

3. 物料检验

物料检验的目的是检查供应商的供货是否符合采购合同的要求。对于一般物料，可走正常的检验程序；对于重要物料或供应商在以往供应中质量稳定性较差的物料，则要严格检验；对于不重要的物料或在供应商以往的供货记录中质量稳定性持续表现较好的物料，可放宽检验或进行抽样检验。物料检验的结果分为合格物料和不合格物料。不合格物料的质量缺陷可分为致命缺陷、严重缺陷和轻微缺陷。检验的结果可用数据表示，比如用DPPM（百万分之不良数值）或其他相关记录来描述。检验的内容主要包括：

（1）包装检验。包装检验是根据购销合同、相关标准和其他有关规定，对进出口商品或内销商品的外包装和内包装以及包装标志进行检验。

包装检验首先核对外包装上的商品包装标志（标记、号码等）是否与有关标准的规定或贸易合同相符。对进口商品主要检验外包装是否完好无损，包装材料、包装方式和衬垫物等是否符合合同规定。对外包装破损的商品，要另外进行验残，查明货损责任方以及货损程度。对发生残损的商品要检查其是否是由于包装不良所引起的。对出口商品的包装检验，除包装材料和包装方法必须符合外贸合同、标准规定外，还应检验商品内外包装是否牢固、完整、干燥、清洁，是否适于长途运输，是否符合保护商品质量、数量的要求。

（2）品质检验。品质检验亦称质量检验，是指运用各种检验手段，包括感官检验、化学检验、仪器分析、物理测试、微生物学检验等，对商品的品质、规格、等级等进行检验，确定其是否符合贸易合同（包括成交样品）、标准等规定。

品质检验的范围很广，大体上包括外观质量检验与内在质量检验两个方面。外观质量检验主要是对商品的外形、结构、花样、色泽、气味、触感、疵点、表面加工质量、表面缺陷等的检验；内在质量检验一般是对商品有效成分的种类和含量、有害物质的限量、化学成分、物理性能、机械性能、工艺质量、使用效果等的检验。

（3）卫生检验。卫生检验主要是根据《中华人民共和国食品安全法》《化妆品卫生监督条例》《中华人民共和国药品管理法》等法规，对食品、药品、食品包装材料、化妆品、玩具、纺织品、日用器皿等进行的卫生检验，检验其是否符合卫生条件，以保障人民健康和维护国家信誉。如《中华人民共和国食品安全法》规定，食品、食品添加剂、食品容器、包装材料和食品用工具及设备，必须符合国家卫生标准和卫生管理办法的规定。进口食品应当提供输出国（地区）所使用的农药、添加剂、熏蒸剂等有关资料和检验报告。海关凭国家卫生监督检验机构的证书放行。

（4）安全性能检验。安全性能检验是根据国家规定、相关标准（对进出口产品，应根据外贸合同以及进口国的法令要求），对商品有关安全性能方面的项目进行的检验，如易燃、易爆、易触电、易受毒害、易受伤害等，以保证生产者、使用者的生命和财产安全。目前，除了要进行进出口船舶及主要船用设备材料和锅炉及压力容器的安全监督检验外,还要维护人身安全和确保经济财产免遭侵害。

(5)数量和重量检验。商品的数量和重量是贸易双方成交商品的基本计量计价单位,是结算的依据,直接关系到双方的经济利益,也是贸易中最敏感而且容易引起争议的因素之一。商品的数量和重量检验包括对商品的个数、件数、长度、面积、体积、容积、重量等的检验。

4. 对检验问题的处理

(1)对于有致命及严重缺陷的物料,应要求供应商换货。

(2)对于有轻微缺陷的物料,应与认证人员、质量管理人员、设计工艺人员协商,同时考虑生产的紧急情况,确定是否可以选择代用品。

(3)对于偶然性的质量检验问题,可由检验部门或采购部门通知供应商处理。

(4)对于多次存在的质量问题,由认证人员正式向供应商发出质量改进通知书,让供应商限期改正重大的质量问题。

(5)对于 DPPM 数据经常满足不了标准的,或出现重大质量问题的,则由认证部门组织设计人员、工艺人员、质量管理人员以及订单人员进行专题调查,找出问题原因,提出改进对策。若是设计方案问题则要修改设计方案,若是供应商供货问题则要对供应商进行处理,处理方式包括罚款、质量整改、降级使用、取消供应商资格等。

5. 物料接收

物料接收涉及供应商、存储部门以及库房管理人员,因此要与相关部门和人员协调沟通。

(1)与供应商协调送货事宜。供应商的送货时间需要在订单人员与供应商沟通的过程中确定,否则会导致订单操作过程的混乱或供应商不能按时供货。

(2)与存储部门协调送货事宜。存储部门每天都会接收到大量的物料项目,其作业过程繁杂,包括卸货、验收入库、信息输入和处理、搬运、储位规划等。对于数量大、体积大的物料,可能会由于库房没有接收计划而遭到拒收,供应商送货人员或送货车辆需要等待,甚至会出现物料返回供应商处的不合理现象,所以一定要在接收货物前与存储部门协调好。

(3)物料接收入库。库房接收货物入库的作业环节包括:检查送货通知单信息是否完整(物料合同、品种、规格、数量等)、接收物料,检验送货单及装箱单信息是否一致,检查包装,检查对应合同,卸货,清点物料,搬运入库,填写入库单证,管理信息系统信息录入等。

三、违约处理

在采购合同履行的过程中,需要处理由于市场、供应商生产能力等方面的原因出现的各种供应商拒绝交货、不适当交货以及拒绝或迟交单证及资料等违约情况。作为采购员,该如何处理这些违约情况,使企业损失降到最小呢?

(一)判定违约情况

1. 拒绝交货

在供应商拒绝交货构成违约时,采购员可采取以下办法处理并追究供应商的违约责任,见表6-14。

表 6-14　　　　　　　　　　　　　拒绝交货的处理方法

处理方法	具体操作说明
继续履行	发生供应商拒绝交货的情况时,在企业不受损失的情况下,采购员可要求供应商继续交货,履行完采购合同规定的义务
更换或交付替代物	供应商所交货物或所交提货单证上记载的货物根本不是或实质上有别于合同项下的货物的,采购方可以要求供应商更换货物或交付符合约定的替代货物。更换货物或交付替代物实质上是继续履行的延伸,其适用的限制条件与继续履行相同
解除合同	供应商拒绝交货的,采购方可以以通知供应商的方式行使解除权以解除合同
赔偿损失	因供应商拒绝交货而使采购方遭受损失的,采购方有权按照合同约定要求供应商赔偿损失,并提出具体赔偿方案

2. 不适当交货

(1)判断是否为不适当交货。不适当交货的表现形式主要有 5 个方面,见表 6-15。采购员要牢记并随时留意供应商的交货情况,判断其是否有违约情况,以便及时处理。

表 6-15　　　　　　　　　　　　　不适当交货的表现形式

表现形式	具体情况说明
未在适当的时间交货	(1)提前交货 (2)延迟交货
未以适当的方式交货	(1)应一次交货却分批交货 (2)应分批交货却一次交货 (3)应安排快捷的运输方式却安排较慢的运输方式将货物交承运人运至采购方
未按约定的数量交货	供应商在交货期限届满时,向采购方少交或多交货物
供应商违反品质担保	供应商未按适当的质量要求向采购方交货,或者所交货物质量有瑕疵
未按适当包装交货	供应商所交货物未以适当的储运包装、保护性包装方式予以包装

(2)处理供应商的不适当交货。发生供应商不适当交货时,采购员可通过表 6-16 中所列的方式进行处理。

表 6-16　　　　　　　　　　　　　不适当交货的违约处理

不适当交货方式	具体处理办法
提前交货	(1)收取:收取供应商的提前交货,因此增加的费用支出可要求供应商赔偿 (2)拒收:采购方可拒绝提前收取,提前交货不损害采购方利益的除外
延迟交货	(1)收取:采购方收取货物,因此而遭受损害的可要求供应商赔偿 (2)拒收:迟延交货构成重大违约致使企业取得解除权的,采购方可拒收。因拒绝致使供应商未能完成交货的,应按拒绝交货追究供应商违约责任;延迟交货未构成重大违约的,采购方不得拒收,不得单方面行使解除权,合同另有约定的除外
未在适当地点交货	(1)收取:供应商未在适当的地点交货,采购方仍然收到货物,因此遭受损害或增加费用支出的,可要求供应商赔偿 (2)拒收:采购方拒收后,供应商将货物续运至适当的地点继续交货致使迟延交货的,按迟延交货承担违约责任;供应商坚持不将货物续运至适当的地点交付,而采购方也坚持拒收,致使交货未完成或不能完成的,供应商应按拒绝交货承担违约责任 (3)供应商虽未在适当地点交货,却并不损害采购方利益的,采购方不得拒绝收货

续表

不适当交货方式	具体处理办法
未以适当方式交货	(1)收取：采购方收取供应商未以适当方式交付的货物，因此遭受损害或增加费用和支出的，可要求供应商赔偿。供应商交货方式不当，致使企业的合同目的不能实现或严重受损的，采购方要求解除合同、拒绝接收货物，并可索赔 (2)在货物已被运送至采购方时，即使采购方可以拒绝接收货物，但仍应暂收货物并妥为保管，因此发生的费用应由供应商负担
少交	(1)供应商少交货物，采购方仍然收取所交的部分货物，因此增加费用和支出的，可要求供应商赔偿；供应商就少交部分的货物予以补足，但构成迟延交付的，就该迟延交付部分，采购方可以以迟延交货为由向供应商索赔。供应商就少交部分的货物未再交付的，采购方就该部分货物可以拒绝交货为由解除合同，或要求继续履行并赔偿 (2)供应商部分交货，不损害采购方利益的，不属违约，采购方既不能拒绝收取货物，也不能索赔
多交	(1)收取多交部分：采购方收取多交的部分货物，因此增加的费用和支出并且供应商因此避免损失的，可以要求供应商赔偿，赔偿额应以两者中较低的金额为宜 (2)拒绝多交部分：采购方可以拒绝接收多交的部分，但应及时通知供应商
违反品质担保	(1)供应商违反品质担保的，如货物必须由供应商予以修理，则可要求供应商修理并赔偿损失，或要求减少价款并赔偿损失；如货物由供应商以外的人修理更为合理，则采购方可要求供应商负担修理费用并赔偿损失，或要求减少价款并赔偿损失；如货物无法修理，则可以要求更换并赔偿损失，或者要求减少价款并赔偿损失 (2)供应商违反品质担保，致使采购方的合同目的不能实现或严重受损的，或者在采购方要求更换而拒不更换的，应按供应商拒绝交货追究违约责任
未按适当包装交货	(1)供应商未按适当的包装交货的，采购方可要求供应商更换包装并赔偿，或者要求降低价款并索赔 (2)供应商未按适当的包装交货，致使采购方的合同目的不能实现或严重受挫的，或导致货物损毁、减少却拒绝重新交货或补足数量的，应按供应商拒绝交货追究其违约责任

(二)违约处理的具体措施

综上所述，违约处理办法归纳起来包括继续履行合同、解除合同、退换货及索赔处理4种方式。如何具体操作也是采购员应该了解和掌握的内容，以减少本企业的损失。

1. 继续履行合同

在可以履行的情况下，违反合同的当事人无论是否已经承担赔偿金或违约金责任，对方当事人都有权利要求违约方按照合同约定履行其尚未履行的义务。

在采购过程中，如果发生供应商违约的情况，在企业不受损失的情况下，采购员可要求供应商继续交货，履行完采购合同中规定的义务。但以下情况不能要求供应商继续履行合同：

(1)供应商在法律上或事实上不能交货，或者交货费用过高。

(2)合同中有约定：供应商不在某一时间之前交货，采购方就将解除合同，或者采购方在催告供应商交货的通知中声明，若供应商在宽限期内仍不交货，采购方就将解除合同并索赔。

2. 解除合同

解除合同作为违约处理的一种办法，是指供应商违约后，采购方直接依照法律规定或合同约定，单方面通知供应商，使合同提前终止的情形。

(1)取得解约权

解约权的取得条件包括以下几方面：

①供应商的违约后果严重,致使合同不能实现。

②供应商一方迟延履行主要债务,经催告后在合理期限内仍未履行,或者明确表示(或以其行为表明)将仍不履行或不能在合理期限内履行。

③供应商逾期重大违约。

④供应商约定或法律规定的其他可据以产生解约权的违约行为。

(2)解约处理

①采购企业行使解约权时,应当自通知到达供应商时解除。采购企业主张解除合同,却未在解约期内向供应商发出通知,或虽发出通知,但通知未在解约期限内到达对方的,合同不能解除。

②采购方行使解约权时,若因供应商拒绝交货而构成违约的,采购员在执行的过程中应注意以下4点内容：

- 因供应商拒绝交付主物而解除合同的,解除合同的效力及于从物。
- 因供应商拒绝交付从物而解除合同的,解除合同的效力不及于主物。
- 数物买卖中,供应商拒绝交付一物的,采购方可以就该物解除合同,但该物与他物分离使货物的价值明显受损害的,采购方可以就数物解除合同。
- 分批交货买卖中,供应商对其中一批拒绝交货的,采购方可就该批及今后其他各批货物解除合同;采购方如果就其中一批货物解除合同,而该批货物与其他各批货物相互依存的,可以就已经交付和未交付的各种货物解除合同。

3. 退换货

退换货是指采购员依据采购合同规定的由于某些因素而把所购货品退给供应商或者与供应商调换的一种违约处理方式。

4. 索赔处理

在采购合同履行的过程中,若发生供应商违约的情况,如上文所述的拒绝交货、不适当交货及拒绝或迟交单证和资料等,给采购方造成经济损失的情况下,采购员可根据具体情况和合同约定向供应商提出索赔。

技能训练

索赔通知单

××公司：

本公司于　　年　　月　　日向贵公司采购之下货品,因□交期迟延□品质不良,造成本公司蒙受　　　元的损失,兹检附□损失计算表一份,□品质检验报告一份,□本公司客户索赔函复印件一份,连同原采购合同复印件一份,望贵公司给予谅察赔偿,其赔偿金额,敬请贵公司同意。

　　□以　　　个月期票支付
　　□由其他货款中扣除
　　□以现金支付
　　顺颂

商祺!

××股份有限公司
年　月　日

讨论:拟定一份索赔通知单。

复习思考题

1. 采购谈判有哪些主要内容？在实际谈判过程中应遵循的基本程序是什么？
2. 结合生活实际,谈谈怎样将谈判策略和技巧应用于实际。
3. 简述签订采购合同的程序。
4. 采购合同主要包括哪些内容？
5. 什么是违约责任？解决合同纠纷主要有哪些方法？

实践技能训练

1. 实训内容:采购谈判模拟实训。

2. 实训目的:通过实训使学生加深对采购谈判与采购合同管理部分的理解,能够根据人员情况进行团队合理分工,能够收集较为全面的供应商资料,能够根据谈判目标设计谈判策略并实施,学会制订采购谈判方案和起草采购合同,注重培养学生良好的职业素养。

3. 实训组织:将学生5~6人划分为一组,分别扮演采购方和供应方,阅读教师给定的情景资料,确定主谈、陪谈及相关角色,进行合理分工,明确责任范围,重要的是解决分工基础上的小组成员的全面合作问题。

4. 实训题目:

(1)搜集整理产品在东北地区的市场供需状况。

(2)在小组充分讨论的基础上,完成采购谈判方案书。

(3)假定一个谈判目标,进行模拟谈判,并根据谈判结果不断改进采购谈判方案书。

(4)模拟填写采购谈判方案书。

(5)小组商讨合同起草的步骤和合同起草的思路,根据谈判结果起草一份采购合同。

阅读案例

A 公司与非洲某国的采购谈判

非洲某国两年前开始对其国家某政府部门大批成套设备进行选择性招标采购，金额达几千万美元，投标方涉及英国、德国、南非及中国的十几个大公司。而各大公司各有优势，其中一些与该国家还有一定渊源。如德国以技术过硬、态度严谨、产品质量高而著称；而该非洲国家以前曾是英国的殖民地，历史渊源更深；南非公司与当地印巴人关系较好，而印巴人在政府中有一定的势力。在这种情况下，中国 A 公司准备参与竞争并积极做准备。

在正式谈判前，A 公司首先仔细分析了该国的历史背景和社会环境及谈判对手的特点。非洲国家历史上多为英属或法属殖民地，其法律程序较为完善，尤其是原英属殖民地国家，其法律属英美法系，条款细致而成熟，政府工作程序延续英国管理条例，部门分工很细，并相互牵制且配置一系列监察部门，监督各部门工作。

但非洲国家又有自己的一些特点，即当地有势力的部族与上层社会、政府部门有千丝万缕的关系，并熟悉当地法律、法规、习惯做法与禁忌，影响着政府部门的各利益集团的决策。如果能有效利用当地有势力的部族为中方的工作服务，即可以四两拨千斤，是达到目的的有效途径。另外，该国存在不同的民族，信仰不同的宗教，在谈判前一定要弄清其宗教派系，避免涉及其禁忌的话题。

在分析谈判对手后，A 公司决定一方面组织国内人员按正常程序准备投标文件、联系工厂并报价，一方面派出团组到当地进行商务谈判。

A 公司的人员配置为：公司总经理（副董事长）1 人、主谈 1 人、翻译 1 人、当地公司负责联络此事的代表 1 人。

此次派团组首先面见项目决策者，其最主要的目的，一是建立正面的联系，二是探询对方意图并尽可能多地掌握各方面情况，以便为下一步工作指明方向。到达该国后，A 公司通过正常渠道拜会了项目决策者。

A 公司出席人员为公司领导、主谈及翻译，对方出席人员为决策者、副手及秘书。见面后，A 公司领导说了开场白，回顾了中国与该非洲国家的传统友谊，追忆中国政治上支持其独立及经济上对其长期援助的历史，表明中方的态度：我们是一家人，要互相扶持，共同向前迈进，力图创造良好气氛以便提出要求。

接着主谈开始跟项目决策者及其副手谈 A 公司对于此项目的兴趣、A 公司的实力、产品的质量及价格优势。对方是非洲上层社会的人，受过良好的教育，语速适中、声音平和，英文良好而且很注重礼仪，即便在 40℃ 的高温下，他们见客人都是西装革履。对方的态度很友好，但语气很含糊，只说会按程序办事，应允会把中国公司作为有资格中标的公司之一来考虑。

领导的拜会，结果是积极的，首先接触的目的基本达到，建立了正面的联系，了解到一些情况。领导安排好公关相关事宜后，留下其他人员继续工作，自己先行回国。

其他人员依计划工作期间，领导不再露面，但并不是不再关注此事，逢该国重大节日，以及对方人事的变动，领导都会发传真祝贺，通过贺电也向对方传递一些中国经济形势的信息，如国内人民币升值压力有可能导致价格的变动，从而造成我们价格优势减弱的可能性，以敦促对方尽快推进此事进程等。

而A公司当地的联系人及代理不断将谈判对方以及竞争者的消息传递给A公司，以便A公司及时掌握对方的第一手资料。A公司留在该国继续工作的人员及当地联系人通过消息灵通人士了解到某部族酋长在当地很有势力，与政府部门关系很密切，于是花了一段时间与之接触并建立了基于互相信任基础上的良好私人关系。

通过一次次与相关部门的接触和侧面的工作，A公司逐渐浮出水面。这期间有的竞争者采取报低价，这些活动虽给A公司的工作进程造成了一定的影响，甚至阶段性阻滞，但不同的利益集团与派别之间的斗争使他们不堪重负。这对A公司很有利。

A公司眼看时机成熟了，就通过代理穿针引线，顺利地获得选择招标的订单并获得对方政府的正式邀请与其公开正式就合同细节问题展开谈判。此时，公司领导再次出访与对方直接面谈，最终获得了此项目。

项目 7
采购价格与成本管理

知识目标

1. 了解采购价格的含义和采购价格的种类；
2. 掌握供应商定价的方法；
3. 重点掌握采购成本的构成；
4. 重点掌握采购成本的控制方法。

技能目标

1. 能够掌握供应商的定价方法；
2. 能够通过商品成本分析来降低采购成本；
3. 能够正确地进行询价、议价。

素质目标

1. 培养客观公正的处事原则，切实做好成本控制工作；
2. 克服急功近利思想，养成求真务实的工作作风；
3. 培养优化意识和优化思维。

思维导图

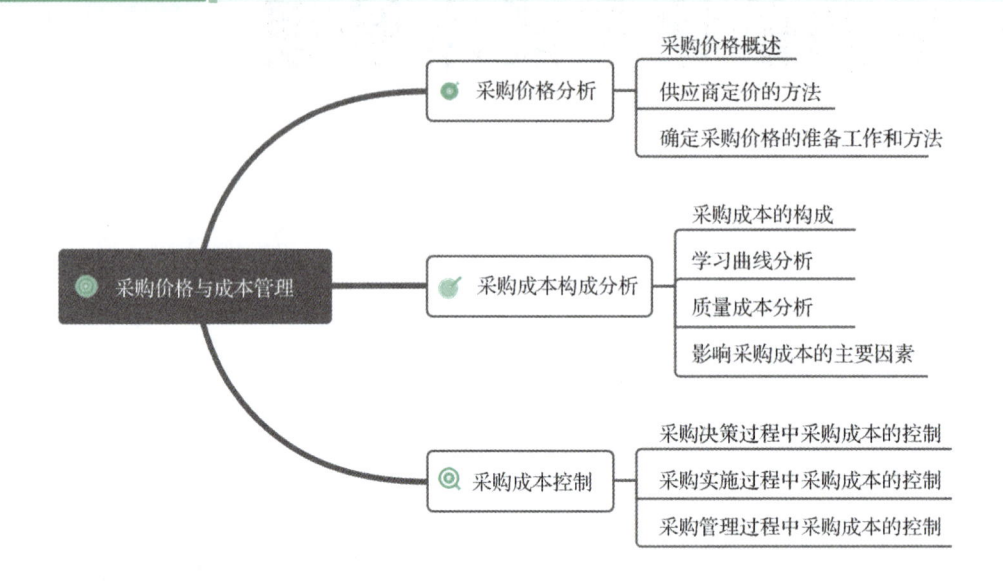

- 采购价格与成本管理
  - 采购价格分析
    - 采购价格概述
    - 供应商定价的方法
    - 确定采购价格的准备工作和方法
  - 采购成本构成分析
    - 采购成本的构成
    - 学习曲线分析
    - 质量成本分析
    - 影响采购成本的主要因素
  - 采购成本控制
    - 采购决策过程中采购成本的控制
    - 采购实施过程中采购成本的控制
    - 采购管理过程中采购成本的控制

任务描述

长安汽车明确提出了在采购成本管理中必须坚持公开透明的原则,通过实施"阳光工程",摒弃了"关系户"的做法,制定了规范化的采购定价流程,为供应商营造了一个公平竞争的环境,有力地促进了供应商之间的良性竞争。

首先,在组织机构和管理制度上打破部门职能界限,组成管理团队。长安汽车专门成立了一个由财务部门牵头、相关部门共同参与的采购成本管理团队,主要职责是制定成本控制的总体目标、战略措施、成本控制计划,审定采购价格并对采购过程行使协调和监督职能,建立了10项采购管理规章制度,规范了18个采购管理操作流程。

其次,建立参考成本体系。长安汽车的参考成本体系是一套建立在产品六大模块和统计分析基础上的行业平均价格体系,它体现了行业的平均价格状况,不仅使主机厂在确定目标成本时有了比较客观的衡量基准,有效消除了定价过程中的扯皮现象,还使供应商清醒地认识到自己在行业中的差距,采取各种手段努力降低产品成本。

在确定采购价格管理的方法上,长安汽车采用目标价格管理法,确定了面向市场的整车目标售价和零部件的目标采购价格,规范了新车型自主研发过程中采购成本的管理流程。

长安汽车针对新车型的目标价格管理是在市场调研的基础上,经过反复论证确定产品的目标售价。目标售价减去主机厂的各项费用、税金和目标利润,得到单车采购总价。将单车采购总价与参考车型零部件的价格系数相乘即得到各零部件的目标初估价。将新车型与参考样车进行横向比较分析,根据材料、结构、工艺、加工难度等因素制定对应零部件的技术难度系数,再利用技术难度系数对目标初估价进行修正,得到目标修正价。累计所有零部件的目标修正价得到单车采购修正总价。比较单车采购总价与单车采购修正总价，然后采用价值工程技术，对零部件进行优化设计，重新计算其价格，直到消除差额，最终确定零部件的目标采购价。

同时，长安汽车建立规范化的运行保障机制，包括：

1. 监控预警机制

长安汽车建立了一套成本控制的监控预警系统，由财务部、市场部及相关部门共同执行预警任务。监控预警的准则是参考成本体系和目标成本体系，在成本控制的事前、事中及事后，对3种管理方法进行动态实时监控。当零部件价格或设计变更成本超过目标价时，将通过信息化平台向有关部门发出预警信息。

2. 透明采购机制

● 实施"阳光工程"，规范运作流程。为了在主机厂和供应商之间建立一种共赢关系，长安汽车对价格管理流程进行了再造，再造后的价格管理流程的特点是：先定价后布点，采用目标价格法定价，多个部门共同参与定价并监督价格制定过程。严格遵循流程规范，取消暗箱操作，招标信息化和过程公开化。采购过程实现透明化，最大限度地减少价格管理中的人为因素和随意性。

● 采购定价追溯责任制。价格管理人员无论现在和以后是否在价格管理岗位，都要对制定的零部件价格负责，实现了零部件价格管理的追溯性。这样，就可以有效地提高价格管理人员的责任心，避免采购过程中的腐败现象。

3. 供应商动态管理机制

长安汽车建立的供应商动态管理体系，包括主机厂对供应商的选择、数量的确定、资质的审查、能力的评估、招议标中供应商的综合实力比较、主次供应商的确定、利润比例的商定以及供货历史的分析等。其主要采取的措施有：一是定期考核，有进有出；二是扶优扶强，长期合作；三是减少供应商的数量；四是建立供应商备用资源库。

任务分析

企业要进行生产经营活动，就不可避免地要采购原材料，发生采购成本。从长安汽车的案例中，我们看到其控制采购成本的决心。一方面，长安汽车建立了采购管理的基本制度，规范了采购管理的流程；另一方面，确定了采购价格管理的方法，明确利用目标价格管理法确定面向市场的整车目标售价和零部件的目标采购价格；同时也进一步强化采购管理规范化的运行保障系统，特别是在采购成本管理中，其通过对采购成本的各个组成部分进行分析，找到了适合本企业降低采购成本的途径，进而达到提高整个企业经济效益的目的。

所以，成本分析和控制是企业采购管理的重点工作之一。掌握采购成本结构分析并依此判断供应价格的合理性有助于提高管理水平并降低总体成本。结合以上长安汽车的实际情况，企业在这一环节的任务如下：

任务1：采购价格分析。

任务2：采购成本构成分析。

任务3：采购成本控制。

任务1　采购价格分析

企业的根本目的是追求利润的最大化,所以在确保其他条件不变的情况下,最大限度地降低采购成本,将直接增加企业的总利润,为企业赢得竞争优势。因此,采购价格分析是采购管理的一项重要工作。

一、采购价格概述

(一)采购价格的含义

价格是影响采购成败的重要因素。做好采购价格管理,以较低的价格购买品质优良的物料,是采购管理的一项重要工作。商品的价格是价值的货币表现,它综合反映了商品的质量、款式、服务、性能、结算条件、运输条件等,是买卖双方关心的"焦点"。在传统采购中,卖方想尽可能地卖出好价钱,以便取得较高的利润;买方想尽可能地压低价格,减少采购费用的支出,降低采购成本。所以采购价格是指企业在进行采购作业时,通过某种方式与供应商之间确定的所需物品和服务的价格。

(二)采购价格的种类

根据不同的交易条件,采购价格可分为不同的种类。一般来说,有送达价、出厂价、现金价、期票价、净价、毛价、现货价、合约价和实价等。

1. 送达价

送达价是指供应商的报价中包含负责将商品送达采购方的仓库或指定地点的过程中所发生的各项费用。以国际而言,即到岸价加上运费(包括从出口厂商所在地至港口的运费)和货物抵达买方之前的一切运输保险费,此外还有进口关税、银行费用、利息以及报关费等。这通常由国内的代理商以人民币报价的方式(形同国内采购)向外国原厂进口货品后,售予买方,一切进口手续皆由代理商办理。

2. 出厂价

出厂价指供应商的报价不包括运送费用,即由采购方雇佣运输工具,前往供应商的仓库提货。这种情形通常出现在采购方拥有运输工具或供应商附加的运费偏高时,或当市场为卖方市场时,供应商不再提供免费的运送服务。

3. 现金价

现金价指以现金或相等的方式支付货款。但是"一手交钱,一手交货"的方式并不多见,按零售行业的习惯,月初送货、月中付款,或月底送货、下月中付款,即视同现金交易,并不加计延迟付款的利息。现金价可使供应商免除交易风险,采购方亦享受现金折扣。

4. 期票价

期票价指采购方以期票或延期付款的方式采购商品,通常采购方会加计延迟付款期间的利息于售价中。如果卖方希望取得现金,则加计的利息会超过以银行现行利率计算的利息,以使采购商舍弃期票价取现金价。另外,从现金价加计利息变成期票价,可以用贴现的方式计算价格。

5. 净价

净价指供应商实际收到的货款,不再支付任何交易过程中的费用。这点在供应商的报价单条款中通常会注明。

6. 毛价

毛价指供应商的报价,可以因为某些因素加以折让。例如,供应商会因为采购方采购金额较大,而给予其一定的折扣。

7. 现货价

现货价指每次交易时,由供需双方重新议定价格,即使签订买卖合约亦以完成交易后即告终止。现货价可以让买卖双方按当时的行情进行交易,不必承担以后价格可能发生巨幅波动的风险或困扰。

8. 合约价

合约价指买卖双方按照事先议定的价格进行交易。合约价涵盖的期间依契约而定,短的几个月,长的一两年。由于价格议定在先,经常造成与时价或现货价的差异,使买卖时发生利害冲突,因此,合约价必须有客观的计价方式或定期修订,才能使双方维持公平、长久的买卖关系。

9. 实价

实价指采购方实际上所支付的价格。供应商为了达到促销的目的,经常提供各种优惠的条件给买方,这些优待都会使采购方的采购价格降低。

(三)影响采购价格的因素

价格对企业来说是十分重要的,是影响企业配置资源、销量、供给量的重要因素。

当价格降低、需求增加时,企业可能通过增加供给来获得利益。反过来,企业的投资计划直接依赖于相关产品的预期价格。在决定是否进行投资、制订投资计划时,企业必须对价格进行分析和判断。一旦做出决策、投资付诸实施,价格就会受到严格限制。因此,在计划阶段选择好的价格策略十分重要。

1. 采购商品的供需关系

当零售企业所采购的商品供过于求时,则采购方处于主动地位,通常可以获得最优惠的价格;当需要采购的商品为紧俏商品时,则供应方处于主动地位,价格可能会趁机被抬高。

2. 采购商品的品质

零售企业对采购商品的品质要求越高,采购价格就越高。采购人员应在保证物品品质的情况下追求价格最低。

3. 采购商品的数量

商品采购的单价与采购的数量成反比。供应商为了谋求大批量销售的利益,常采用价格折扣的促销策略。所谓价格折扣,是指当采购方采购数量达到一定值时,供应商适当降低商品单价。因此大批量、集中采购是一种降低采购价格的有效方法。

4. 交货条件

交货条件包括承运方的选择、运输方式的确定、交货期的缓急等。如果商品由采购方承运,则供应商会降低价格;反之,价格将提高。

5. 供应商成本

供应商所供应商品的成本是影响采购价格最根本、最直接的因素。任何企业的存在都是因为利润,任何产品的生产都是受到利益的驱动,供应商进行生产的目的是获得利润,因此商品的采购价格一般在供应商的成本之上,两者之差即为供应商的利润。供应商的成本是采购价格的底线。

当然,尽管价格是采购中一个非常重要的因素,应予以重视,但也不能过分重视价格,而忽略其他采购因素,如商品的质量、交货条件、运输、包装、服务、付款等因素。因此,在具体的采购作业阶段,应当注意要使所采购的商品在适当的品质、数量、交货条件及其他有关条件下,做到采购价格最低。

思政园地

"诚信者,天下之结也"

山西灵石王家人王实做事实实在在。他做的豆腐真材实料,鲜嫩可口,白中透黄,气纯味正,无论凉拌、热炒全都成丁成块,水分一定,形体一定,不会轻易碎裂。王实在卖豆腐时,有一次,因为疏忽买来了变质的黄豆作为原料,发现后便以双倍的价格赔偿这批豆腐的买家,并向大家深深致歉,王家家族数百年来长盛不衰与其后人忠厚诚实的为人作风密切相关。

启示:管仲说过,"诚信者,天下之结也。"意思是讲诚信,是天下行为准则的关键。为人、做事、经商也是如此。采购人员要讲诚信,要在保证物品品质的情况下追求效益,这样才能取得社会的信任。

二、供应商定价的方法

(一)成本导向定价法

1. 总成本加成定价法

这是供应商常用的定价法,它以成本为依据,在产品单位成本的基础上加上一定比例的利润。该方法的特点是成本与价格直接挂钩,但忽视了市场竞争的影响,也不考虑采购商(或客户)的需要。由于其简单、直接,又能保证供应商获取一定比例的利润,因而许多供应商都倾向于使用这种定价方法。

例如,已知单位产品成本为20元,利润率为20%,则价格=20×(1+20%)=24元。

像所有根据成本定价的策略一样,有观点认为,成本加成定价法的出发点是错误的,因为对管理人员来说,更为重要的是,首先要找到产品能够出售的最高价。然后反过来看一看,在哪一价格下,才能获得足够的利润。

在实际中,利用成本加成定价法的企业都要考虑需求的影响。如果不考虑这一点,企业将难以维持长久。

2. 盈亏平衡定价法

盈亏平衡定价法是在销量既定的条件下,确定企业盈亏平衡、收支相抵时的价格,如图 7-1 所示。既定的销量称为盈亏平衡点。

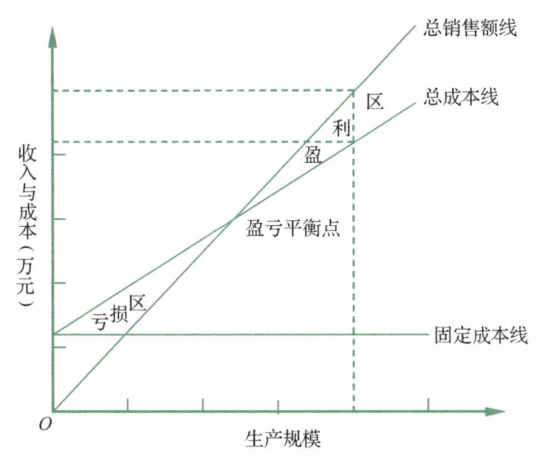

图 7-1 盈亏平衡分析

盈亏平衡定价法须科学预测销量并已知固定成本和变动成本。变动成本是随着产品的产量增减而相应提高或降低的费用,包括原材料、耗能等,而固定成本则是在一定时期内保持稳定,不随产品产量的增减而变化的成本,包括管理费用、设备折旧等。

当盈亏平衡时,销售收入=生产成本,即

价格(P)×销量(Q)=固定总成本(FC)+单位变动成本(VC)×销量(Q)

因此

盈亏平衡点价格(P)=固定总成本(FC)÷销量(Q)+单位变动成本(VC)

盈亏平衡点价格作为价格的最低限度,加上单位产品目标利润后可作为最终市场价格。出现价格竞争或供过于求的市场情况时,采购方可以采用这种定价方式选择具备竞争优势的供应商。

(二)竞争导向定价法

1. 随行就市定价法

随行就市定价法是指将某产品价格保持在市场平均价格水平上获得平均报酬。在完全竞争的环境里,供应商通过对市场的无数次试探,相互之间取得一种默契而将价格保持在一定的水准上;在垄断竞争的市场条件下,行业内少数几家大的供应商首先定价,其他供应商参考定价或追随定价。

2. 投标定价法

投标定价法是由采购商公开招标,参与投标的企业事先根据招标公告的内容密封报价、参与竞争。密封价格是由供应商根据竞争对手可能提出的价格以及自身所期望的利润所定,通常中标者是报价最低的供应商。

(三)采购商理解定价法

这是一种以市场的承受力以及采购商对产品价值的理解程度作为定价基本依据的定

价方法,常用于消费品尤其是名牌产品,也可以依据采购方能够接受的价格范围,逆向制定产品的销售价格。

三、确定采购价格的准备工作和方法

(一)确定采购价格的准备工作

决定适当的采购目标,在于确保所购物资的成本,以期取得有利的竞争地位。所以确定采购价格应该做好采购价格的调查、供应商的折扣策略调查、价值分析等几项工作。

1. 采购价格调查

在大型企业里,原材料种类繁多,受客观条件的限制,要做好采购价格的调查并不容易。所以企业要了解帕累托定律的"重要的少数":就是通常数量上仅占20%的原材料,而其价值却占总体价值的70%~80%。如果企业能掌握住"重要的少数",那么,就可以达到控制采购成本的目的,这就是重点管理法。根据实际经验,一般可以将下列6大项目列为主要的采购价格的调查范围:

(1)主要原材料,其价值占总体价值的70%~80%。

(2)常用材料、器材属于大量采购项目的。

(3)性能比较特殊的材料、器材(包括主要零配件),一旦供应脱节,可能导致生产中断的。

(4)突发事件需要紧急采购的。

(5)波动性物资、器材。

(6)计划外资本支出、设备器材的采购,数量巨大,影响经济效益深远的。

2. 供应商的折扣策略调查

在市场中,买卖双方既有合作,也有竞争,企业采购部门为了做好采购工作,必须对供应商有所了解,特别是了解供应商的折扣策略。折扣策略是先定出一个基价,然后再给予一定的折扣来吸引客户购买的策略。常见的折扣策略有以下几种:

(1)现金折扣

现金折扣是一种鼓励购买者快速支付账款的价格削减。现金折扣的期限在净期限内变更。例如,货款须在一个月内付清,如客户在10天内付款,则给予3%的现金折扣。采购部门在货款结算时,若企业资金许可,可提前付款,以享受现金折扣。

(2)数量折扣

数量折扣是卖方为鼓励客户大量购买而采取的一种折扣策略。例如,一次购买1 000单位以下者,单价为20元,购买1 000单位以上者,单价为18元。采购部门应把数量折扣和经济进货批量等综合起来考虑,以便降低总费用。但若数量折扣的进货批量大于经济进货批量,会导致库存费用增加,因此要综合分析。

(3)季节折扣

许多消费品都具有季节性,相应的原材料和零部件的供应价格也随着季节的变化而上下波动。企业在消费淡季时向供应商下订单往往能拿到较低的价格。

(4)推广折扣

许多供应商为了推销产品、刺激消费、扩大市场份额或推广新产品、降低市场进入障碍，往往采取各种推广手段在一定的时期内降价促销。有策略性地利用推广折扣是降低采购成本的一种手法。

(5)提供部分退款

部分退款，即销售结束后，偿还部分货款给买方。有时，退款部分可能是非常巨大的。部分退款是一种让供应商确信最终买家实际上得到了价格削减的方法。如果退款金额只是从中间商处理的价格中开出，他们可能不会把结余部分传递给最终买家。

3. 价值分析

一般来说，"优质高价、劣质低价、质价相称"，质量高、成本高、价格高。正确选购物资，是企业合理使用物资、降低产品成本的先决条件，要做到正确地选购物资，就必须对所要采购的物资进行价值分析。

所谓价值分析，指的就是通过集体智慧和有组织的活动对产品或服务进行功能分析，使目标以最低的总成本(生命周期成本)，可靠地实现产品或服务的必要功能，从而提高产品或服务的价值。价值分析的主要思想是通过对选定研究对象的功能及费用进行分析，提高研究对象的价值。这里的价值，指的是费用支出与获得之间的比例，用公式表达如下

$$价值 = 功能/成本$$

从上式可知，要使价值高，在功能一定时，成本要低；或在成本一定时，功能要大。不能单纯认为成本越低越好或功能越大越好，即并不是价格越低越好，也不是性能越高越好。价值分析与一般降低成本方法的比较见表7-1。

表7-1　　　　　　　价值分析与一般降低成本方法的比较

价值分析方法	一般降低成本方法
以功能为中心 注重功能性研究/设计构想 团队组织共同努力、共同设计 通过团队任务编组与分工发挥整体配合优势 可以获得明显的成本降低	以采购品或材料为中心 以成本分析为中心，节约采购成本 以采购本位为主，情报及创意不定 因本位观念太重，造成力不从心 降低目标不易明确

(二)确定采购价格的方法

1. 询价采购法

询价采购法就是采购者向选定的若干供应商发出询价函，让供应商报价，然后根据各个供应商的报价而选定供应商的方法。询价方式可分为口头询价和书面询价两种。

(1)口头询价：采购人员通过电话或当面向供应商说明所需物料的品名、规格、单位、数量、交货期限、交货地点、付款等内容，要求供应商报价。

(2)书面询价：使用传真机或电脑将询价单发送给供应商，要求供应商报价。

2. 招标决定法

招标决定法是指通过招标竞争，而选择最有利的供应商的方法。这种方法是买方确定价格的重要方式，其优点在于公平合理。

3. 协商合理利润法

为避免供应商在处于优势竞争情况下抬高价格，采购人员可与供应商进行协议，为供应商留有合理的利润空间，在供应成本和利润的基础上，确定采购的价格。

技能训练

某公司采购经理要为公司购买3台大型计算机,共有4家厂商可以提供货源,但价格各不相同。厂商甲、乙、丙、丁的价格分别为120万元、100万元、130万元、150万元,它们每年所消耗的维修和保养费用分别为10万元、20万元、8万元和5万元。假设生命周期为6年,根据价值分析确定该经理会购买哪家的产品。

任务2 采购成本构成分析

成本是产品价值的货币表现,包括生产过程中所消耗的生产资料价值和劳动者劳动报酬。每个企业都必须把所消耗的资源补偿回来,以保证生产不间断地进行下去。成本是价格形成的最低界限。本项目的任务描述中,长安汽车的采购人员从成本管理的全局出发,从市场调研开始,分析半成品与产成品的价格关系,最终确定目标采购价格。

分析采购成本就是了解采购成本的构成、影响因素,以及认识并发现采购的隐性成本,进而走出采购成本的管理误区。

一、采购成本的构成

采购成本是指企业在生产经营过程中,因采购活动而发生的相关费用,即在采购过程中的购买、包装、运输、装卸、存储等环节所支出的人力、物力、财力等货币形态的总和。

在采购活动中,采购成本主要由购入成本、订货成本、存储成本以及缺货成本四部分构成。

(一)购入成本

某项物品的购入成本始终要以进入仓库时的成本来计算。对于外购物品来说,单位外购成本应包括购价和运费。

(二)订货成本

订货成本是指企业向外部供应商发出采购订单的成本,是企业为了实现一次购买活动所支出的各种费用。订购成本中有一部分与购买次数无关,如常设购买机构的基本开支等,称为购买的固定成本;另一部分与购买的次数有关,如差旅费、通信费等,称为购买的变动成本。更详细地说,商品的购买成本包括以下几个方面:

(1)请购手续成本,包括请购所花的人工费用、购买事务用品费用、主管及有关部门的审查费用。

(2)采购成本,包括估价、询价、比价、议价、采购、通信联络、购买事务用品等所花的费用。

(3)进货验收成本,包括检验人员办理验收手续所花费的人工费用、交通费用、检验仪器仪表费用等。

(4)进库成本,包括物料搬运所花费的成本。

(5)其他成本,包括如会计入账、支付款项等所花费的成本,检查库存水平的成本等。

(三)存储成本

存储成本通常也叫持有成本,是指企业为存储物料所花费的成本。

物料存储成本由多方面组成,主要包括:

1. 资金成本

资金成本反映企业失去的盈利能力或时间、机会成本。物料的存储需要资金的投入,投入的资金丧失其他有效使用这笔资金的机会。

2. 保险费用

保险费用一般是根据风险的评估或承担风险的程度直接征收的。风险的评估或承担风险的程度取决于物料和存储设施这两方面的性质。例如,容易被偷的高价值物料以及易燃的危害性物料将会导致相对较高的保险费用。保险费用还受到存储设施内的预防措施的影响。

3. 陈旧成本

陈旧成本指存储中的物料耗损并且又得不到保险的补偿,这笔费用的计算是根据过去的经验确定的。例如,物料容易发生品质变异、破损、报废、被盗、价值下跌等,这些都应计入物料存储成本中。

4. 储存成本

物料的储存数量增加,储存成本也会增加,其中搬运和仓储成本的增加是主要的。仓库的租金、仓库的各种管理费用(如保安、消防、维修、盘点等)都是储存成本。

5. 税金

当物料被存储在仓库中的时候,许多国家把存货列入应交税的财产,因此,存货越多,税金也越高。在一般情况下,税金是根据一年内某个特定日的存货水平或某一段时期内的平均存货水平征收的。有些地方对存货税金不作任何评估。

物料存储成本构成见表 7-2。

表 7-2　　物料存储成本构成

要素	平均值(%)	范围(%)
资金成本	15.00	8~40
税金	1.00	0.5~2
保险费用	0.05	0~2
陈旧成本	1.20	0.5~2
储存成本	2.00	0~4
合计	19.25	9~50

(四)缺货成本

物料成本中的缺货成本是指因没有持有物料或采购供应不及时,而造成的物料短缺,以致影响生产进度所引起的成本,如停工待料、有了物料之后的加班、生产计划的变动、信誉的损失、延迟交货、失销、失去客户以及为了不至于短缺带来的安全存货等成本。

1. 延期交货成本

延期交货有两种形式：一是缺货可以在下次规划订货中得到补充；二是加急订货、延期交货。

如果延期交货属于第一种形式，企业实际上没有什么损失。但如果经常延期交货，客户可能就会转向其他企业。

如果延期交货属于第二种形式，那么就会发生特殊订单处理和送货费用。对于延期交货的特殊订单处理费用相对于普通处理费用要高。由于延期交货经常是小规模装运，送货费率相对要高，而且延期交货可能需要长距离运输，另外，可能需要利用快速、昂贵的运输方式运送延期交付的货物，因此，延期交货成本可根据额外订单处理费用和额外运费来计算。

2. 失销成本

由于缺货而没有及时向客户交货时，尽管一些客户可以允许延期交货，但仍会有一些客户转向其他企业订货。在这种情况下，缺货就导致了失销。

失销对于企业的损失主要包括以下几部分：直接损失、机会损失和失去客户的损失。

（1）直接损失。直接损失即失去这种产品销售机会的利润损失，可以通过计算这种产品的利润乘上客户的订货数量来确定。但有时客户的订货数量很难确定，例如，许多客户习惯电话订货，在这种情况下，客户只是询问是否有货，而未指出要订货多少，如果这种产品没货，那么客户就不会说明需要多少，对方也就不会知道损失的总量。

（2）机会损失。当初负责这笔业务的销售人员的人力、精力浪费，就是机会损失。

（3）失去客户的损失。如果失去了客户，企业也就失去了未来一系列收入，这种缺货造成的损失很难估计，需要用管理科学的技术以及市场营销研究方法来分析和计算。除了利润损失，还有由于缺货造成的信誉损失。信誉的度量，在物料成本控制中常被忽略，但它对未来销售及企业经营活动非常重要。

二、学习曲线分析

（一）学习曲线的含义

学习曲线是分析采购成本、实施采购降价的一个重要手段和工具。学习曲线是在飞机制造业中首先发现的，是利用数据和资料为企业经营管理工作提供预测和决策依据的一种方法，是引起非线性成本的一个重要原因。美国康乃尔大学的商特博士总结飞机制造经验而得出了学习曲线规律，认为每当飞机的产量积累增加1倍时，平均单位工时就下降约20%，即下降到产量加倍前的80%。商特将累计平均工时与产量的函数称为学习曲线。

这种学习效益是指某产品在投产的初期由于经验不足，产品质量保证、生产维护等需要较多的精力投入以致带来较高的成本，随着累计产量的增加，管理渐趋成熟，所需的人、财、物逐渐减少，工人越来越熟练，质量越来越稳定，前期生产期间的各种改进逐步见效，因此成本不断降低。其原因可以归纳为：

（1）随着生产经验的丰富，提高了操作人员的操作速度。

（2）降低了报废率和更正率。

(3)改进了操作程序。

(4)因生产经验带来模具设计的改进。

(5)价值工程和价值分析的应用。

如果在履行购买合同期间,供应商考虑了学习曲线的影响,而采购企业没有考虑学习曲线,那么供应商就会从学习曲线中谋取利益。如果采购企业也考虑了学习曲线,则可以和供应商讨价还价,获取这部分利润。而且通过分析学习曲线,也可以理解采购企业从少数供应商处购买大量产品的原因,精明的采购企业都知道,如果供应商产量增加,由于学习曲线的存在,它们可以获得相对较低的购买价格。

(二)学习曲线的模型

学习曲线反映了累计产量的变化对单位成本的影响。累计产量的变化率与单位工时或成本的变化率之间保持一定的比例关系,即随着累计产量的增加,平均成本递减,如图 7-2 所示。学习曲线对于成本的确定、目标管理和谈判都有很大的启示作用。

以一条 90%的学习曲线为例,改进是成对数关系的。每当产量翻番的时候,单位产品所需的劳动时间下降到原始时间的 90%。假设我们希望购买 800 件高度劳动密集型的、价格昂贵的产品,这些产品将由一群工人耗费两年的时间生产完成。如果第 100 件产品的生产耗费了 1 000 h 的劳动时间,根据 90%的学习曲线,生产第 200 件产品所需的劳动时间下降到 900 h,而生产第 400 件产品所需的劳动时间将下降到 810 h(900 h 的 90%)。

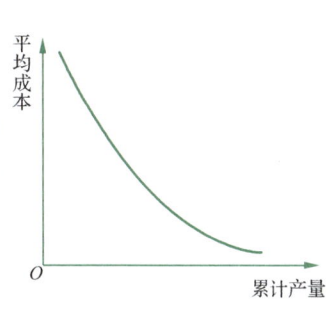

图 7-2 学习曲线

(三)学习曲线的应用

应用学习曲线首先要满足两个基本假设:一是生产过程确实存在着学习曲线现象;二是学习曲线的可预测性,即学习曲线是有规律的。除此之外,学习曲线是否可以应用还要考虑以下几个因素:

(1)学习曲线只适用于大批量生产企业的长期战略决策,而对短期战略决策的影响不明显。

(2)学习曲线要求企业经营者充分了解企业内外的情况,敢于坚持降低成本的各项有效措施。

(3)学习曲线和产品更新方面既有联系又有矛盾,应处理好二者的关系。不能片面认为只要产量持续增长,成本就一定会下降,销售额和利润额就一定会增加。如果企业忽略了资源市场、顾客爱好等方面的情况,就难免会出现产品滞销、积压以致停产的局面。

(4)劳动力保持稳定,不断革新生产技术和改革设备。

(5)学习曲线适用于企业规模经济阶段,当企业规模过大或出现规模不经济的现象,学习曲线的规律便不复存在。

三、质量成本分析

质量成本是指采购人员审核供应商成本结构、降低采购成本所应看到的另一个方面。目前质量成本尚无统一的定义，其基本含义是指工业企业针对某项产品或者某类产品因产品质量、服务质量或工作质量不符合要求而导致的成本增加，其实质意义是不合格成本，主要包括退货成本、返工成本、停机成本、维修服务成本、延误成本、仓储报废成本等。

（一）退货成本

退货成本是指在整体供应链（包括采购、生产、仓储、运输和销售过程）中任何环节出现不合格退货所发生的成本。

（二）返工成本

返工成本是指在采购、生产、仓储、运输和销售过程中由于产品或工作不符合要求而需要进行返工维修或检验所带来的成本增加，包括人工、材料、运输等费用。

（三）停机成本

停机成本是指因任何原因导致的设备停机、生产停线所造成的损失，包括设备因维护不善出现故障停机，因原材料供应不上导致停产，生产安排不合理导致生产线闲置等。

（四）维修服务成本

维修服务成本是指在产品卖出以后，由于产品质量、服务质量问题导致的在维修期内所发生的所有费用，如处理顾客投诉、维修产品、更换零部件等成本。

（五）延误成本

延误成本是指产品开发及交货延误导致的成本增加或损失，包括在产品开发过程中，因设计错误或设计延误导致人工损失、设备设施报废、产品进入市场时间推迟而造成的直接经济损失；在生产及交货过程中，因交货延误导致的理赔或失去市场等损失。

（六）仓储报废成本

仓储报废成本是指因产品换代、仓储时间过长、仓储条件不好等导致的原材料、零部件或成品报废。

四、影响采购成本的主要因素

影响采购成本的因素很多，包括采购次数、采购批量大小、采购价格的高低，同时还受企业采购战略、企业产品结构和采购谈判能力等方面的影响。但最重要和最直接的影响因素还是采购的批量、批次、价格和谈判能力。

（一）采购批量和采购批次

如同批发和零售的价格差距一样，商品采购的单价与采购的数量有关，通常采购的数量越大，采购的价格越低。因此，采购批量和采购批次是影响采购成本的主要因素。

（二）采购价格和谈判能力

企业在采购过程中谈判能力的强弱是影响采购价格高低的主要原因。不同商品在供应、需求等方面的要素不同,企业在实施采购谈判时,必须要分析所处市场的现行态势,有针对性地选取有效的谈判议价手法,以达到降低采购价格的目的。

技能训练

企业在产品运输过程中经常使用的装载器具是物流周转箱,但其大量的使用必定会带来成本的增加,如果企业在使用物流周转箱的时候能更加合理,那么就可以有效地降低采购成本。

企业想要降低物流周转箱的采购成本,首先要选择适合企业自身产品的物流周转箱,如塑料周转箱适合车间长期周转和一次性出口使用,金属周转箱适合汽车零部件行业的物流运输等。企业自身产品不同,那么在运输产品时选用的物流周转箱材质也不相同,企业不能盲目追求便宜而忽略物流周转箱与产品的适应性。

其次,是购买与租赁的抉择,企业一定要根据自身情况考虑,长期使用且量小的考虑购买;短期使用或者量大的,考虑租赁使用。

最后,就是按照正确的方法来使用,在往物流周转箱内放置货物的时候,一定要均匀放置,如果货物有比较尖锐的棱角,避免这些棱角直接压迫物流周转箱的底部,导致物流周转箱因受力不均匀而倾斜或破裂,甚至可能对物流周转箱内的货物造成损坏。此外,要把握好物流周转箱的最大承重和最大堆叠层数,适量适度使用。

讨论:如何正确使用物流周转箱,以达到降低成本的效果?

任务3 采购成本控制

采购成本控制,是物资采购始终贯穿于方方面面的准绳。采购过程中的每个环节、每个方面都要发生各种各样的费用,从采购管理的角度来看,采购部门的职责开始于获得请购单之前,并延续至填发订购单之后,所包括的一切与采购工作直接或间接相关的活动。因此,以企业整体而言,采购成本控制的优劣不仅关系到采购部门,还牵涉到其他部门能否相互配合协调。

所以,在采购过程中,应综合运用各种采购策略,使采购总费用最省。采购成本的控制主要体现在采购的决策过程、实施过程和管理过程三方面。

一、采购决策过程中采购成本的控制

采购决策过程中采购成本的控制,主要是在每次采购过程中,分析确定采购商品的数量、形式是否合适,采购活动是否达到了总成本最小。

(一)采购数量的控制

企业在生产经营过程中,需要购进大量原材料及零部件,这些物品的采购量应与企业生产经营规模相平衡。又因订货费与储存费存在着二律背反现象,要达到采购总成本最小,就需要确定一个经济的采购批量。如何确定一个合理的采购批量,这个问题将在本书

项目10库存控制方法中加以讨论。

(二)采购商品形式的控制

对于所需要的原材料或零部件,企业既可以购买又可以自己制造,企业应从经济效益出发,根据生产能力和成本决定是自制还是外购。

通过对采购决策过程的分析,可以使决策更加合理,使采购总成本达到最小,并使企业获得更多的效益,所以采购决策的分析应该是全过程的分析。表7-3是某单位电视机玻壳采购成本分析。

表7-3　　　　　　　　某单位电视机玻壳采购成本分析

项目	单价或单位费用(元)	该项目占总采购成本的比例(%)
玻壳采购价(发票价格)	37.2	54.31
运输费	5.97	8.72
保险费	1.96	2.86
运输代理	0.03	0.04
进口关税	2.05	2.99
流通过程费用	0.41	0.60
库存利息	0.97	1.42
仓储费用	0.92	1.34
退货包装等摊销	0.09	0.13
不合格品内部处理费用	0.43	0.63
不合格品退货费用	0.14	0.20
付款利息损失	0.53	0.77
玻壳开发成本摊销	6.20	9.05
供应商专用模具摊销	5.60	8.18
包装投资摊销	6.00	8.76
其他费用	0.00	0
合计	68.50	100

(资料来源:徐杰,鞠颂东.采购管理.机械工业出版社,2014)

二、采购实施过程中采购成本的控制

(一)选择适当的采购方式

采购方式是采购主体获取资源或物品、工程、服务的途径、形式与方法。前面曾述及采购方式有多种,划分方法也不尽相同,主要有:集中与分散采购、招标采购、电子商务采购、政府采购、JIT采购等。不同的采购方式对于降低采购成本方面贡献不同,这里以JIT采购和电子商务采购为例进行介绍。

1. JIT采购

JIT采购是一种准时化采购模式,可以最大限度地消除浪费,降低库存,甚至实现"零库存"。利用JIT采购可以在以下几方面降低采购成本:降低库存,减少库存成本;提高质量水平,降低质量成本;减少采购环节,降低订货成本;降低采购价格,减少材料成本。

2. 电子商务采购

随着互联网技术的普及和网络优势的凸显，电子商务达到了降低采购成本的目的，具体有以下几方面：发布公开信息，获得最低价；减少中间环节，降低交易成本；适时订购，降低库存成本；科学管理，减少损失。

（二）制定适当的底价

底价是采购方打算支付的最高采购价格，制定底价的过程是：确立采购规格，调查收集信息以及分析信息、估计价格。

1. 确立采购规格

确立采购规格不仅决定着物料品质，同时也影响交货日期、价格等。对于常用物料，有统一规格，可直接确定；对于非常用物料以及尚未统一规格的物料，使用单位或技术部门可参考有关标准自行设计；对于事先无法说明的物料，可提供样品作为采购物料的标准。

2. 调查收集信息

对于一般性物品，企业可通过报纸、杂志、市场调查资料、各著名工厂的价格、过去采购记录等多渠道收集采购价格方面的信息。对于专业性强、技术性高的物品企业可聘请专业人员进行评估。

3. 分析信息、估计价格

企业将采购市场调查所得的资料进行整理、分析，编制材料调查报告，并在此结果上，估计出所采购物品的价格。

（三）正确进行询价

采购人员制定完底价后，就可以联络供应商，向供应商进行询价了。询价包括以下几个步骤：编制询价文件，确定被询价对象以及发布询价通告。

1. 编制询价文件

询价文件是供应商进行报价的依据。一个完整正确的询价文件可以帮助供应商在最短的时间内，提出正确有效的报价。一个完整的询价文件至少应包括以下内容：

(1) 询价项目的品名和料号。
(2) 询价项目的数量。
(3) 询价项目的规格要求。
(4) 询价项目的品质要求。
(5) 询价项目的报价基础要求。
(6) 卖方的付款条件。
(7) 询价项目的交货期要求。
(8) 询价项目的包装要求。
(9) 运送地点与交货方式。
(10) 询价项目的售后服务与保证期限要求。
(11) 供应商的报价到期日。
(12) 保密协定的签署等。

2. 确定被询价对象

采购部门根据采购需求，制定被询价供应商的资格条件，对供应商的供货品种、信誉、售后服务网点等进行资格审查，然后根据资格条件以公平的方式确定被询价供应商的名单。一般选择三家以上的供应商作为被询价对象。

3. 发布询价通告

企业选择一定渠道，与供应商联络，并向这些供应商发布询价通知书。企业在发布询价通知书后，就会吸引供应商报价，为后面完成一系列报价、议价奠定基础。

（四）正确处理报价

采购人员在获得供应商的报价单后，就需要对其进行处理了。对报价单的处理一般需要以下几个步骤：

1. 审查报价单

采购部门在接到供应商的报价单后，对其所提供的产品质量、数量、价格以及交货时间等方面进行审查。

2. 分析评价报价单

采购部门在接到报价单后，对各供应商价格的高低、交货期的长短、付款条件的宽紧、交货地点是否合适等内容进行分析评价，以便选择恰当的供应商。

3. 确定成交供应商

采购部门在完成分析评价工作后，形成评价报告，确定成交的供应商，并将结果通知所有报价的供应商，包括未成交的供应商。

通过对供应商报价单的审查、分析，并与自己所制定的底价进行比较，确定出所选的供应商。至此报价处理完毕。

（五）成功进行议价

在采购活动中，议价是采购企业与供应商就共同关心但又存在分歧的问题进行商讨，以消除分歧、达成一致的过程。为保证议价的成功，一般需掌握以下技巧：

(1) 具备必胜的信心。
(2) 有耐心。
(3) 有诚意。
(4) 善于树立第一印象。
(5) 营造和谐气氛。
(6) 表达准确有效。
(7) 选择正确的拒绝方式。
(8) 以成本为中心而不是以价格为中心。

三、采购管理过程中采购成本的控制

对企业采购管理过程中的成本控制主要包括以下几个方面：合理划分采购管理权限；尽量减少紧急采购现象；严格控制采购费用；选择恰当的业务控制措施；实行规范、有效率的采购活动。

（一）合理划分采购管理权限

企业采购是采取集中管理还是分散管理，很大程度上取决于企业的整个经营管理体制。如果企业采用的是集中经营管理体制，那么，就有必要对采购进行集中管理。反之，如果企业强调分权和分级核算，则需进行分散管理。但是因为企业采购部门更了解市场情况，为了有效地组织采购业务，即使在分权管理体制的情况下，也需要某种形式上的集中管理。

通常集中采购的采购规模较大，可以获得供应商的价格折扣，降低采购成本；集中采购可以使物流过程合理化并降低物流成本。

（二）尽量减少紧急采购现象

企业进行紧急采购通常会使采购价格偏高，从而导致成本上升，给企业带来经济损失。采购部门应尽量控制紧急采购，并压低其采购数量。当然有些紧急采购，如设备发生突然故障、客户送来紧急订单等，是难以避免的，但多数的紧急采购是由于工作疏忽或计划不周造成的。

（三）严格控制采购费用

采购人员不应仅着眼于选购价格最低的材料，还应考虑质量等因素。了解材料的性能和用途以及它们在产品中的作用，并对其进行价值分析。应审核在不影响产品质量的前提下，是否可以通过改变材料、改进生产工序来降低成本。

（四）选择恰当的业务控制措施

在采购过程中，供货单位为了推销它们的产品，会利用多种手段去讨好采购人员。某些采购人员在得到好处后，会有意偏袒某些供货单位而无视企业的利益，购进企业不需要或质量低劣的材料，造成企业采购成本的上升。因此，企业应对采购人员规定严格的纪律制度，在平时的采购过程中定期进行检查。

（五）实行规范、有效率的采购活动

规范、有效率的采购活动既可以避免采购中出现采购数量、质量、时间、价格等方面的不合理现象，又可以保证企业生产经营的正常进行，达到降低成本的目的。

技能训练

某工厂采购一个零件，在钢圈中打六个洞，正常的生产成本是108元。后来双方技术人员进行沟通，在考虑指标要求后，供应商改变了设计工艺，先进行切割再焊接，使材料更充分利用，每一个零件的成本降低到58元。

一旦使用新的技术手段，对成本的影响会非常明显，如果采购人员对需要采购的产品有很深入的了解，精通产品工艺以及各项技术指标，了解不同的工艺制造过程中加工成本的变化，那么在采购成本控制中会发挥极大的优势。

讨论：采购人员应该在哪些方面加强对采购成本的控制？

复习思考题

1. 何谓采购成本？其包含哪些内容？影响采购成本的因素有哪些？
2. 购入成本、订货成本、存储成本以及缺货成本分别包括哪些费用？
3. 在采购决策、实施、管理过程中控制采购成本的途径有哪些？
4. 已知某汽车的供应商生产 A 产品，年固定成本为 200 万元，单位变动成本为 10 元，若已知其盈亏平衡点的销量是 50 万件，求其盈亏平衡点的价格。

实践技能训练

1. **实训内容**：采购成本控制。
2. **实训目的**：正确分析采购成本的构成；能够提出适当的采购策略。
3. **实训组织**：将学生分组，4～6 人为一组，确定职责。整理答案，提交实训报告。
4. **实训题目**：

背景资料：XYZ 公司准备购买一种新产品，已知学习曲线为 80%。买方下了 200 件的订单，收到的报价是 228 美元。买方计算的单位价格如下：

物料	90 美元
人工	50 美元（单位产品人工成本平均每小时 10 美元，共 5 小时）
管理费用	50 美元（假设是人工成本的 100%）
总成本	190 美元
利润	38 美元（以总成本的 20% 计算）
单位价格	228 美元

问题：如果买方再追加 600 件的订单，即总订货量为 800 件，则每单位产品的价格是多少？写出计算过程，并分析学习效应。

阅读案例

互联网＋医药：减少流通环节 降低采购成本

在"互联网＋"的席卷下，互联网已经渗透到医药行业的各个领域，医药企业和资本纷纷挖掘医药行业中这一巨大的增量市场。2015 年 7 月 30 日，试运营一个月的"国裕医药在线"在深圳正式上线，该平台是互联网医药 B2B 综合性批发采购平台，打通上游医药企业生产厂商/供应商与下游采购商，把线下的药品和医疗器械采购环节搬到网络平台，打破药品采购和流通模式，减少药品流通环节，降低采购成本。

"做药不触'网'，你都不好意思说了。"国裕医药在线 CEO 说，如今除了阿里巴巴、京东等第三方的医药平台外，医药企业自建的电商平台成为医药电商主流力量。有调查显示：70%的企业将网上药店业务作为公司的一个业务部门运营，10%的企业把网上药店作为公司的主营业务，实体药店为附属经营。

目前，医药企业的电商模式主要是B2C和O2O两个运营模式，前者使用户能够获得方便购药体验，通过自建网上药店或第三方医药平台，可快速查询、比价甚至咨询药品信息，实现线上购药、送药上门。随着《互联网药品交易服务资格证》A证、B证、C证审批权下放，医药电商的获准资格将不再成为限制，以B2C的模式可快速切入医药电商行业，开展网上药店业务。

而对于线下资源较为丰富的连锁药店而言，整合现有优势资源以及盘活线下网点资源将是拓展电商业务的关键，海王星辰、中联大药房等连锁药企探索的是O2O模式，用户可以在线上下单购药后，到最近的实体零售药店自行取药或选择物流配送，通常可在1个小时内完成配送。

医药和医疗行业一样，存在诸多的痛点，医药电商只要能解决其中的一个痛点，就能进行创业。国裕医药在线CEO说，药品不同于一般商品，除了销量与价格，疗效、安全性都是左右药品采购的重大因素。因此，对于下游的医疗机构、药店等采购商来说，在药品采购前需要投入大量的时间与人力成本做全面的市场调查以确保采购的精准度，包括药品销量、疗效、品质、副作用等药品品类调查以及品牌、信誉、服务质量等医药企业调查。另外，由于药品等大健康产品层层代理销售，流通价格不透明所带来的采购价格虚高，以及从询盘到药品到货时间周期长等，都严重影响药品采购的效率与性价比。

而对于上游的医药生产企业或者代理商来说，自营医药电商平台也有避免不了的苦恼。一是作为采购商的集中采购带来的产品丰富性问题，药企自营的电商平台往往是自家生产的一些产品，品种比较少。二是作为产品流通体系的选择，自营平台盈利空间也比较小。而且在医药流通领域，药品物流配送企业务必具备GSP所要求的以冷链配送为核心的储存和运输条件，以保证药品安全。但是，专业医药物流的建设受制于国家政策、专业度和投入的要求而发展受限，目前具备相关资质和技术要求的医药电商企业数量甚少，服务水平参差不齐，整体发展比较缓慢，这种与医药电商发展严重不对称的现状亟待突破。

"上游生产企业和下游采购商面临的问题，均需要第三方平台来完成，这是第三方平台的先天优势。"国裕医药在线CEO说，国裕医药在线正是为解决医药采购上下游存在的问题而搭建的。国裕医药在线是一个互联网医药B2B综合性批发采购平台，充分利用互联网电商优势，优化传统医药供应链体系，创新药企一站式采销模式，通过多元化金融解决方案、自主研发的电子支付系统、专业医药物流、专业化客户服务等，帮助采购商快速完成精准采购，大大缩减采购时间和人力成本的投入。此外，由于国裕平台价格透明且可以协商等，采购商可以获取最为合理的优惠价格。在物流上，平台也已经与入局医药物流的顺丰进行合作，"顺丰已顺利研发温控周转箱，实现药品的冷链运输。"国裕医药在线CEO说，随着顺丰等第三方医药物流的介入，医药电商第三方平台也将如虎添翼，原本制约医药电商发展的难题将迎刃而解。

（资料来源：南方日报，2015-08-03）

项目 8
库存控制方法

知识目标

1. 理解经济订货批量的原理；
2. 掌握定量订货法与定期订货法的操作步骤，以及两者的适用范围；
3. 掌握定量订货法与定期订货法的原理；
4. 掌握经济订货批量模型的公式及假设条件；
5. 掌握 ABC 分类法的原理及应用方法。

技能目标

1. 能应用经济订货批量模型求物品的订购批量和订货点；
2. 能应用 ABC 分类法进行库存管理。

素质目标

1. 培养全局观念，从整体利益出发控制库存成本；
2. 培养组织协调能力，树立团队协作意识；
3. 养成吃苦耐劳的精神。

项目 8 库存控制方法

思维导图

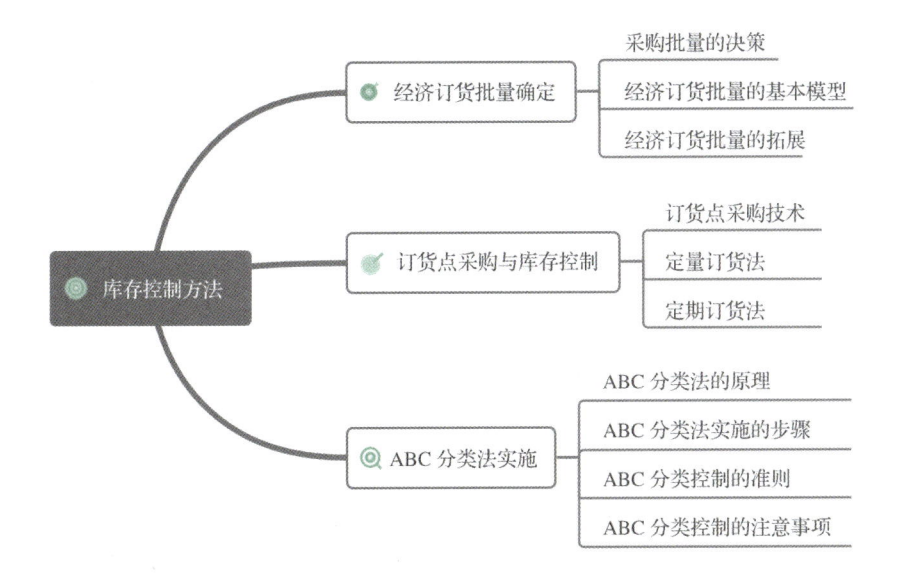

库存控制方法
- 经济订货批量确定
  - 采购批量的决策
  - 经济订货批量的基本模型
  - 经济订货批量的拓展
- 订货点采购与库存控制
  - 订货点采购技术
  - 定量订货法
  - 定期订货法
- ABC 分类法实施
  - ABC 分类法的原理
  - ABC 分类法实施的步骤
  - ABC 分类控制的准则
  - ABC 分类控制的注意事项

任务描述

吉姆最近被某企业任命为主管采购与库存的负责人。在他担任这个职位前,该公司在材料采购与库存管理方面存在很多问题。一是为了减少库存费用,缓解流动资金紧张,节约成本,公司每次减少采购数量,可经财务核算,每年该企业的库存费用与其他管理完善的企业相比还是较高;二是对于所有原材料与零部件的采购均定期进行;三是对于产品与原材料及零部件的保管,不管价值及使用状况如何,都混放在同一仓库按相同的方法进行保管。结果是,一方面,保管人员数量居高不下,人工工资大幅增加;另一方面,对于重要物资的库存信息,仓管部门又不能及时准确提供。如果你是他,你应该如何采取措施改进这些存在的问题?

任务分析

这是一个关于采购管理与库存控制的问题。库存是解决供需矛盾的一种方法:在销售方面,库存能保证及时供货,提高服务水平;在生产原料方面,库存能防止供应中断,保证生产的稳定。但库存需要花费一定的费用,是企业经营成本的重要组成部分。一般来说,库存过程的全部费用包括订货费、保管费、缺货费(补货费)以及进货费等。订货费与订货次数成正比,而与每次订货量的多少无关。保管费的多少与被保管物资数量的大小和保管时间的长短有关。缺货费与缺货量成正比,缺货量越大,缺货费越高。进货费与进货的数量成正比。由于订货费、保管费、缺货费和补货费都与订货批量有关,批量不同,费用也不同,故在制定库存控制方法时,企业常通过对订货和进货过程的控制来控制库存,降低经营成本。另外,由于企业的库存物资种类繁多,每个品种的价格不同,且库存数量也不等,有的物资品种不多但价值大,有的物资品种很多却价值不高,而企业的资源有限,因此在进行库存控制时,要求企业将注意力集中在比较重要的库存物资上,依据库存物资的重要程度分别管理。

随着企业越来越重视库存成本的降低,直至追求零库存的思想的产生,库存管理成为很多企业管理的一个重要方面。企业在这一环节所面临的任务如下:

任务1:经济订货批量确定。
任务2:订货点采购与库存控制。
任务3:ABC分类法实施。

任务1 经济订货批量确定

采购管理不能只管采购,还要关注库存,因为库存是由采购形成的,对企业的生产、成本的增长有着很大的影响,所以采购管理的一个重要原则就是要实行库存控制。在本项目的任务描述中,吉姆作为企业采购与库存管理的负责人,应该怎样做好库存控制工作?

吉姆首先应该进行需求识别与需求预测,这部分知识在本书项目二中已经介绍过;然后决定何时补充订货,补充多少数量。下面我们将详细介绍订货批量模型。

一、采购批量的决策

采购批量的大小直接关系到对生产经营的保证程度和经济效益的高低。在物品的采购和储存过程中,在货物订购量(货款)一定时会产生订货费用和仓库保管费用。当价格一定时,采购批量(一次采购量)过大,可降低订货费用,但会增加仓库保管费用;采购批量过小,可减少仓库保管费用,而订货费用又会提高,因此应选定订货费用和保管费用合计最低的采购批量。它们之间的关系见表8-1。

表8-1 订货费用与保管费用之间的关系

全年需要量	每次购进量	购进次数	订货费用	平均库存量	保管费用
一定	大	少	低	大	高
	小	多	高	小	低

所以,订货批量是指消耗一次订货费用一次采购某种产品的数量。经济订货批量就是通过平衡采购进货成本和保管仓储成本,使总库存成本最低的采购数量。

二、经济订货批量的基本模型

(一)经济订货批量模型的含义

早在20世纪初期,Harris就建立了经济订货批量(Economic Order Quantity,EOQ)模型。20世纪50年代后,经过数十年的发展和完善,经济订货批量模型及其变形已形成较为完善的库存控制体系,并在实际中得到了广泛的应用。

经济订货批量模型又称为整批间隔进货模型。由于存储策略是使用存储总费用最小的经济原则来确定订货批量,故称该订货批量为经济订货批量。该基本模型有以下假设条件:

(1)单位时间内的需求量不变,即需求速率均匀且为常量。

(2)订货提前期不变。

(3)全部订货一次到货,不是陆续入库。

(4)不允许缺货。

(5)各次订货的订货费相同,与订货批量的大小无关。

(6)没有在途库存。

(7)单一品种。

(8)资金可用性无限制。

前四条假设密切相关是确定性条件成立的基本前提。在每一相关时间间隔(每天、每周、每月或每年)需求是已知的并与时间呈线性关系,库存消耗的速率是固定的,补充库存所需的时间是已知的,即订货周期是固定的,这表明在原有库存用完之前所订商品刚好到达,因此,不需要考虑缺货情况及缺货损失;对于价格固定的假设表明没有价格折扣,而且价格相对稳定;无库存假设意味着商品以买方工厂交货价为基础购买(购买价格包含运费)并以卖方工厂交货价(买方负责运输)出售,这表明企业在购货时,直到收到所买商品才拥有所有权;在销货时,商品所有权在商品离开工厂或装运点就转移了。做出这些假设,企业就不用负责在途商品的费用,即没有在途货储存成本。许多企业库存有多种商品,单项物品的假设并没有脱离现实,可以对每一项重要的库存商品单独做决策,但由于没有考虑各种商品之间的相互作用,所以和现实会有一定的差距。资金的可用性在一些情况下是非常重要的,如果对库存的资金有某些限制,可作为经济订货批量模型的一个约束条件。

(二)经济订货批量模型的确定

库存物料的订货与使用循环发生,库存循环如图 8-1 所示。在循环开始的 0 时刻,收到 Q_0 单位的订货批量。随着时间的推移,由于需求速率固定,库存数量以固定的速率降低。当库存量降低到订货点时,就按 Q_0 单位发出一批新的订货。经过一个固定的订货提前期后,库存量降低为零,此时物料到达并入库。

由于采购成本只与单位购买价格和年总需求量有关,与订货批量无关,因此,在年总需求量一定的情况下,最优订货批量取决于保管成本与订货成本的高低。最优订货批量反映了保管成本与订货成本之间的平衡:当订货批量变化时,一种成本会上升,同时另一种成本会下降。比如,订货批量比较小,平均库存就会比较低,保管成本也相应较低。但是,小订货批量必然导致经常性的订货,而这样又迫使订货成本上升。相反,偶尔发生的大量订货使订货成本降低,但也会导致较高的平均库存水平,从而使保管成本上升。

因此,理想的解决方案是,既不能订货批量特别小、订货次数特别多,又不能订货批量特别大、订货次数特别少,只能在两者之间寻求平衡。

1. 保管成本(C_1)

设单位物料单位时间保管费用为 H,订货批量为 Q_0,库存持有量平稳地从 Q_0 单位降到 0,因此平均库存是订货批量的二分之一,即 $Q_0/2$,则保管成本为

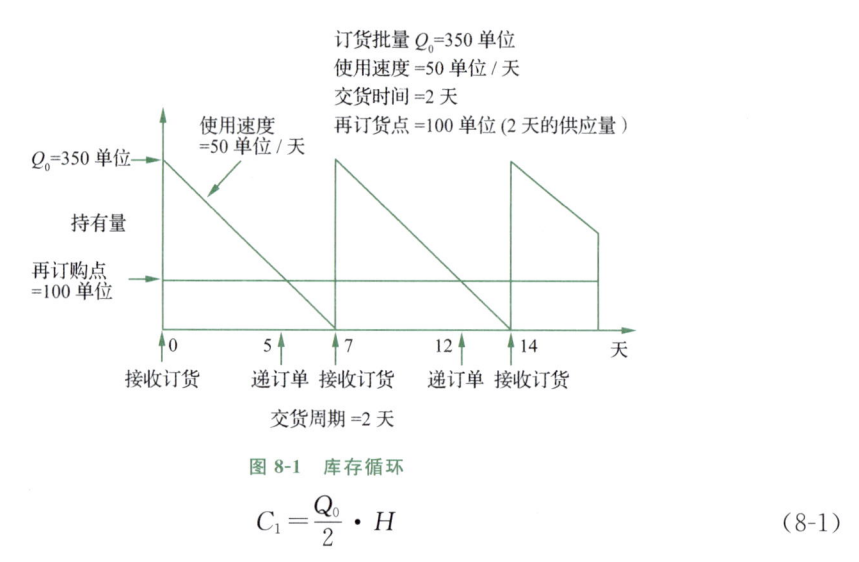

图 8-1 中:
- 订货批量 Q_0=350 单位
- 使用速度=50 单位/天
- 交货时间=2 天
- 再订货点=100 单位(2 天的供应量)

图 8-1　库存循环

$$C_1 = \frac{Q_0}{2} \cdot H \tag{8-1}$$

式中　Q_0——单位订货批量;

　　　H——单位物料单位时间(通常为年)保管费用。

因此,保管成本是一个关于订货批量的线性函数,保管成本的增减与订货批量的变化成正比,如图 8-2(a)所示。

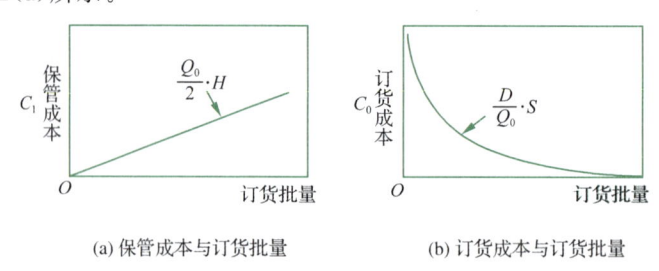

(a) 保管成本与订货批量

(b) 订货成本与订货批量

图 8-2　保管成本、订货成本与订货量的关系

2. 订货成本(C_0)

对于给定的年总需求量来说,订货批量越大,所需订货次数就越少。假如年总需求量是 12 000 单位,订货批量是每批 1 000 单位,即 Q_0=1 000,则 1 年必须订货 12 次。但如果 Q_0=2 000 单位,就只需要订货 6 次;如果 Q_0=3 000 单位,只需要订货 4 次。订货费不像保管费,它对订货批量反应比较迟钝;无论订货批量是多少,特定活动都得照样进行,比如确定需要量、定期评价供应源、准备发货单等。即使是检查货物以证实质量与数量特征,也不受订货批量的影响,因为大量货物只抽样检验,并不全部检查。因此,订货费是固定的,年订货成本是年订货次数与订货费的函数。

设年总需求量为 D,年订货次数为 N,单位订货费为 S,一般情况下,年订货次数为

$$N = \frac{D}{Q_0} \tag{8-2}$$

式中　D——年总需求量;

　　　N——年订货次数。

则订货成本为

$$C_0 = N \cdot S = \frac{D}{Q_0} \cdot S \tag{8-3}$$

式中　S——单位订货费。

因此，订货成本是一个关于订货批量的非线性函数，订货成本的增减与订货批量的变化反向相关，如图 8-2(b)所示。

3. 购买成本(C_3)

设年总需求量为 D，单位购买价格为 P，则购买成本为

$$C_3 = D \cdot P \tag{8-4}$$

式中　P——单位购买价格。

由于物料年总需求量固定不变，因此，年购买成本为固定常数，且与订货批量无关。

4. 年总成本(C)

年总成本由购买成本(C_3)、保管成本(C_1)和订货成本(C_0)三部分构成，当每次订货批量为 Q_0 时，年总成本为

$$C = C_3 + C_1 + C_0 \tag{8-5}$$

即

$$C = D \cdot P + \frac{Q_0}{2} \cdot H + \frac{D}{Q_0} \cdot S \tag{8-6}$$

因此，年总成本与订货批量的关系如图 8-3 所示。由图可见，年总成本曲线是一条向上的凹曲线，当保管成本与订货成本相等时，年总成本达到最小值，此时对应的订货批量为最优订货批量，即经济订货批量。

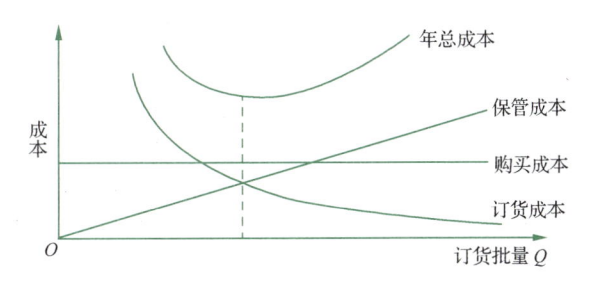

图 8-3　经济订货批量模型

因此，要使年总成本为最小值，需将上式对订货批量 Q_0 求导数，并令一阶导数为 0，得到经济订货批量的计算公式为

$$Q^* = \sqrt{\frac{2D \cdot S}{H}} \tag{8-7}$$

或者

$$= \sqrt{\frac{2D \cdot S}{F \cdot P}} \tag{8-8}$$

式中　Q^*——经济订货批量；

　　　D——年总需求量；

　　　S——单位订货费；

　　　H——单位物料单位时间(通常为年)保管费；

　　　P——单位购买价格；

F——单位保管费率,即单位物料单位时间保管费与单位购买价格的比率。

当订货批量取经济订货批量时,订货次数 N 为 D/Q^*,订货周期 T 为 $365Q^*/D$(一年取 365 天),或 $T=365/N$,年总成本为

$$C(Q^*)=D \cdot P+\sqrt{2D \cdot S \cdot H} \tag{8-9}$$

或者
$$=D \cdot P+\sqrt{2D \cdot S \cdot F \cdot P} \tag{8-10}$$

【例 8-1】 某服装商场每年需要购买 8 000 套儿童服装,每套服装价格是 100 元,其单位保管费为服装价格的 3%,每次订购费为 30 元。试求该企业的经济订货批量、年总成本和订购次数。

解:$Q^*=\sqrt{\dfrac{2D \cdot S}{F \cdot P}}=\sqrt{\dfrac{2 \times 8\,000 \times 30}{3\% \times 100}}=400$(件)

$C=D \cdot P+\sqrt{2D \cdot S \cdot F \cdot P}=8\,000 \times 100+\sqrt{2 \times 8\,000 \times 30 \times 3\% \times 100}=801\,200$(元)

因此,企业的经济订货批量为 400 件,这时年总成本最小,为 801 200 元,订购次数为 20 次。

三、经济订货批量的拓展

供应商为了吸引企业一次购买更多的物料,往往规定当购买数量达到或超过某一标准时给予企业价格上的优惠,这个事先规定的数量标准称为折扣点。由于折扣是按购买数量提供的,因而又称为数量折扣。在数量折扣的条件下,由于折扣之前的单位购买价格与折扣之后的单位购买价格不同,因此必须对经济订货批量公式进行必要的修正。

在有价格折扣的情况下,由于每次订货量大,订货次数减少,年订货费会降低。但是订货量大,会使库存增加,从而使库存保管费增加。在供应商采取价格折扣的情况下,企业应进行计算和比较,以确定是否需要增加订货量去获得折扣。

价格折扣原理如图 8-4 所示。图中,设原来的价格为 P_1,企业在这种价格水平下按经济订货批量订货。若供应商规定当订货批量大于或等于 Q_1 时,价格折扣为 β,即价格为 $(1-\beta)P_1$,这时企业就需要确定,是接受折扣按 Q_1 订货,还是不接受折扣仍按原来的经济订货批量订货。

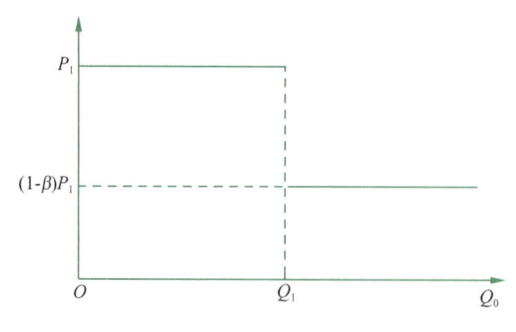

图 8-4 价格折扣原理

我们可以采用成本比较法,即比较折扣前后的年总成本,看哪个年总成本最低。如果接受折扣后年总成本低,就接受折扣,按折扣点数量订货,否则不接受折扣,仍按原经济订货批量订货。即

折扣前 $$C(Q^*) = D \cdot P_1 + \frac{Q^*}{2} \cdot H + \frac{D}{Q^*} \cdot S \tag{8-11}$$

折扣后 $$C(Q_1) = D \cdot (1-\beta) P_1 + \frac{Q_1}{2} \cdot H + \frac{D}{Q_1} \cdot S \tag{8-12}$$

若 $C(Q^*) > C(Q_1)$，则接受折扣，按折扣点数量 Q_1 订货；若 $C(Q^*) < C(Q_1)$，则不接受折扣，仍按经济订货批量 Q^* 订货。

技能训练

某公司采购员小王在一次原材料采购中，不顾公司需求情况，盲目加大对该原材料的采购数量，造成公司仓库不堪重负。当相关部门对此表示异议时，小王却不以为然，他以大批量采购的成本效益和配备安全库存的必要性等理由为自己找借口。

讨论：如果你是公司采购部经理，针对小王的情况应该怎样进行防范？

任务 2　订货点采购与库存控制

某企业生产活动扳手，零件是扳手柄，原材料是扳手毛坯。活动扳手不是单件生产的，当工厂接到一批订货时就在仓库中取出一批相应数量的扳手柄投入批量生产。这样一来，扳手柄的库存量就要突然减少，有时会降到订货点以下。这时就要立即下达扳手柄的生产指令，于是又会引起扳手柄毛坯的库存大幅度下降。如果因此引起原材料库存也低于订货点，则对扳手毛坯也要进行采购订货。

由此可见，即使对最终产品的需求是连续的，由于生产过程中的批量需求，也可能引起对零部件和原材料的需求是不连续的。需求不连续的现象提出了一个如何确定需求时间的问题。订货点采购是早期在需求相对稳定的环境下，独立需求的物料库存控制技术中最常用的方法。

一、订货点采购技术

（一）独立需求与相关需求

20世纪60年代中期，美国生产与库存管理学会的一批专家发现，在工业企业，特别是机械、电子等生产制造业中，为进行产品生产所需要的物料具有如下消耗特点：

（1）各种物料在消耗使用上彼此之间存在着先后主从的依存关系。后续工序的用料及其用量和用时由前道工序的主项目决定，所以其需求类型具有非独立性质，称为非独立需求，也叫相关需求。与非独立需求相对应，企业生产的最终产品（包括外销零部件的需求）主要由外界市场决定，称为独立需求。

（2）在需求相对稳定的环境下，独立需求的原材料、零部件在生产中是每日连续均衡消耗；而非独立需求的原材料、零部件等库存项目是按照产品生产进度定期、分阶段、成批投入生产使用。

对于独立需求和相关需求两种不同的需求，要求配以不同的库存控制策略和库存控制系统。适用于独立需求的库存控制系统,以经常性地维持一定的库存水平并不断补充为特征,连续检查和定期检查是这种系统的两种基本控制策略。连续检查是基于物资数量的订货策略,称为定量订货法;而定期检查是基于时间的订货策略,称为定期订货法。

(二)订货点采购的原理

订货点采购既是一种采购策略,又是一种库存控制策略,因为库存的控制水平是通过采购的订货策略来实现的。订货点采购的基本思想,就是通过对采购订货时间、数量、操作方法等进行规范化控制,达到控制订货、进货过程,进而控制库存的基本思想,从而达到对整个库存水平进行控制的目的。

订货点采购的基本内容包括三个方面:

(1)如何(How)订货,即确定订货的方法。

(2)什么时候(When)订货,即确定订货点。

(3)每次订货订多少(How Many),即确定订货数量。

(三)订货点采购的分类

订货点采购技术包括定量订货控制法和定期订货控制法两种。它们各自运行的机制不同,定量订货控制法是基于物资数量的订货策略,而定期订货控制法是基于时间的订货策略。

1. 定量订货控制法

企业在实际生产或经营过程中往往会出现因订购货物未及时到达而影响企业的正常生产经营活动,为了预防不利因素的出现,企业采用先期订货,以保证货物被正常使用。在这一思想指导下,定量订货控制法应运而生。

所谓定量订货控制法(Fixed Quantity System,FQS),也叫订购点控制法,是指当库存量下降到预定的最低库存数量(订货点)时,按规定数量进行订货补充的一种库存管理方式。

定量订货控制法的原则是实现库存费用和采购费用总和最低。一般来说,库存量达到订货点时即为采购时机,采购批量为经济订货批量。这个方法是通过经济订货批量和订货点两个量来控制库存量大小的。

定量订货控制法的特点是:订货点不变,订购批量不变,而订货间隔期不定。

2. 定期订货控制法

企业由于受到生产、经营目标或市场因素的影响,往往在先前确定订货时间,这样在一个生产或经营周期内基本确定订货数量,从而形成相对稳定的订货间隔期,定期订货控制法便随之产生。

所谓定期订货控制法(Fixed Interval System,FIS),也叫固定订购周期法,是指按预先确定的订货间隔期间进行订货补充的一种库存管理方式。

定期订货控制法的原则与定量订货控制法的原则相同,即订货费用和采购费用总量最低。一般这种方法的采购为定期采购,以固定的订货间隔时间和最高库存量为基础,以每次实际盘存的库存量与预定的最高库存量之差为订货量。它是通过订货周期、最高安全库存量和每次订货量来控制库存的。

定期订货控制法的特点是:订货间隔期不变,订购批量不定。

二、定量订货法

(一)定量订货法的原理

定量订货法是一种基于物料数量的订货法,它主要靠控制订货点和订货数量两个参数来控制订货,达到既能最好地满足库存需求,又能使总费用最低的目的。

定量订货法的原理是:事先确定一个订货点 Q_k(需要订货时的库存量),平时随时检查库存,当库存下降到 Q_k 时,立即进行订货,订货数量取经济订货批量 Q^*。定量订货法库存变化示意图如图 8-5 所示。

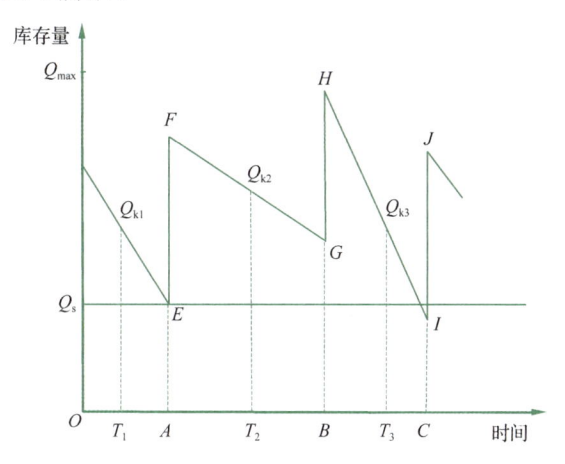

图 8-5 定量订货法库存变化示意图

首先假定物料需求速率不均匀稳定,而是变化的,在 OA 时间段,库存以 R_1 的速率下降,在 T_1 时刻,库存下降到 Q_{k1},则进行第一次订货,订货量为 Q^*。在 T_1A 时间段内,库存继续以 R_1 的速率下降到 E 点,此时库存量等于安全库存量(Q_s),第一次订货的物料也在此时到达,库存由 Q_s 上升到 $Q_s + Q^*$,到达 F 点。在 AB 时间段内,库存以 R_2 的速率下降,由于 $R_2 < R_1$,所以库存消耗周期长些。在 T_2 时刻,库存下降到 Q_{k2},则第二次订货,订货量仍为 Q^*。在 T_2B 时间段内,库存继续以 R_2 的速率下降到 G 点,第二次订货的物料到达,库存又提高 Q^*,到达 H 点。由于 $R_2 < R_1$,$T_2B > T_1A$,所以在 T_2B 时间段内,库存消耗量少,G 点库存较高,因而 H 点库存也较高。在 BC 时间段内,库存以 R_3 的速率下降,在 T_3 时刻,库存下降到 Q_{k3},由于 $R_3 > R_1 > R_2$,所以 T_3C 时间段内库存消耗量最大,I 点最低,还动用了安全库存,同时,库存消耗时间最短,即 $BC < OA < AB$。当第三次订货的物料到达后,库存又提高 Q^*,到达 J 点。库存量就是这样周期性地变化。

(二)定量订货法中订货点和订货量的确定

1. 订货点的确定

订货点,就是仓库必须发出订货的警戒点。到了订货点,就必须发出订货,否则就会出现缺货。它在采购与库存控制中有重要作用,基本上由它控制了库存量的水平。

在日常的库存运行中,通常用一种直观概念来确定订货点,就是发出订货时还剩下的库存量应该是能维持在订货和进货过程中的出库消耗。所以在定量订货法中,我们把订

货点 Q_k 定义为

$$Q_k = D_L \tag{8-13}$$

式中　D_L——订货提前期的需求量。

订货提前期的需求量是一个随机变量。所谓随机变量,就是其取值是随机变化的,时大时小,没有一个固定的值。但是它的取值都在一定的数值范围内,并且其中的取值都有一个发生概率。这个值域中取值的概率又叫作这个随机变量的分布。在库存控制中最常用的随机分布是正态分布。正态分布有两个特征参数:一个是 D_L 的平均值,一个是标准偏差 δ_D。如果 D_L 服从正态分布,则可以表示为

$$D_L = \overline{D_L} + \alpha \cdot \delta_D = \overline{D_L} + Q_s \tag{8-14}$$

式中,α 是安全系数,它表示标准偏差的个数。Q_s 是安全库存量,它等于安全系数与标准偏差的乘积。

订货提前期需求量又受到需求速率(R)和订货提前期(T_k)的长度的影响。需求速率是指单位时间的需求量,也就是每天(或月、周、年等)仓库物料的出库消耗量,也是每天库存物料减少的数量,或库存下降的速率。订货提前期是指从发出订单到所订货物运回入库所需要的时间。如果 D_L、R、T_k 均服从正态分布,根据概率与数理统计知识,可知

$$D_L = \overline{D_L} + \alpha \cdot \delta_D \tag{8-15}$$

$$= \overline{D_L} + Q_s \tag{8-16}$$

$$= \overline{R} \cdot \overline{T_k} + \alpha \cdot \sqrt{\overline{T_k} \cdot \delta_k^2 + \overline{R}^2 \cdot \delta_T^2} \tag{8-17}$$

因此,在正态分布的情况下,定量订货法确定订货点如下:

(1) 基于订货提前期需求量 D_L 的公式为

$$Q_k = D_L = \overline{D_L} + \alpha \cdot \delta_D \tag{8-18}$$

(2) 基于需求速率 R 和订货提前期 T_k 的公式为

$$Q_k = \overline{R} \cdot \overline{T_k} + \alpha \cdot \sqrt{\overline{T_k} \cdot \delta_k^2 + \overline{R}^2 \cdot \delta_T^2} \tag{8-19}$$

在实际运用时,也可以采取一些简单办法。我们通常把订货点看成是由两部分构成的:一部分是平均订货提前期需求量,另一部分是安全库存量。其计算公式为

订货点＝平均订货提前期需求量＋安全库存量

平均订货提前期需求量＝平均订货提前期天数×日平均需求量

2. 订货量的确定

通常取订货批量为经济订货批量,具体见公式(8-7)和公式(8-8)。

这样计算出来的经济订货批量一般不完全符合实际情况,还要根据具体的情况进行适当的调整。

(三)定量订货法的应用

1. 定量订货法的优点和缺点

定量订货法具有以下优点:

(1) 管理简便,订购时间和订购量不受人为判断的影响,可以保证库存管理的准确性;

(2) 由于订购量一定,便于安排库内的作业活动,节约理货费用;

(3) 便于按经济订货批量订购,节约库存总成本,提高经济效益。

定量订货法具有以下缺点：
(1)要随时掌握库存动态，严格控制订货点库存，占用了一定的人力和物力；
(2)订货时间不能预先确定，对于人员、资金、工作业务的计划安排不利；
(3)受单一品种订货的限制，实行多品种联合订货采用此方法时还需灵活掌握处理。

2. 定量订货法的适用范围

定量订货法适用于以下各种物品的采购：
(1)单价比较便宜，而且不便于少量订购的物品，如螺栓、螺母等物资；
(2)需求预测比较困难的物品；
(3)品种数量多，库存管理事务量大的物品；
(4)消费量计算复杂的物品以及通用性强、需求总量比较稳定的物品等。

三、定期订货法

（一）定期订货法的原理

定期订货法是一种基于时间的订货控制方法，它主要靠设定订货周期和最高库存量，从而达到控制库存量的目的。只要订货周期和最高库存量控制得当，则既可以不造成缺货，又可以节省库存费用。

定期订货法的原理是：事先确定一个订货周期 T 和一个最高库存量 Q_{max}，周期性地检查库存，确定检查时刻的实际库存量 Q_{ki}，已订货还没有到达的物料数量（在途物料量）I_i，以及已发出出货通知尚没有出货的物料量（延期出货量）B_i，计算出每次订货批量 Q_i，使得订货后的"名义库存"小于最高库存量 Q_{max}，组织订货。

下面看看在一段时间内库存量是如何变化的，如图8-6所示。

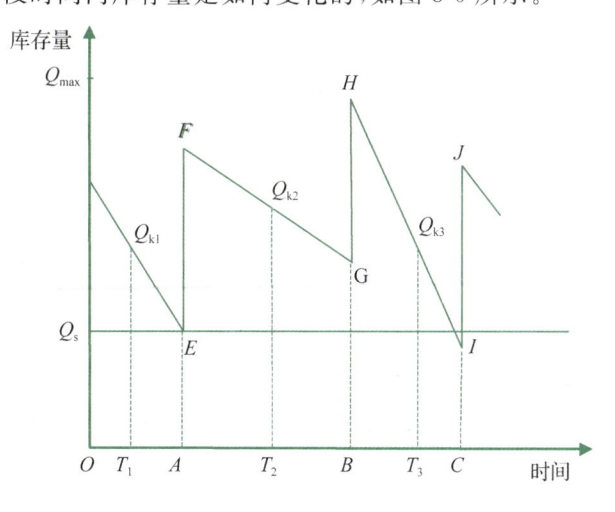

图 8-6 定期订货法库存变化示意图

首先假定物料需求速率不均匀稳定，而是变化的，在 OA 时间段，库存以 R_1 的速率下降。由于预先确定了订货周期 T，到了 T_1 时刻，就检查库存，确定 T_1 时刻的库存量 Q_{k1}，并计算订货批量 Q_1，进行订货，使"名义库存"上升到最高库存量 Q_{max}。在 T_1A 时间段内，库存继续以 R_1 的速率下降到 E 点，此时库存量等于安全库存量（Q_s），第一次订货物料也在此时到达,库存由 E 点上升到 F 点。在 AB 时间段,库存以 R_2 的速率下降,由于 $R_2<R_1$,所以当到了第二次订货时间,即 T_2 时刻,库存量 $Q_{k2}>Q_{k1}$。此时再次计算订货批量 Q_2,进行订货,使"名义库存"又上升到最高库存量 Q_{max}。在 T_2B 时间段内,库存继续以 R_2 的速率下降到 G 点,第二次订货物料到达,库存由 G 点上升到 H 点。在 BC 时间段,库存以 R_3 的速率下降,当到了第三次订货时间,即 T_3 时刻,库存下降到 Q_{k3},由于 $R_3>R_1>R_2$,所以此时库存消耗量最大,即 $Q_{k3}<Q_{k1}<Q_{k2}$,但订货时间间隔相同,即 $T_1T_2=T_2T_3=T$,此时进行订货,订货批量为 Q_3。当第三次订货物料到达后,库存由 I 点上升到 J 点。库存量就是这样周期性地变化。

(二)定期订货法中订货点与订货量的确定

1. 订货点的确定

定期订货法是一个基于时间的订货法,所以在定期订货法中,确定订货点是用一个特定的时间。这时的订货点不用订货数量表示,而用订货周期 T 表示。

可以采用经济订货周期的方法来确定订货周期 T,经济订货周期与经济订货批量一样,都是根据总费用最省的原理计算出来的,表示为

$$T^* = \sqrt{\frac{2S}{D \cdot H}} \qquad (8\text{-}20)$$

式中　T^*——经济订货周期;
　　　D——年总需求量;
　　　S——单位订货费(每次订货费);
　　　H——单位物料单位时间(通常为年)保管费。

在实际运用中,在已经计算出经济订货周期的基础上,也可以考虑以下因素对订货周期实施调整:

(1)结合供应商的生产周期或供应周期来调整经济订货周期,从而确定一个合理可行的订货周期。

(2)可以结合人们比较习惯的时间单位,如周、旬、月、季、年等来确定经济订货周期。

2. Q_{max} 的确定

定期订货法中的订货量是变化的,它取决于很多因素,其关键是预先确定一个最高库存量 Q_{max},在此基础上来确定每次订货的订货量。

在定量订货法中,我们把订货提前期内的需求量作为制定订货点的依据。在定期订货法中,我们则是把订货周期 T 和其后一个订货提前期 T_k 合在一起,即 $T+T_k$ 的长度为一个时间单元,把 $T+T_k$ 期间内的需求量 D_{T+T_k} 作为制定 Q_{max} 的依据。如果 D_{T+T_k} 服从正态分布,根据概率与数理统计知识,可知

$$Q_{max} = \overline{D}_{T+T_k} + \alpha \cdot \delta_{D_{T+T_k}} \qquad (8\text{-}21)$$

$$= \overline{D}_{T+T_k} + Q_s \qquad (8\text{-}22)$$

式中　$\overline{D}_{T+T_k}$——订货周期与订货提前期总需求量的平均值;
　　　$\delta_{D_{T+T_k}}$——订货周期与订货提前期总需求量的标准差。

如果需求速率 R 和订货提前期 T_k 服从正态分布,上式也可以写成

$$Q_{\max}=(T+\overline{T}_k)\cdot\overline{R}+\alpha\sqrt{(T+\overline{T}_k)\cdot\delta_R^2+\overline{R}^2\cdot\delta_T^2} \qquad (8\text{-}23)$$

定期订货法的订货数量是不固定的,订货批量的多少都是由当时的实际库存量的大小决定的,考虑到订货点时的已订货却还没有到达的物料数量(在途物料量),每次订货的订货量计算公式为

$$订货量 = Q_{\max} - 实际库存量 - 在途物料量 + 已订未提量$$

(三)定期订货法的应用

1. 定期订货法的优点和缺点

定期订货法具有以下优点:
(1)订货间隔区间的确定,减少了库存登记费用和盘点次数,减少了工作量,提高了效率。
(2)多种货物可同时采购,降低订单处理成本,降低运输成本。
(3)库存管理的计划性强,有利于工作计划的安排,实行计划管理。

定期订货法具有以下缺点:
(1)遇有突发性大量需求,易造成缺货,因此,需设定较高的安全库存水平。
(2)每次订货的批量不固定,无法制定出经济订货批量,因而运营成本较高,经济性较差。

2. 定期订货法的适用范围

定期订货法适用于以下情形:
(1)消费金额高,需要实施严密管理的重要物品。
(2)根据市场的状况和经营方针,需要经常调整生产或采购数量的物品。
(3)需求量变动幅度大,而且变动量有周期性,可以正确判断的物品。
(4)建筑工程、出口等可以确定的物品。
(5)设计变更风险大的物品。
(6)多种商品采购可以节省费用的情况。
(7)同一品种物品分散保管,同一品种向多家供货商订购,批量订购、分期入库等,订购、保管、入库不规则的物品。
(8)需要定期制造的物品等。

技能训练

某公司一周的生产所需用料见表8-2,请根据库存情况安排进货计划,提前期为2天。

表8-2　　　　　　　　　　　某公司一周的生产所需用料

材料名称	编号	库存	4月1日 星期一	4月2日 星期二	4月3日 星期三	4月4日 星期四	4月5日 星期五	进货量	进货日期
螺栓	LS001	396	96	108	96	108	192		
	LS002	590	96	108	96	108	192		
	LS003	0	0	0	0	0	0		
	LS004	0	0	0	0	0	0		
	LS005	500	96	108	96	108	192		

任务 3　ABC 分类法实施

吉姆所在的公司，对于产品、原材料及零部件的保管不分价值及使用状况，混放在同一仓库并按相同的方法进行保管；同时重要物资的库存信息，仓管部门也不能及时准确地提供。出现此种情况，一般可以采用 ABC 分类法对库存进行管理。

一般来说，企业库存的物料品种繁多，每种物料的价格都不一样，而且库存数量也不相等，有的物料库存数量不大但是占用的资金很多，而有的物料库存数量很大但占用的资金却很少。在这种情况下，对所有的库存物料不加区别地进行库存管理是不现实、不经济的，因为通过不断盘点、发放订单、接受订货等工作来管理库存需要耗费大量的时间和资金。为了使有限的时间、资金、人力、物力等企业资源得到更有效的利用，企业应对库存物料进行分类，依据物料重要程度的不同，分别采用不同的库存管理策略，即实行 ABC 分类法管理库存。

一、ABC 分类法的原理

1879 年，意大利经济学家帕累托在研究意大利城市米兰的社会财富分配状况时发现，占人口总数少数比例的人口却拥有财富总数很大比例的财富，而占人口总数很大比例的人口却只占有财富总数很小比例的财富，这一现象也广泛存在于社会的其他领域，被总结为"关键的少数和次要的多数"，称为帕累托原则，也叫 80/20 原则。例如，在库存管理中，一个仓库存放的物料品种成千上万，但是，在这些物料中只有少数品种价值高、销售速度快、销售量大、利润高，构成了仓库利润的主要部分，而大多数品种价值低、销售速度慢、销售量小、利润低，只能构成仓库利润的极小部分。又如，在企业的销售活动中，少数销售人员的销售量占企业全部销售量的绝大部分，而多数业绩平平的销售人员的销售量只占企业全部销售量的较小部分。

1951 年，美国通用电气公司的迪克在对公司的库存产品进行分类时，首次提出将公司的产品根据销售量、现金流量、前置时间或缺货成本，分成 A、B、C 三类：A 类库存为重要的产品，B 类和 C 类库存依次为次重要和不重要的产品。

ABC 分类法的基本原理是：将库存物料按品种和占用资金的多少分为非常重要的物料（A 类）、一般重要的物料（B 类）和不太重要的物料（C 类），然后针对不同重要级别分别进行管理与控制，其核心是"分清主次，抓住重点"。

ABC 分类的标准是：
- A 类：品种数目占总品种数目的 10% 左右，资金额占总库存资金的 70% 左右。
- B 类：品种数目占总品种数目的 20% 左右，资金额占总库存资金的 20% 左右。
- C 类：品种数目占总品种数目的 70% 左右，资金额占总库存资金的 10% 左右。

如果用累计品种百分比曲线（又称帕累托曲线）表示，可以清楚地看到 A、B、C 三类物料在品种和库存资金占用额上的比例关系，如图 8-7 所示。

项目 8　库存控制方法

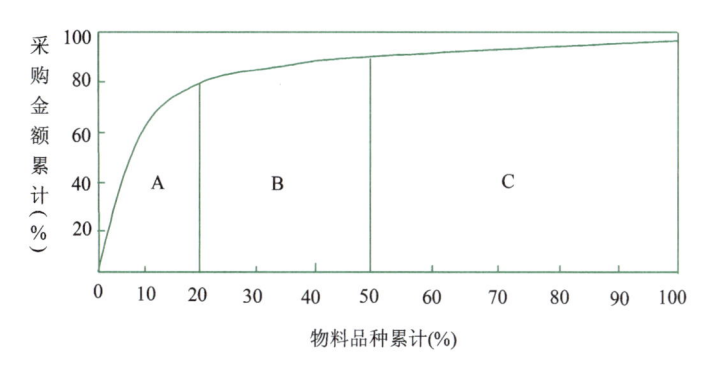

图 8-7　ABC 分类曲线

由图可以看到,A 类物料的品种数量很少,但占用了大部分库存资金额,因此,物料品种数量增加时,库存资金累计额百分比增长很快,曲线很陡;B 类物料的品种数量累计百分比与库存资金累计额百分比基本相等,因此曲线呈 45°趋势;C 类物料品种数量很多,但是库存资金累计额百分比很小,因此曲线十分平缓,基本呈水平状。

二、ABC 分类法实施的步骤

ABC 分类法实施时可按以下步骤进行:
(1)收集库存物料在某一段时间的品种数、购买单价、需求量等资料。
(2)将库存物料按占用资金的大小顺序排列,编制 ABC 分类汇总表。
(3)计算库存物料品种数的百分比和累计百分比。
(4)计算库存物料占用资金的百分比和累计百分比。
(5)按照分类标准编制 ABC 分析表,确定 A、B、C 各类物料。

【例 8-2】　某公司对上一年度的二十种库存物料统计了平均需求量和平均购买价格,见表 8-3。为了对这些库存物料进行有效的控制,公司决定采用 ABC 分类控制法。试用 ABC 分类法对库存物料进行分类。

表 8-3　　　　　　　　　　　　物料需求信息表

物料编号	年需求量(件)	单位价格(元/件)	占用库存资金额(元)
W0001	5	210	1 050
W0002	75	15	1 125
W0003	2	3 010	6 020
W0004	2 000	5	10 000
W0005	700	80	56 000
W0006	1	18 000	18 000
W0007	250	10	2 500
W0008	10 000	5	50 000
W0009	400	30	12 000
W0010	650	25	16 250
W0011	10	8	80
W0012	25	60	1 500
W0013	90	110	9 900

续表

物料编号	年需求量（件）	单位价格（元/件）	占用库存资金额（元）
W0014	200	950	190 000
W0015	50	80	4 000
W0016	1 500	140	210 000
W0017	150	10	1 500
W0018	20	50	1 000
W0019	350	20	7 000
W0020	65	75	4 875

解：第一步，将库存物料按占用库存资金额的大小顺序排列，编制汇总表，见表8-4。

表8-4　　　　　　　　　　　ABC分类汇总表

物料编号	占用库存资金额（元）	占用库存资金额百分比（%）	累计占用库存资金额（元）	累计占用库存资金额百分比（%）	物料品种数	物料品种数百分比（%）	累计物料品种数	累计物料品种数百分比（%）
W0016	210 000	34.84	210 000	34.84	1	5	1	5
W0014	190 000	31.52	400 000	66.36	1	5	2	10
W0005	56 000	9.29	456 000	75.65	1	5	3	15
W0008	50 000	8.29	506 000	83.94	1	5	4	20
W0006	18 000	2.99	524 000	86.93	1	5	5	25
W0010	16 250	2.70	540 250	89.62	1	5	6	30
W0009	12 000	1.99	552 250	91.61	1	5	7	35
W0004	10 000	1.66	562 250	93.27	1	5	8	40
W0013	9 900	1.64	572 150	94.92	1	5	9	45
W0019	7 000	1.16	579 150	96.08	1	5	10	50
W0003	6 020	1.00	585 170	97.08	1	5	11	55
W0020	4 875	0.81	590 045	97.88	1	5	12	60
W0015	4 000	0.66	594 045	98.55	1	5	13	65
W0007	2 500	0.41	596 545	98.96	1	5	14	70
W0012	1 500	0.25	598 045	99.21	1	5	15	75
W0017	1 500	0.25	599 545	99.46	1	5	16	80
W0002	1 125	0.19	600 670	99.65	1	5	17	85
W0001	1 050	0.17	601 720	99.82	1	5	18	90
W0018	1 000	0.17	602 720	99.99	1	5	19	95
W0011	80	0.01	602 800	100	1	5	20	100

第二步，按照分类标准，编制ABC分析表，确定A、B、C各类物料，见表8-5。

表8-5　　　　　　　　　　　ABC分析表

类别	占用库存资金额分类标准	物料品种数	物料品种数百分比（%）	累计物料品种数百分比（%）	占用库存资金额（元）	占用库存资金额百分比（%）	累计占用库存资金额百分比（%）
A	190 000元及以上	2	10	10	400 000	66.36	66.36
B	12 000~190 000元	5	25	35	152 250	25.25	91.61
C	12 000元以下	13	65	100	50 550	8.39	100

第三步,确定 A、B、C 各类物料,分别为:
- A 类物料:占用库存资金额为 190 000 元及以上,物料编号为 W0016、W0014,品种数为 2;
- B 类物料:占用库存资金额为 12 000~190 000 元,物料编号为 W0005、W0008、W0006、W0010、W0009,品种数为 5;
- C 类物料:占用库存资金额为 12 000 元以下,物料编号为 W0004、W0013、W0019、W0003、W0020、W0015、W0007、W0012、W0017、W0002、W0001、W0018、W0011,品种数为 13。

三、ABC 分类控制的准则

对库存物料进行 ABC 分类后,仓库管理人员应根据企业的经营策略和 A、B、C 三类物料各自不同的特点对其实施相应的管理和控制。ABC 分类控制的准则如下:

(一) A 类

A 类物料品种数量少,但占用库存资金多,是企业非常重要的物料,要重点管理。

(1) 在满足用户对物料需求的前提下,尽可能降低物料库存数量,增加订货次数,减少订货批量和安全库存量,避免浪费大量的保管费与积压大量资金。

(2) 与供应商建立良好的合作伙伴关系,尽可能缩短订货提前期和交货期,力求供应商的供货平稳,降低物料的供应变动,保证物料的及时供给。

(3) 严格执行物料盘点制度,定期检查,严密监控,尽可能提高库存物料精度。

(4) 与用户勤联系、多沟通,了解物料需求的动向,尽可能正确地预测物料需求量。

(5) 加强物料维护和保管,保证物料的使用质量。

(二) B 类

B 类物料品种数量和占用库存资金额都处于 A 类和 C 类之间,是企业一般重要的物料,可以采取比 A 类物料相对简单而比 B 类物料相对复杂的管理方法,即常规管理方法。B 类物料中占用库存资金比例比较高的品种要采用定期订货方式或定期、定量相结合的方式。另外,对 B 类物料需求量的预测精度要求不高,只需每天对物料的增减加以记录,到达订货点时按经济订货批量加以订货即可。

(三) C 类

C 类物料品种数量多,但占用库存资金少,是企业不太重要的物料,可以采取简单方便的管理方法。

(1) 减少物料的盘点次数,对部分数量很大,但价值很低的物料不纳入日常盘点范围,并规定物料最少出库的数量,以减少物料的出库次数。

(2) 为避免缺货现象,可以适当提高物料的库存数量,减少订货次数,增加订货批量和安全库存量,降低订货费用。

(3) 尽量简化物料出库手续,方便领料人员领料,采取"双堆法"控制库存。

四、ABC 分类控制的注意事项

ABC 分类控制的目标是把重要的物料与不重要的物料区分开来并且区别对待,企业在对 ABC 三类物料进行分类控制时,还需要注意以下几个方面:

(1) ABC 分类与物料单价无关。A 类物料占用库存资金比例很高,可能是单价不高但需求量极大的组合,也可能是单价很高但需求量不大的组合。与此相类似,C 类物料可能是单价很低,也可能是需求量很小。通常对于单价很高的物料,在管理控制上要比单价较低的物料更严格,并且可以取较低的安全系数,同时加强控制,降低因安全库存量减少而引起的风险。

(2) 有时仅依据物料占用库存资金的多少进行 ABC 分类是不够的,还须以物料的重要性作为补充。物料的重要性主要体现在缺货会造成停产或严重影响正常生产、危及安全和缺货后不易补充三个方面。对于重要物料,可以取较高的安全系数,一般为普通物料安全系数的 1.2~1.5 倍,提高可靠性,同时加强控制,降低缺货损失。

(3) 进行 ABC 分类时,还要对诸如采购困难问题、可能发生的偷窃、预测困难问题、物料的变质或陈旧、仓容需求量大小和物料在经营上的急需情况等因素加以认真的考虑,做出适当的分类。

(4) 可以根据企业的实际情况,将库存物料分为适当的类别,并不要求局限于 A、B、C 三类。

(5) ABC 分类情况不反映物料的需求程度,也不揭示物料的获利能力。

思政园地

鸿星尔克创新供应链模式

2021 年 7 月,河南郑州暴发洪水,各行各业进行了不同方式的捐助。其中,倍受关注的是鸿星尔克的 5 000 万元捐款。一个连续几年亏损,把自己的老本拿出来捐款的公司,迅速引发关注。

鸿星尔克火爆的那几天,单日线上交易过亿元,这样的消费,实现了快速清库存。而接下来它的直播和电商平台,全部开始走预售模式。从这一点可以看出,新流量驱动了供应链的变革:预售模式、爆品模式,成就了订单驱动互联网制造的新型供应链模式。为什么鸿星尔克敢这样做?因为它遍布全国的五大生产基地创造了 90% 的产能,所有运动鞋与服装,都是自己研发生产的。

鸿星尔克的物流架构,预计会成为未来数字经济时代新物流的一个标杆。全国 4 个中央仓+12 个区域仓+7 000 家线下门店,构建了一个全面协同的供应链运营体系、新的供应链模式。可以看出,它们的仓库的功能已经不是以存货为主了,而是快速集散功能。爆款带动预售,预售带动订单生产,订单进入全国物流网络,实现快速订单履约。

启示:"为众人抱薪者,不可使其冻毙于风雪",这是中国人朴素而可贵的价值观,也是几千年流传下来的崇德向善文化的重要内涵。销售火爆,是对鸿星尔克真诚善良的回馈。另一方面,鸿星尔克的供应链创新,实现了数字化渠道、数字化制造、数字化物流、数字化用户(粉丝)管理。

技能训练

在库存商品的管理模式上，家乐福实行品类管理，优化商品结构。一个商品进入之后，会由POS机实时收集库存、销售等数据进行统一的汇总和分析，根据汇总和分析的结果对库存的商品进行分类。然后，根据不同的商品类别拟定相适合的库存计划模式，对于不同类型的商品，根据分类制定不同的订货公式的参数。根据安全库存量的方法，当可得到的仓库存储水平下降到确定的安全库存量或以下的时候，该系统就会启动自动订货程序。

从家乐福库存商品管理模式中获得的启示如下：

（1）运用ABC分类法对物料分类管理。家乐福根据流量大、移动快速，流量适中以及流量低、转移速度慢三种情况把物料分为A、B、C三类，这就有助于管理部门为每一个分类的品种确立集中的存货战略。

（2）根据品类管理制定不同的库存计划模式。假设一家制造企业的物料已经按照ABC分类的概念并结合自身的情况进行了品种分类，分别为A类物料、B类物料和C类物料。A类物料的特征为：流量大、移动快速，在企业物料中最为重要；管理方式就会采取严密的管理方式和预测准确的库存计划，即使预测的成本较高，也要尽可能使无效库存数为零；管理模式可以采用MRP方式。B类物料的特征为：流量适中，仅次于A类的重要物料品种；管理方式为采用中度的方式，原则上，同时容许少量风险的无效库存的存在；管理模式可以是安全存量的方式。C类物料的特征为：流量低或转移缓慢，相对重要性也较低；管理方式采用宽松的管制即可，简化仓储出库、入库手续；管理模式是复仓法。

讨论：评价家乐福的品类划分标准。

复习思考题

1. 经济订货批量的含义和假设条件是什么？
2. 什么是独立需求与相关需求？订货点采购的原理是什么？
3. 什么是定量订货法？其原理是什么？
4. 什么是定期订货法？其原理是什么？
5. 叙述ABC分类法的基本原理。
6. 在ABC分类法中，如何对A、B、C各类物料进行控制？
7. 某公司每年以每单位60元的价格采购某种产品9 000个。在整个过程中，处理订单和组织送货要产生125元的费用，每单位的产品成本所产生的利息费用和存储成本是9元。请问这种产品的最佳订货政策是什么？
8. 某种物资的销售速率和订货提前期均服从正态分布，销售速率$R\sim N(100,20)$吨/月，订货提前期$T_k \sim N(1,1/3)$月，一次订货费用100元，每吨物资的月保管费为10元，如果采用定量订货法，求$\alpha=1.28$时的订货策略。
9. 某种物资月需求量服从均值15吨、标准差为2吨的正态分布，每次订货费用30

元,存储费用 1 元/吨·月,订货提前期为 1 个月,如果实行定期订货,首次盘点得到当时库存 21.32 吨,在途物资 5 吨,已订货未提走 5 吨。如果 $\alpha=2$,求订货周期、最大库存量以及首次订货的数量。

实践技能训练

1. 实训内容:ABC 库存管理法。

2. 实训目的:ABC 库存管理法是库存管理中常用的分析方法,在种类繁多的库存商品中,有的物品重要一些,有的物品相对不重要,为了节省管理精力,就应该对重点物品实施重点管理,通过本项实训,使学生掌握库存管理中划分重点物品与非重点物品的标准、划分的一般步骤以及不同种类物品相应的库存管理手段。

3. 实训组织:将学生 4~6 人分为一组,确定职责关系,教师根据实训题目划分各自的任务,在规定的时间里完成任务,并提交报告。

4. 实训题目:

一家规模较大的连锁超市,运用 ABC 分类法进行货物库存管理。其步骤如下:

(1)将货物的销售额进行统计,然后按销售额大小将货物进行排列,并算出每种货物占总销售额的比重。

(2)根据所列种类货物占销售额的比重,计算出累计销售额比重,从而确定它们属于哪一类,填入 ABC 分类表格中。该超市将累计占用销售额比重 68% 的货物归为 A 类,又称为主力货物;将累计占用销售额比重 25% 的货物归为 B 类,又称为辅助性货物;将累计占用销售额比重 6% 的货物归为 C 类,又称为附属性货物。

(3)货物 ABC 管理趋势分析。为使 ABC 分类管理法起到管理库存的作用,该超市还进行了一段时间的连续分析,调查每种货物的销售趋势,以供物流和采购决策之用,见表 8-6。

表 8-6 商品原始数据

商品编号	商品数统计(件)	占品种数百分比(%)	供货金额数(万元)	占供货金额百分比(%)
1	260	7.6	5 800	69
2	68	2	500	6
3	55	1.6	250	3
4	95	2.8	340	4
5	170	5	420	5
6	352	10	410	5
7	2 421	71	670	8
合计	3 421	100	8 390	100

试对表中商品进行 ABC 分类,并分析三类商品的库存控制方法。

阅读案例

如何选择库存缓冲点？

在供应链管理中,材料管理和配送管理活动之间形成的存货点称为库存缓冲点(Decoupling Points,简称 DP)。库存缓冲点的定位反映了企业供应链的客户服务水平、库存状态以及采购战略等重大问题,因此库存缓冲点是审视供应链管理合理性的重要变量指标。

以我们身边常见的餐饮企业为例,库存缓冲点一般有五种,如图 8-9 所示。

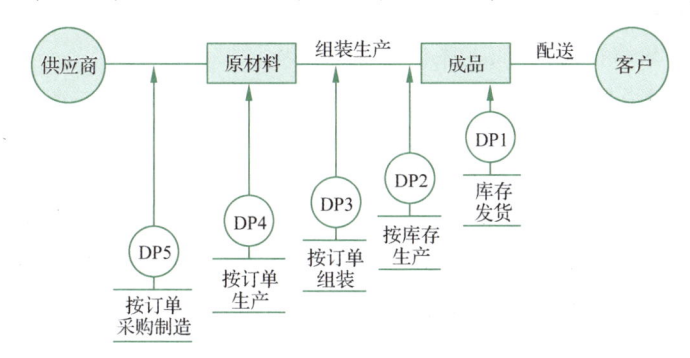

图 8-9 五种库存缓冲点模式

DP1:在食堂吃饭时,我们常端着盘子,用手向厨师示意。如果把手指的动作看成下订单,打菜动作看成交付,那么企业满足顾客的速度则非常快,几乎是零时差。然而,这种模式对食堂或快餐店并不完全有利,因为承担的库存是熟食状态,备货多可能产生库存浪费,备货少又不够卖。

在这种模式下,企业将库存置于离客户最近的位置,不允许缺货。企业的采购计划、生产计划、库存配送计划都来源于内部预测。

DP2:当你在火锅店将点餐单交给服务员时,通常 3~5 分钟就有人将所点食物送上来。这体现了库存缓冲点的另一种模式,即存货生产。不管是哪一位顾客下的订单,后厨都只需要将已经储存在冰柜内的食物取出来,拼盘送达即可。

在流通型企业中,这种方式称为分散需求、集中存储。如国美或苏宁电器在一个城市有很多门店,而每个门店通常只摆一个样品,当顾客下达订单缴款后,由配送中心统一安排配送给顾客。因为根据供应链管理"大数定律",库存点越多,预测误差越大,通过将库存集中存放,可以提高预测精度,降低整体库存水平。同时,对顾客需求的满足响应速度放慢了。

DP3:同样作为快餐店的麦当劳和肯德基则情况有所不同,因为品种少,顾客作选择的时间很短。以"巨无霸汉堡"为例,当收银员下达指令后,通常不超过 90 秒,汉堡就会做好。细心观察的顾客应该知道,汉堡绝不是在点餐前就存在,而是在点餐后由后台加工中心用面包、牛肉、生菜临时"组合"起来的。在这 90 秒内,包括了信息的处理、后厨活动以及收银员的取递。

肯德基模式意味着在顾客下订单时，企业将库存置于零配件状态。劳斯莱斯汽车、戴尔电脑皆属此类模式，即接到订单后开始生产组装的 ATO（Assembly to Order）模式。联想电脑在专卖点一手交钱一手交货，意味着库存在 DP1；而戴尔在顾客付款后 12～15 天内才能发货，对顾客来讲，响应需求时间延长；但对戴尔而言，只预测零配件的需求，而不用预测成品电脑需求，可以提高预测精度，降低库存。

DP4：在五星级酒店吃饭，你会发现情况又有所不同，点好菜后等待上菜的时间更长了。

在酒店模式下，可供选择的品种变多，当顾客下订单的时候，产品多处于原材料状态，在接到订单后，企业响应所需的活动更多，交付时间自然更长。这种模式常见于高档家具和印刷行业，即接到订单后开始生产的 MTO（Make to Order）模式。企业将库存置于原材料状态，响应市场稍慢的同时，也降低库存的风险。

DP5：最后一种是"私家菜"模式，一些私家菜馆需要至少提前三个月预订，这意味着从下达订单到满足需求，顾客需要等待约 90 天。

"私家菜"模式响应顾客的需求时间更长，相当于顾客下订单的时候库存处于供应商处或供应商的供应商处，对企业来讲，无库存风险。运作模式是接到顾客确定的需求后，才开始安排设计、采购、生产、包装、配送物流等活动，生产模式相当于面向订单的采购（Purchase to Order，PTO）或面向订单的设计（Engineer to Order，ETO），如三菱电梯、远大空调都属于此类。

以上五种库存缓冲点模式，不存在孰好孰坏，对企业而言，合适的才是最好的。首先，任何一家企业的库存缓冲点都需要根据现有的资源及产品市场需求决定。其次，在同一种产品的不同生命周期，库存缓冲点的定位是动态的。最后，企业不可能只选择唯一的库存缓冲点模式，一定是因时因地制宜，多种模式相组合。

（资料来源：中国物流与采购联合会官网）

项目 9
MRP 采购与库存控制

知识目标

1. 了解 MRP 的由来和发展;
2. 掌握 MRP 的基本原理;
3. 重点掌握 MRP 的实施。

技能目标

1. 能够熟练掌握 MRP 相关的英文缩写;
2. 能够根据相关信息画出产品结构树;
3. 能够进行 MRP 的计算;
4. 能够根据实际情况调整 MRP 采购计划。

素质目标

1. 培养实事求是的工作作风,运用所学知识服务社会;
2. 树立严谨的职业道德观,讲诚信,遵守职业规范。

思维导图

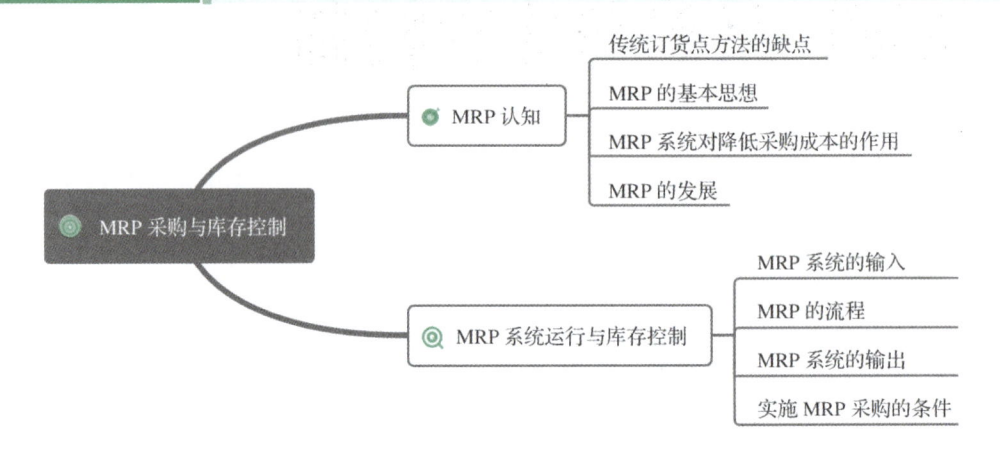

- **MRP 采购与库存控制**
  - MRP 认知
    - 传统订货点方法的缺点
    - MRP 的基本思想
    - MRP 系统对降低采购成本的作用
    - MRP 的发展
  - MRP 系统运行与库存控制
    - MRP 系统的输入
    - MRP 的流程
    - MRP 系统的输出
    - 实施 MRP 采购的条件

任务描述

生产木制百叶窗和书架的某厂商收到两份百叶窗订单：一份要 100 个百叶窗，另一份要 150 个百叶窗。在当前时间进度安排中，100 个百叶窗的订单应于第 4 周开始时运送，150 个百叶窗的订单则于第 8 周开始时运送。每个百叶窗包括 4 个木制板条部分和 2 个框架部分。木制板条部分是工厂自制的，制作过程耗时 1 周。框架需要订购，生产提前期是 2 周。组装百叶窗需要 1 周。第 1 周（初始时）的预期到货量是 70 个木制板条部分。为使送货满足如下条件，求解计划订货下达的订货规模与订货时间。

（1）配套订货（订货批量等于净需求）。

（2）320 单位框架与 70 单位木制板条部分的批量订货。

任务分析

这是一个运用 MRP 求物料需求计划的问题。企业生产系统是一个复杂系统，一个产品由多个零部件构成，每个零部件又包括多个零部件、多道加工工序，不同的零部件和工序又构成了不同的生产车间。一个完整的产品，有成千上万个零部件。这些不同的生产车间、不同的生产工序生产出来的零部件又要按一定的时间进度、一定的比例关系——装配成一个个完整的产品。装配生产线—运转起来各个零部件只要有一个到不了位，产品就装配不成。因此从产品到零部件，再到原材料，从总装车间到各个分装车间，再到各个仓库，整个企业的生产需要有一个庞大、精确的计划，包括生产计划和采购计划，才能把不同空间、不同时间的零部件有条不紊地进行生产和装配，按时按量地组织到总装配线上来，最后装配成合格的产品。

MRP（物料需求计划）是生产企业用来制订物料需求计划、进行生产管理的一个应用软件。它不但可以制订出企业的物料投产计划，还可以用来制订外购件的采购计划，非常适合在加工、制造、装配企业中使用,配合计算机使用,可以迅速制订出比较详细和复杂的生产计划和采购计划。因此许多大型的企业,都把应用 MRP 作为自己坚定不移的目标。这些应用 MRP 的企业,一般都能够获得比较好的效果。切实按照其制订的计划去执行,既可以保证产品在装配时不发生缺货、保障企业生产的正常进行,又能保证采购的产品库存量不高也不低,刚好可以满足生产计划规定的需要,不会造成库存积压,也不会缺货。此外,可以使库存管理井井有条,节省保管费用,节省计划人员。

以此任务为例,要求解计划订货下达的订货规模与订货时间,需要完成以下任务:

任务 1:MRP 认知。

任务 2:MRP 系统运行与库存控制。

任务 1　MRP 认知

企业的生产系统是一个相当复杂的系统,要保证产品顺利完工,企业就要制订详细的生产计划和采购计划。而如果单纯依靠人工计划,工作量大、参与人数多,容易造成顾此失彼,既花费不少费用又增加了库存成本,也影响了产品生产的正常运转。所以有必要对这种采购方式进行改革,于是就产生了最初的物料需求计划(Material Requirement Planning,简称 MRP),一种计算物料需求量和需求时间的系统。

一、传统订货点方法的缺点

用传统的订货点方法来处理制造过程中的供需矛盾有很大的盲目性,结果造成大量原材料及在制品库存。传统订货点方法与 MPR 一样,也是要解决订什么、订多少和何时提出订货三个问题,但它是靠维持一定量的库存来保证需要的。订货点方法用于制造过程主要有以下几个缺点:

(一)盲目性

传统订货点方法在于对需求量的情况不了解,盲目地维持一定量的库存会造成资金积压。例如,企业对某种零件的需求可能出现三种情况,见表 9-1。

表 9-1　　　　　　　　　　企业对某种零件的需求

周次	1	2	3	4	5	6	7	8	9	10
情况 1	20	0	0	20	0	0	0	20	0	0
情况 2	20	0	40	0	0	0	0	0	0	0
情况 3	20	0	0	0	0	0	0	0	0	40

按经济订货批量(EOQ)公式,可以计算出经济订货批量,比如说 50 件。这样,对于情况 1,第一周仅需 20 件,若一次订 50 件,则余下的 30 件还需存放 3 周,到第 4 周再消耗 20 件,余下的 10 件还需要存放 4 周,而且还满足不了第 8 周的需要,因此,在第 8 周前又要要提出数量为 50 件的订货;对于情况 2,订货量不足以满足前三周的需要;对于情况 3,剩余的 30 件无缘无故地存放了 9 周,而且还满足不了第 10 周的需要。靠定量订货维持库

存来保证需要,由于对需求的数量及时间不了解,造成了浪费。

(二)高库存与低服务水平

用订货点方法会造成高库存与低服务水平。由于企业对需求的情况不了解,只有靠维持高库存来提高服务水平,这样会造成很大的浪费。而且服务水平达到95%以上时,再要提高服务水平,库存量将上升很快。从理论上讲,服务水平接近100%,则库存量必然趋于无穷大。

如果装配一个部件需要5种零件,当以95%的服务水平供给每种零件时,每种零件的库存水平会很高。即使如此,装配这个部件时,5种零件都不发生缺货的概率仅为$0.95^5=0.774$,即装配这种部件时,几乎4次中就有1次碰到零件配不齐的情况。一件产品常常包含上千种零部件,装配产品时不发生缺件的概率就会很低。这就是采用订货点方法造成零件积压与短缺共存局面的原因。

(三)形成块状需求

采用订货点方法的条件是需求均衡,但是,在制造过程中形成的需求一般都是非均匀的;不需要的时候为零,一旦需要就是一批。采用订货点方法加剧了这种需求的不均匀性,如图9-1所示的例子就清楚地表明了这一点。

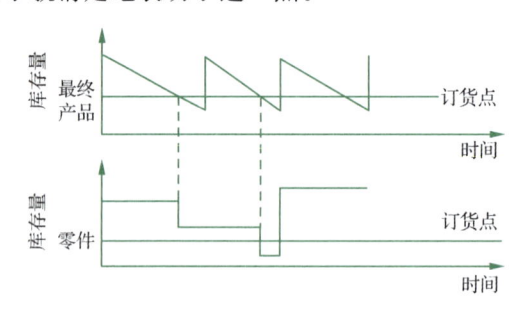

图 9-1 订货点方法与块状需求

在这个例子中,产品、零件的库存都采用订货点方法控制。产品的需求由企业外部多个用户的需求决定,由于每个用户的需求相差不大,综合起来,对产品的需求比较均匀,库存水平变化的总轮廓呈锯齿状。当产品的库存量下降到订货点以下时,要组织该产品的装配,于是要从零件库存中取出各种零件。这样,零件的库存水平陡然下降一块,而在此之前,尽管产品库存水平在不断下降,由于没有到达订货点,不必提出订货,因而零部件的库存水平维持不变。

由此可以看出,在产品需求率均匀的条件下,由于采用订货点方法,造成对零件和原材料的需求率不均匀,呈块状。块状需求与锯齿状需求相比,平均库存水平几乎提高一倍,因而占用更多的资金。

订货点方法是用于处理独立需求问题的,它不能令人满意地解决生产系统内发生的相关需求问题。而且,订货点方法也不适于订货型生产(MTO)企业。于是,人们提出了MRP。它可以精确地确定对零部件、毛坯和原材料的需求数量与时间,消除盲目性,实现了低库存与高服务水平的并存。

二、MRP 的基本思想

(一) MRP 的基础知识

MRP 应用的目的之一是进行库存的控制和管理。按需求的类型可以将库存问题分成两种,独立性需求和相关性需求。独立性需求和相关性需求的概念是美国的 J. A. 奥列基博士(Dr. Joseph A. Orlicky)提出的,同时他还指出订货点方法只适用于独立性需求的物资。

独立性需求库存是指将要被消费者消费或使用的制成品的库存,如自行车生产企业的自行车的库存。制成品需求的波动受市场条件的影响,而不受其他库存品的影响。这类库存问题往往建立在对外部需求预测的基础上,通过一些库存模型的分析,制定相应的库存政策来对库存进行管理,如什么时候订货、订多少,如何对库存品进行分类等。

相关性需求库存是指将被用来制造最终产品的材料或零部件的库存。自行车生产企业为了生产自行车还要保持很多原材料或零部件的库存,如车把、车梁、车轮、车轴、车条等。这些物料的需求彼此之间具有一定的相互关系,例如,一辆自行车需要两个车轮,如果生产 1 000 辆自行车,就需要 1 000×2＝2 000 个车轮。这些物料的需求不需要预测,只需通过相互之间的关系来进行计算。在这里,自行车称为父项,车轮称为子项(或组件)。

20 世纪 60 年代,随着计算机应用的普及和推广,人们可以应用计算机制订生产计划,美国生产管理和计算机应用专家 Oliver W. Wight 和 George W. Piosh 首先提出了物料需求计划,IBM 公司则首先在计算机上实现了 MRP 处理。

MRP 基本的思想原理是,由主生产计划(MPS,Main Product Schedule)和主产品的层次结构逐层逐个地求出主产品所有零部件的出产时间、出产数量。其中,如果零部件靠企业内部生产,需要根据各自的生产时间长短来提前安排投产时间,形成零部件投产计划;如果零部件需要从企业外部采购,则要根据各自的订货提前期来确定发出各自订货的时间、采购的数量,形成采购计划。切实按照这些投产计划进行生产和按照采购计划进行采购,就可以实现所有零部件的出产计划,从而不仅能够保证产品的交货期,而且能够降低原材料的库存,减少流动资金的占用。

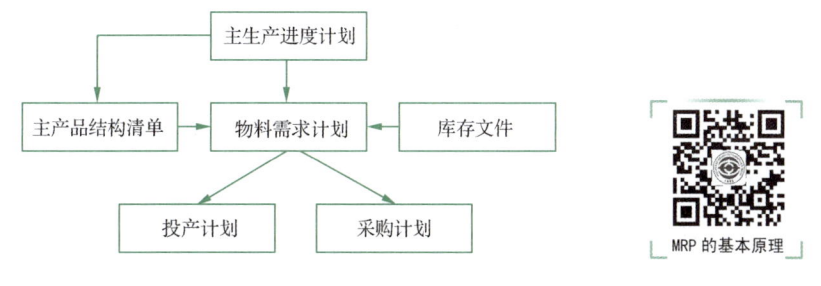

(二) MRP 的逻辑原理

MRP 的逻辑原理如图 9-2 所示。由图可以看出,物料需求计划是根据主生产进度计划(MPS)、主产品结构清单(BOM,Bill of Materials)和库存文件形成的。

图 9-2　MRP 的逻辑原理

主产品就是企业用以供应市场需求的产成品。例如,汽车制造厂生产的汽车,电视机厂生产的电视机,都是各自企业的主产品。

主产品结构清单主要反映主产品的层次结构,所有零部件的结构关系和数量组成。根据这个清单,可以确定主产品及其各个零部件的需要数量、需要时间和它们相互间的装配关系。

主生产进度计划主要描述主产品及由其结构文件决定的零部件的出产进度,表现为各时间段内的生产量,包括出产时间、出产数量,或者装配时间、装配数量等。

库存文件包括主产品及其所有零部件的库存量,已订未到量和已分配但还没有提走的数量。制订物料需求计划有一个指导思想,就是要尽可能减少库存。产品优先从库存物资中供应,仓库中有的,就不再安排生产和采购。仓库中有但数量不够的,只安排不够的那一部分数量投产或采购。

由物料需求计划再产生产品投产计划和采购计划,根据投产计划和采购计划组织物资的生产和采购,生成制造任务单和采购订货单,然后交制造部门生产或交采购部门采购。

三、MRP系统对降低采购成本的作用

MRP系统对降低采购成本的作用主要表现在:

(一)周密计划

MRP计划可以延续到未来某个任意日期,这样不但可以按需采购,而且可以保证足够的采购提前期和采购预算,防止因突发性采购(紧急采购)而增加额外的采购费用。

(二)设置标准成本

每一个会计年度,企业都必须通过运行MRP系统的模拟成本,确定标准成本,也就是必须严格控制的成本限额。邯钢的"市场模拟,成本否决"就是MRP系统中根据市场可能接受的价格,在保证一定利润的前提下,确定的标准产品成本。

(三)控制采购权限,以控制资金流出

MRP系统可设置每一个采购员的采购物料范围和支付权限,同时规定超过限额的审批层次和权限,以规范采购管理。

(四)控制库存量

在MRP系统中,要对每一种物料规定最大储存量和最长储存期限。超过最大值时,系统发出提示信号以便纠正。

(五)查询采购订单

系统可提供多种查询途径,如采购单编码、物料号、供应商号、采购员代码、交货日期等,以跟踪采购合同执行情况。

(六)严格控制付款程序

付款前,系统将自动进行一系列的对比,如物料规格性能、合格数量、交货日期是否与采购单一致,报价单与发票金额是否一致,必须几方面都相符才能执行付款程序,严格控制不良资金流出。

四、MRP 的发展

(一)闭环 MRP 系统

20世纪60年代,MRP能根据有关数据计算出相关物料需求的准确时间与数量,但它还不够完善,其主要缺陷是没有考虑到生产企业现有的生产能力和采购的有关条件的约束。因此,计算出来的物料需求的日期有可能因设备和工时的不足而没有能力生产,或者因原料的不足而无法生产。同时,它也缺乏根据计划实施情况的反馈信息对计划进行调整的功能。

正是为了解决以上问题,MRP系统在20世纪70年代发展为闭环MRP系统。闭环MRP系统除了物料需求计划外,还将能力需求计划、车间作业计划和采购作业计划也全部纳入MRP,形成一个封闭的系统,如图9-3所示。

MRP系统的正常运行,需要有一个现实可行的主生产进度计划。它除了要反映市场需求和合同订单以外,还必须满足企业的生产能力约束条件。因此,除了要编制物料需求计划外,我们还要制订能力需求计划(CRP),同各个工作中心的能力进行平衡。只有在采取了措施做到能力与资源均满足负荷需求时,才能开始执行计划。

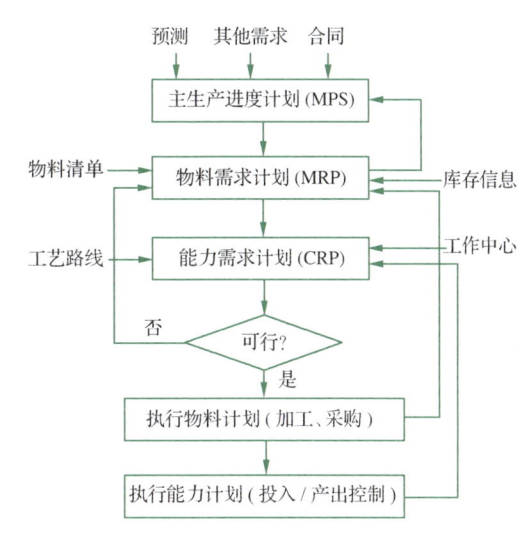

图 9-3 闭环 MRP 系统逻辑流程

物料需求计划生成之后,即进入能力需求计划的功能模块。在这里,首先利用工艺路线资料对生产这些物料所需要的生产能力进行计算,制订出能力需求计划。这是一种按加工中心汇总的,表明它们在每个时段内应为每项物料的工序加工任务提供多少能力台时(工时)的负荷分布计划。然后从工作中心取得它们在各时段可用能力的数据,将需用能力与可用能力项比较,来检查这个计划的可行性。若存在不可行之处,就返回去修改能力需求计划。在达到满意的平衡后,进入车间作业控制子系统,监控计划的实施过程,即在实施计划的过程中仍要随时反馈实际进度的信息,使计划人员能根据情况的变化,进一步调整计划,来指导生产的进行。这样,整个计划与控制工作形成有机的闭回路系统,这就是闭环 MRP 系统。

(二)制造资源计划(MRP Ⅱ)系统

闭环MRP系统的出现,使生产活动方面的各种子系统得到了统一。但这还不够,因为在企业的管理中,生产管理只是一个方面,它所涉及的仅仅是物流,而与物流密切相关的还有资金流。这在许多企业中是由财会人员另行管理的,这就造成了数据的重复录入与存储,甚至造成数据的不一致性。

于是，在 20 世纪 80 年代，人们把生产、财务、销售、工程技术、采购等各个子系统集成为一个一体化的系统，并称为制造资源计划（Manufacturing Resource Planning）系统，英文缩写还是 MRP，但为了区别物流需求计划，遂记为 MRP Ⅱ。

1. MRP Ⅱ 的原理与逻辑

MRP Ⅱ 的基本思想就是把企业作为一个有机整体，从整体最优的角度出发，通过运用科学方法对企业的各种制造资源和产、供、销、财各个环节进行有效的计划、组织和控制，使它们得以协调发展，并充分地发挥作用。

MRP Ⅱ 的逻辑流程如图 9-4 所示。

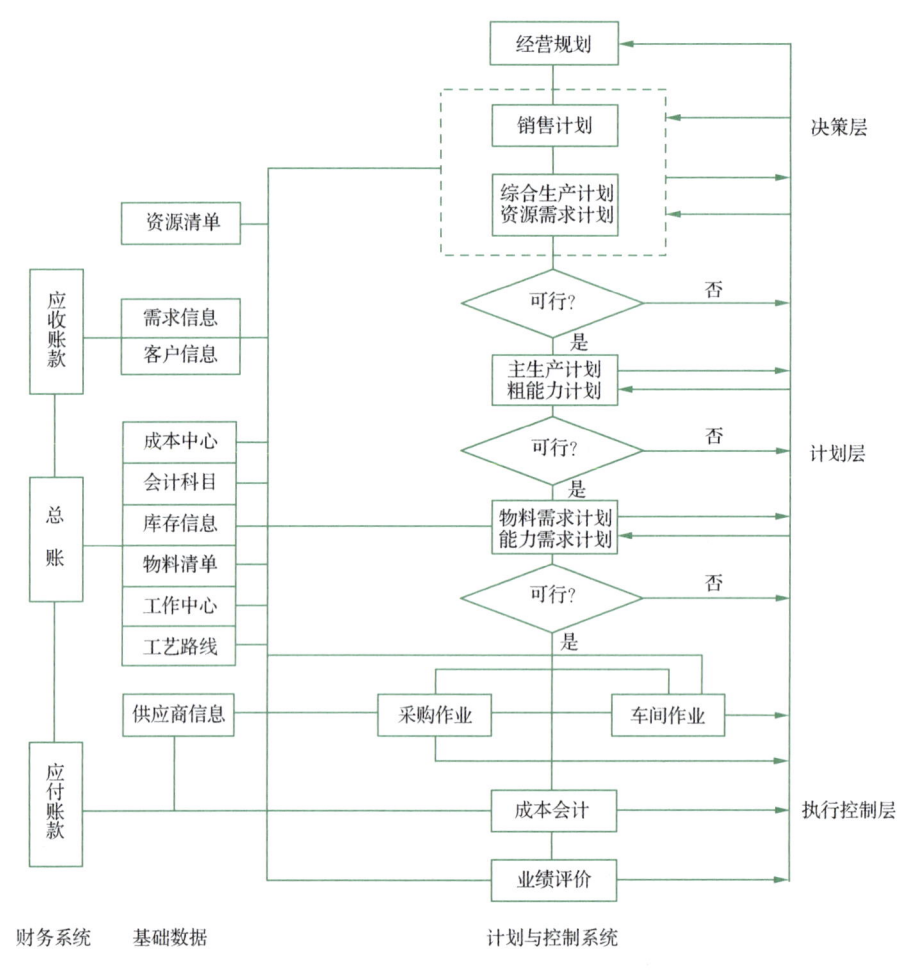

图 9-4　MRP Ⅱ 的逻辑流程

在流程图的右侧是计划与控制的流程，包括决策层、计划层和执行控制层，可以理解为经营计划管理的流程；中间是基础数据，要储存在计算机系统的数据库中，并且反复调用。这些数据信息的集成，把企业各个部门的业务沟通起来，可以理解为计算机数据库系统；左侧是主要的财务系统，这里只列出应收账款、总账和应付账款。各个连线表明信息的流向及相互之间的集成关系。

2. MRPⅡ管理模式的特点

MRPⅡ的特点可以从以下几个方面来说明,每一个特点都含有管理模式的变革和人员素质或行为变革两方面,这些特点是相辅相成的。

(1)计划的一贯性与可行性

MRPⅡ是一种计划主导型管理模式,计划层次从宏观到微观、从战略到技术、由粗到细逐层优化,但始终保证与企业经营战略目标相一致。它把通常的三级计划管理统一起来,计划编制工作集中在厂级职能部门,车间班组只能执行计划、调度和反馈信息。计划下达前反复验证和平衡生产能力,并根据反馈信息及时调整,处理好供需矛盾,保证计划的一贯性、有效性和可执行性。

(2)管理的系统性

MRPⅡ是一项系统工程,它把企业所有与生产经营直接相关部门的工作联结成一个整体,各部门都从系统整体出发做好本职工作,每个员工都知道自己的工作质量同其他职能的关系。这只有在"一个计划"下才能成为系统,条块分割、各行其是的局面应被团队精神所取代。

(3)数据共享性

MRPⅡ是一种制造企业管理信息系统,企业各部门都依据同一数据信息进行管理,任何一种数据变动都能及时地反映给所有部门,做到数据共享。在统一的数据库支持下,按照规范化的处理程序进行管理和决策,改变了过去那种信息不通、情况不明、盲目决策、相互矛盾的现象。

(4)动态应变性

MRPⅡ是一个闭环系统,它要求跟踪、控制和反馈瞬息万变的实际情况,管理人员可随时根据企业内外环境条件的变化迅速做出响应,及时调整决策,保证生产的正常进行。它可以及时掌握各种动态信息,保持较短的生产周期,因而有较强的应变能力。

(5)模拟预见性

MRPⅡ具有模拟功能,它可以解决"如果怎样……将会怎样"的问题,可以预见在相当长的计划期内可能发生的问题,事先采取措施消除隐患,而不是等问题已经发生了再花几倍的精力去处理。这将使管理人员从忙碌的事务堆里解脱出来,致力于实质性的分析研究,提供多个可行方案供领导决策。

(6)物流、资金流的统一

MRPⅡ包含了成本会计和财务功能,可以由生产活动直接产生财务数据,把实物形态的物料流动直接转换为价值形态的资金流动,保证生产和财务数据一致。财务部门及时得到资金信息用于控制成本,通过资金流动状况反映物料和经营情况,随时分析企业的经济效益,参与决策,指导和控制经营和生产活动。

以上几个方面的特点表明,MRPⅡ是一个比较完整的生产经营管理计划体系,是实现制造企业整体效益提高的有效管理模式。

(三)企业资源计划(ERP)系统

进入20世纪90年代,随着市场竞争的进一步加剧,企业竞争空间与范围进一步扩大,MRPⅡ主要面向企业内部资源全面计划管理的思想逐步发展为怎样有效利用和管理整体资源的管理思想，ERP(Enterprise Resource Planning，企业资源计划)也就随之产生。ERP 是在 MRP Ⅱ 的基础上扩展了管理范围，提出了新的结构。

1. ERP 与 MRP Ⅱ 的主要区别

(1)在资源管理范围方面的差别

MRP Ⅱ 主要侧重对企业内部人、财、物等资源的管理，ERP 系统在 MRP Ⅱ 的基础上扩展了管理范围，它把客户需求和企业内部的制造活动以及供应商的制造资源整合在一起，形成企业一个完整的供应链并对供应链上所有环节，如订单、采购、库存、计划、生产制造、质量控制、运输、分销、服务与维护、财务管理、人事管理、实验室管理、项目管理、配方管理等，进行有效管理。

(2)在生产方式管理方面的差别

MRP Ⅱ 系统把企业归类为几种典型的生产方式进行管理，如重复制造、批量生产、按订单生产、按订单装配、按库存生产等，每一种类型都有一套管理标准。而在 20 世纪 80 年代末、20 世纪 90 年代初期，为了紧跟市场的变化，多品种、小批量生产以及看板式生产等是企业主要采用的生产方式，由单一的生产方式向混合型生产发展，ERP 则能很好地支持和管理混合型制造环境，满足了企业这种多角化经营需求。

(3)在管理功能方面的差别

ERP 除了 MRP Ⅱ 系统的制造、分销、财务管理功能外，还增加了支持整个供应链上物料流通体系中供、产、需各个环节之间的运输管理和仓库管理；支持生产保障体系的质量管理、实验室管理、设备维修和备品备件管理；支持对工作流(业务处理流程)的管理。

(4)在事务处理控制方面的差别

MRP Ⅱ 是通过计划的及时滚动来控制整个生产过程，它的实时性较差，一般只能实现事中控制。而 ERP 系统支持在线分析处理(Online Analytical Processing，OLAP)、售后服务及质量反馈，强调企业的事前控制能力，它可以将设计、制造、销售、运输等通过集成来并行地进行各种相关的作业，为企业提供了对质量、适应变化、客户满意、绩效等关键问题的实时分析能力。

此外，在 MRP Ⅱ 中，财务系统的功能是将供、产、销中的数量信息转变为价值信息，是物流的价值反映。而 ERP 系统则将财务计划和价值控制功能集成到了整个供应链上。

(5)在跨国(或地区)经营事务处理方面的差别

现在企业的发展，使得企业内部各个组织单元之间、企业与外部的业务单元之间的协调变得越来越多和越来越重要，ERP 系统应用完整的组织架构，从而可以支持跨国经营的多国家地区、多工厂、多语种、多币制应用需求。

(6)在计算机信息处理技术方面的差别

随着 IT 技术的飞速发展，网络通信技术的应用，使得 ERP 系统实现对整个供应链信息进行集成管理。ERP 系统采用客户/服务器(C/S)体系结构和分布式数据处理技术，支持 Internet/Intranet/Extranet、电子商务(E-commerce)、电子数据交换(EDI)。此外，还能实现在不同平台上的互操作。

思政园地

发展民族软件产业,打造国内领先 ERP 软件

和佳软件是国内最早由 MRPⅡ 发展起来,拥有自主品牌、知识产权的管理软件与服务提供商,20 多年来,通过对企业数据的运营,以及行业专业经验的积累,已构建一套企业大数据生态体系。

谈到创办和佳软件的初衷,可追溯到 1990 年,其创始人在被中科院公派赴美留学学成归来后,发现国内基本上没有成规模的软件公司,大型企业用到的管理软件都是国外提供的,基本上都存在"水土不服"的现象,于是萌生要做适合中国的管理系统的想法。也就在那一年,他创办了国内第一家管理软件公司开思软件,将国外 ERP 概念引入国内管理软件,后又在资本支持下,和佳软件于 1998 年正式诞生,以打造国内领先 ERP 软件,发展民族软件产业为出发点。陈佳眼中的管理软件是带有民族文化内涵的,这也是和佳软件一直在创新发展的道路上不断求索的原因。

启示: 中华民族伟大复兴的内核是经济崛起,民族企业是中华民族伟大复兴的主要微观经济基础和主要生力军。

2. ERP 系统的管理思想

ERP 的核心管理思想就是实现对整个供应链的有效管理,主要体现在以下三个方面:

(1)体现对整个供应链资源进行管理的思想

现代企业的竞争已经不是单一企业之间的竞争,而是一个企业供应链与另一个企业供应链之间的竞争,即企业不但要依靠自己的资源,还必须把经营过程中的有关各方,如供应商、制造工厂、分销网络、客户等,纳入一个紧密的供应链中,才能在市场上获得竞争优势。ERP 系统正是适应了这一市场竞争的需要,实现了对整个企业供应链的管理。

(2)体现精益生产、同步工程和敏捷制造的思想

ERP 系统支持混合型生产方式的管理,其管理思想表现在两方面:其一是"精益生产(Lean Production,LP)"的思想,即企业把客户、销售代理商、供应商、协作单位纳入生产体系,同他们建立起利益共享的合作伙伴关系,进而组成一个企业的供应链;其二是"敏捷制造(Agile Manufacturing)"的思想。当市场上出现新的机会,而企业的基本合作伙伴不能满足新产品开发生产的要求时,企业组织一个由特定的供应商和销售渠道组成的短期或一次性供应链,形成"虚拟工厂",把供应和协作单位看成是企业的一个组成部分,运用"同步工程(SE)",组织生产,用最短的时间将新产品打入市场,时刻保持产品的高质量、多样化和灵活性,即为"敏捷制造"的核心思想。

(3)体现事先计划与事中控制的思想

ERP 系统中的计划体系主要包括主生产计划、物流需求计划、能力计划、采购计划、销售执行计划、利润计划、财务预算和人力资源计划等,而且这些计划功能与价值控制功能已完全集成到整个供应链系统中。ERP 系统通过定义与事务处理(Transaction)相关的会计核算科目与核算方式,在事务处理发生的同时自动生成会计核算分录,保证了资金流与物流的同步记录和数据的一致性,从而实现了根据财务资金现状,可以追溯资金的来

龙去脉,并进一步追溯所发生的相关业务活动,便于实现事中控制和实时做出决策。

技能训练

资料1:一天中午,丈夫在外给家里打电话:"老婆,晚上我想带几个同事回家吃饭可以吗?"(订货意向)妻子:"当然可以,来几个人,几点来,想吃什么菜?"

丈夫:"6个人,我们7点左右回来,准备些酒、烤鸭、番茄炒鸡蛋、凉菜、蛋花汤……你看可以吗?"(商务沟通)妻子:"没问题,我会准备好的。"(订单确认)

妻子记录下需要做的菜单(MPS计划);

具体要准备的东西:鸭、酒、番茄、鸡蛋、调料……(BOM物料清单);

发现需要:1只鸭,5瓶酒,4个鸡蛋……(BOM展开),炒蛋需要6个鸡蛋,蛋花汤需要4个鸡蛋(共用物料)。妻子打开冰箱一看(库房),只剩下2个鸡蛋(缺料)。

到自由市场,妻子:"请问鸡蛋怎么卖?"(采购询价)

小贩:"1个1元,半打5元,一打9.5元。"妻子:"我只需要8个,但这次买1打。"(经济批量采购)。妻子:"这有一个坏的,换一个。"(验收、退料、换料)。

回到家中,妻子准备洗菜、切菜、炒菜……(工艺线路),厨房中有燃气灶、微波炉、电饭煲……(工作中心)。妻子发现拔鸭毛最费时间(瓶颈工序,关键工艺路线),用微波炉自己做烤鸭可能来不及(产能不足),于是改为在楼下的餐厅里买现成的(产品委外)。

下午4点,妻子接到儿子的电话:"妈妈,晚上几个同学想来家里吃饭,你帮忙准备一下。"(紧急订单)。"好的,你们想吃什么,爸爸晚上也有客人,你愿意和他们一起吃吗?"

"菜你看着办吧,但一定要有番茄炒鸡蛋,我们不和大人一起吃,6:30左右回来。"(不能并单处理)"好的,肯定让你们满意。"(订单确定)。鸡蛋又不够了,妻子打电话叫小店送来。(紧急采购)

6:30,一切准备就绪,可烤鸭还没送来,妻子急忙打电话询问:"我是李太太,怎么订的烤鸭还不送来?"(采购委外单跟催)。"不好意思,送货的人已经走了,可能是堵车吧,马上就会到的。"

门铃响了。"李太太,这是您要的烤鸭。请在单子上签字。"(验收、入库、转应付账款)

6:45,接到女儿的电话:"妈妈,我想现在带几个朋友回家吃饭可以吗?"(又是紧急订购意向,要求现货)"不行呀,今天妈妈已经需要准备两桌饭了,时间实在是来不及,真的非常抱歉,下次早点说,一定给你们准备好。"(这就是MRP的使用局限,要有稳定的外部环境,要有一个起码的提前期)

送走了所有客人,疲惫的妻子坐在沙发上对丈夫说:"老公,现在咱们家请客的频率非常高,应该要买些厨房用品了(设备采购),最好能再雇个保姆(连人力资源也有缺口了)。"

丈夫:"家里你做主,需要什么你就去办吧。"(通过审核)

妻子:"还有,最近家里花销太大,用你的私房钱来补贴一下,好吗?"(最后就是应收货款的催要)

讨论:分析案例,仔细体会家庭主妇的行为,包含了多少MRP的工作原理。

资料 2：联邦快递空运公司（FedEx Express）是全球最大的快递公司，其凭借无与伦比的航线权及基础设施成为全球最大的快递公司，向 220 个国家及地区提供快速、可靠、及时的快递运输服务。联邦快递每个工作日运送的包裹超过 320 万个，其在全球拥有超过 138 000 名员工、50 000 个投递点、671 架飞机和 41 000 辆运输车。公司通过 FedEx Ship Manager at fedex.com、FedEdEx Ship Manager Software 与全球 100 多万客户保持密切的电子通信联系。

联邦快递空运公司采用 Oracle 提供的 ERP 产品，已使用的模块包括 PeopleSoft 的资产管理、会计总账管理、财务管理、人力资源管理、电子采购、开支报告、库存管理、项目成本核算及其他模块。1997 年，公司开始实施 PeopleSoft 的会计总账和资产管理模块，在之后几年内的两次重大升级之后，2004 年整个系统已包括 12 个 PeopleSoft 模块。

讨论：联邦快递空运公司 ERP 的模块与制造企业有何不同？你还能找到哪些运作 ERP 成功的企业？

任务 2　MRP 系统运行与库存控制

企业的生产过程是将原材料转化为产品的过程，对于加工装配式生产来讲，其如果确定了产品销售和顾客需要的时间，就可以确定产品的出厂数量和出厂时间，接下来就可按产品的结构确定零部件的数量，并可以按各种零部件的生产周期反推出它们的投产时间。

一、MRP 系统的输入

MRP 系统有 3 个重要信息来源：主生产进度计划、主产品结构文件的物料清单与库存文件。

（一）主生产进度计划（MPS）

主生产进度计划主要描述最终产品及零部件的生产进度，表现为各时间段内的生产量，具体包括生产时间、生产数量或者装配时间、装配数量等。这里的最终产品是企业最终要完成的、要出厂的产成品，它既可以是用来销售、面向消费者用来直接消费的消费品，如汽车制造厂生产的汽车、矿泉水厂生产的矿泉水等，也可以是供应链中提供给下游企业需要的部件或零件，如棉布厂生产的棉布。

主生产进度计划是对综合计划的分解和细化，根据市场预测与用户订单进行综合平衡后确定的，在得到决策机构的审批后，可以作为物料需求计划的输入。它是 MRP 系统最主要的输入信息，也是 MRP 系统运行的主要依据。表 9-2 就是某企业主生产进度计划的一部分。进度表说明，第 4 周开始时需要（例如，送货给顾客）100 个百叶窗，第 8 周开始时还需要 150 个百叶窗。

表 9-2　　　　　　　　　　　百叶窗主生产进度计划

周数	1	2	3	4	5	6	7	8
数量（个）				100				150

主生产进度计划编制示例见表 9-3。

表 9-3　　　　　　　　　　　主生产进度计划编制示例

项目	期末余额	期间							
		1	2	3	4	5	6	7	8
需求预测		10	10	10	10	10	10	10	10
选择预测									
实际需求									
全部需求		10	10	10	10	10	10	10	10
可用库存	15	5	15	5	15	5	15	5	15
可承诺能力									
主生产计划			20		20		20		20

主生产进度计划的编制应首先保证可用库存为正数，因为一旦为负值，就不能保证下一期的需求，这时就向主生产计划发出信号，要求批次生产，如表 9-3 中第 2 期。

（二）主产品结构文件的物料清单

BOM 主要描述主产品的层次结构、所有零部件的结构关系和数量组成，也就是把主产品当成一个整体系统来考虑，分析构成这个系统的每个层次、每个组成部分，考虑主产品包括多少个零部件。产品结构越复杂，零部件的装配组合层次就越多，所需的各种材料和零件的明细表就越复杂、越具体。一般来说，根据 BOM 可以确定主产品及各个零部件的需要数量、需要时间和它们相互间的装配关系。例如，主产品 M 的结构文件如图 9-5 所示。

最高层次的 M 是企业的最终成品，它是由 1 个部件 A、2 个部件 B、2 个部件 C 组成

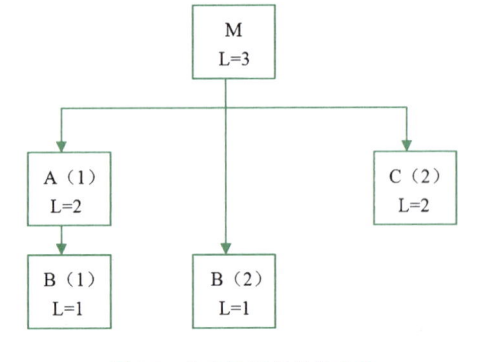

图 9-5　主产品 M 的结构文件

的。而每一个 A 又是由一个 B 组成。其中 A、B、C、M 的生产提前期（图中用 L 代表）分别为 2 周、1 周、2 周、3 周。当产品结构信息输入计算机后，计算机根据输入的结构关系，自动赋予各部件、零件一个代码，按照 MRP 的工作逻辑展开运算。这些必备条件分层列示，从最终产品 0 层开始，然后是 1 层，依次类推。每一层都是组成上层细项的构件，就像家族树一样，上层是各构件的双亲。

注意，产品结构树各细项数量只是完成紧邻上层组件所需的数量。

（三）库存文件

库存文件包括主产品和其所有零部件的库存量、已订未到数量和已分配但尚未领取的数量。采购人员可以从库存记录中得知目前库存中有哪些物料、每种物料有多少存货、

有哪些存货已经订购、已订购多少、何时订购等。它由三个参数构成：

(1)总需求量。它是指主产品和其零部件在每一周的需求量。其中主产品的总需求量与主生产进度计划一致，零部件的需求量根据物料清单推算而来。

(2)计划到货量。在未来某个时间周期内项目的入库量视为库存可用量。它们一般是以临时订货、计划外到货或者物资调剂等得到的货物。

(3)现有库存量。它是指在仓库中实际存放的可用物料库存数量。由于在一周中随着到货和物资供应的进行，库存量是变化的，所以周初库存量和周末库存量是不同的，因此规定记录的库存量都是周末库存量。现有库存量的计算公式为

现有库存量＝本周周初库存量＋本周计划到货量－本周总需求量

以上三个文件是 MRP 的主要输入文件。除此之外，MRP 的运作还需要一些基础性的输入，包括物料编码、提前期、安全库存量等。

二、MRP 的流程

(一)MRP 的基本假设

实施 MRP 系统，除了输入文件外，还要满足以下四个假设条件：

第一，必须保证物料清单和库存文件的数据正确无误。

第二，所有物料的订购和加工提前期是已知的，至少是可以估算的。一般情况下，编制计划的每项物料的提前期都应该是一个固定的数值，因为 MRP 系统无法处理提前期未定的物料。

第三，所有物料都要经过库存等级，即每项物料都要有入库和出库登记。这样，生产过程的每个阶段实质上是通过库存信息来监控的。

第四，计算物料需求时间的时候，构成某个"父项"的所有"子项"必须在下达"父项"的订货需求时到齐。

(二)MRP 的具体流程

MRP 的流程是先用主生产进度计划列明最终产品需求量，再用组件、部件、原材料的物料清单确定各时期需求。

剖析物料清单得到的数量是总需求，它尚未考虑库存持有量与即将收货等因素。厂商根据主生产进度计划生成的、必须予以实际满足的需求叫作物料净需求。决定物料净需求是 MRP 方法的核心。

下面介绍几个常用的术语：

1. 净需求

净需求指各期实际需要量。

2. 计划订货入库量

计划订货入库量是各期初表现出来的期望接受量。在配套订货条件下，它等于净需求。在生产批量订货条件下，它比净需求大。为简化起见，超出部分被加到了下期库存中，尽管实际上它们在本期也可以用。

3. 计划订货下达

计划订货下达指各期计划订货量，等于抵消交货周期影响后的计划订货入库量。此

数将产生下一层次的总需求。

4. 配套订货

在所有方法中,最简单的也许是配套订货模型了,各期订货或运作规模与当期需求相当。这种方法不仅订货规模显然可得,实质上还消除了跨期持有库存的成本。因此,配套订货方法的库存投资最小。它有两个主要缺点,即各期订货规模都有所不同,因此无法使用比较经济的固定订货批量(如标准货柜或其他标准过程),每期都得设置新的订货规模。如果备货成本能够大大降低,那么这种方法就不失为一种成本最小的订货批量确定方法。

5. 经济订货量模型

有时我们也用经济订货量模型(EOQ),如果耗用量比较均匀的话,它也能使成本最小。这种情况往往发生于普遍适用于多个不同双亲的底层细项或原材料。然而,需求越呈块状,这种方法就越不适用。由于最终细项层次需求的块状趋势最明显,EOQ 模型对最终细项的适用性比对更低层次的细项与物料的适用性更差。

利用 MRP 的方法进行物料需求量计算的作用是很明显的,由于精确的计划和计算,一般不会产生超量的原材料库存,这大大地降低了生产成本。MRP 能根据有关数据计算出相关物料需求的准确时间(生产进度日程或外协、采购日程)与数量,为生产过程的物流计划安排和控制提供了方便。

MRP 为最终产品及其各组件、部件做出了计划。从概念上说,它们的数值可以用图描述出来,但实际上,即便是比较简单的产品的部件数量,也足以生成宽度令人无法控制的表格。正因为如此,产品结构树对于追踪各部件之间的关系来说显得极为重要。

三、MRP 系统的输出

MRP 系统能够向管理者提供相当多的输出信息,它们通常被分为主报告与二级报告,前者是主要报告,后者则是可选输出。

(一)主报告

生产、库存的计划与控制是主报告的重要组成部分,这些报告通常包括以下内容:
(1)计划订货,指明了未来订单的数量与时间进度安排。
(2)订单发布,授权执行计划订货。
(3)计划变更,包括预计日期、订货数量的改变与取消订单等。

(二)二级报告

绩效控制、计划工作与例外情况都属于二级报告。
(1)计划执行情况报告评价系统运作状况。它们帮助管理者衡量实际偏离计划的程度,包括送货遗漏与缺货,此外还提供用于评价成本绩效的信息。
(2)计划报告有助于预测未来库存需求。它们包括采购合约以及其他用于评价未来物料需求的信息。
(3)例外报告能够唤起人们对重大差异的注意。重大差异包括最新订单与到货延迟、过多的残次品率、报告失误、对不存在部件的需求等。

大量的输出往往能让使用者沿 MRP 实现他们各自的特定需要。

四、实施 MRP 采购的条件

一般的采购活动都有以下几个步骤：资源调查；供应商认证；询价及洽商；生成请购单；下达采购单；采购单跟踪；验收入库；结算。

实施 MRP 采购除了上述这些步骤外，还必须有一定的基础条件。最为重要的基础条件有两点：一是企业实施了 MRP 管理系统，二是企业有良好的供应商管理。

如果企业没有实施 MRP 系统，就谈不上进行 MRP 采购；不运行 MRP 系统，物料的需求计划就不可能由相关性需求转换成独立性需求；没有 MRP 系统生成的计划订货量，MRP 采购就失去了依据。如果手工计算，计算量可想而知，对于复杂产品的物料相关性需求靠手工计算根本就是不可能实现的。若仍采用订货点方法进行采购，必然造成零部件配不齐或者原材料的大量库存，占用大量的流动资金。因此可以说，MRP 系统与 MRP 采购是相辅相成的，如果企业采用了 MRP 系统，则它对需要购买的物料必然实行 MRP 采购管理，才能使它的 MRP 系统得到良好的运行；而企业若实行 MRP 采购管理，则必然是企业实行了 MRP 系统，否则 MRP 采购如同空中楼阁，失去了基础。

实施 MRP 采购管理必然要有良好的供应商管理作为基础。在 MRP 采购中，购货的时间性要求比较严格。如果没有严格的时间要求，那么 MRP 采购也就失去了意义。如果没有良好的供应商管理，不能与供应商建立起稳定的客户关系，则供货的时间性要求很难保证。

除了上面的这些基础条件外，MRP 采购同一般采购管理还有一点不同，就是物料采购确定或者物料到达后，需要及时更新数据库。这里不仅仅包括库存记录，而且还有在途物料和已订货数量、计划到货量。这些数据都会添加到 MRP 系统中，作为下次运行 MRP 系统的基础数据。

技能训练

现在我们再回头来看本项目任务描述中厂商所面临的任务，该怎样去解决呢？

依据以上理论对任务剖析如下：

1. 制订主生产进度计划，见表 9-4。

表 9-4　　　　　　　　　　百叶窗主生产进度计划

周数	1	2	3	4	5	6	7	8
数量				100				150

2. 制作产品结构树，如图 9-6 所示。

3. 利用主生产进度计划，求解百叶窗总需求，然后再计算净需求。

假设在配套订货条件下，求解满足主生产进度计划时间安排的计划订货入库量与计划下达数量。

图 9-6　产品结构树

主生产进度计划显示需要运送 100 个百叶窗，在第 4 周开始时没有预期库存量，因此净需求也是100单位。于是,第4周的计划接受订货是100个百叶窗。由于装配百叶窗耗时1周,这就意味着计划订货下达在第3周开始时。运用同样的逻辑,150个百叶窗必须在第7周组装,这样才能在第8周运送出去。

在第3周开始时100个百叶窗的计划订货下达,指的是那时必须得到200个框架(总需求)。因为没有预期持有量,净需求就是第3周开始时的200个框架,以及必备条件:200个框架的计划订货入库量。交货周期为2周意味着厂商必须在第1周开始时订购200个框架。同样地,第7周时150个百叶窗的计划订货下达产生第7周的总需求与净需求:300个框架,以及当时报计划订货入库量。2周的交货周期表示厂商必须在第5周开始时订购框架。

第3周开始时100个百叶窗的计划订货下达,同时生成400单位木制板条部分的总需求。然而,由于预期库存量为70个木制板条部分,净需求即为400-70=330单位。这意味着第3周开始时的计划接受量为330单位。制作过程历时1周,因此制作必须在第2周开始(计划订货下达)时进行。同样地,第7周150个百叶窗的计划订货下达产生的总需求是600个木制板条部分。由于木制板条部分没有预期库存量,净需求也是600单位,因此计划订货入库量是600单位。此外,1周的交货周期意味着600个木质板条部分的制作安排在第6周开始时。按需订货方式下的MRP时间进度安排如图9-7所示。

	周数	1	2	3	4	5	6	7	8
百叶窗的总进度时间表	数量				100				150

百叶窗: LT=1周		1	2	3	4	5	6	7	8
	总需求				100				150
	预期到货量								
	预期库存量								
	净需求				100				150
	计划订货入库量				100				150
	计划订货下达			100				150	

乘2

框架: LT=2周		1	2	3	4	5	6	7	8
	总需求			200				300	
	预期到货量								
	预期库存量								
	净需求			200				300	
	计划订货入库量			200				300	
	计划订货下达	300				300			

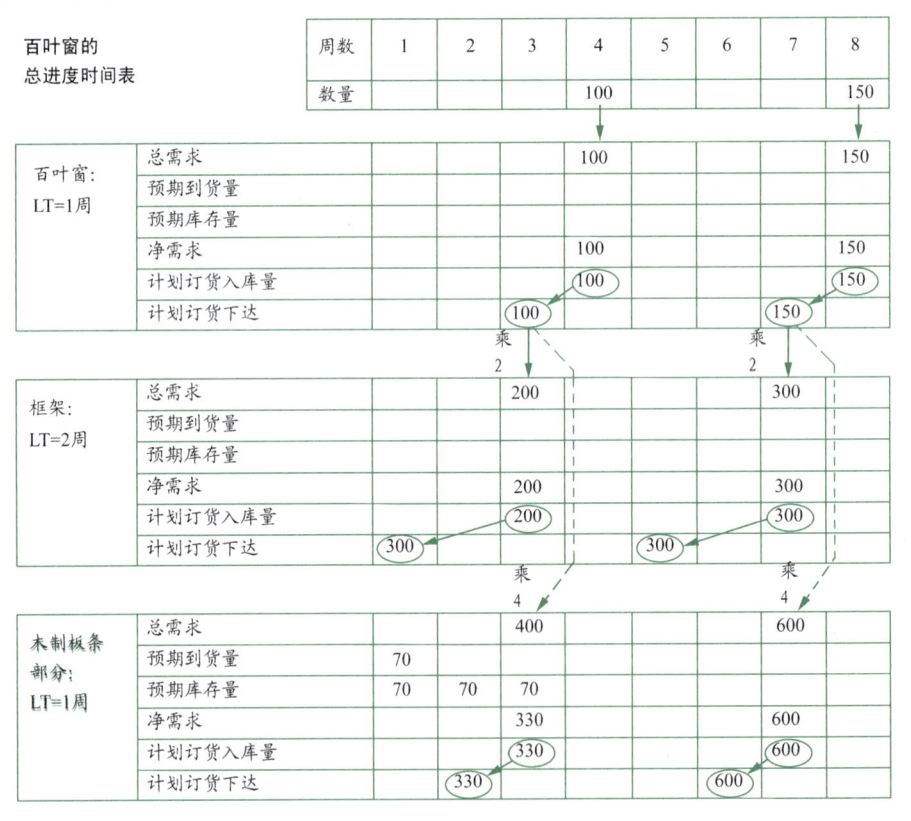

乘4

木制板条部分: LT=1周		1	2	3	4	5	6	7	8
	总需求			400				600	
	预期到货量								
	预期库存量	70	70	70					
	净需求			330				600	
	计划订货入库量			330				600	
	计划订货下达		330				600		

图9-7 按需订货方式下的MRP时间进度安排

4.固定订货批量与配套订货唯一的不同点就是计划接受数量可能超过净需求量,超过部分记为下一期计划库存。

例如,框架的订货批量是 320 单位,第 3 周的净需求是 200 个,因此超过量为 320－200＝120 单位,成为下一周的计划库存量。类似地,框架净需求 180 单位比订货批量 320 少了 140 单位,超过量变为第 8 周计划库存量。

木制板条部分的计算也是如此,第 3 周与第 7 周计划接受量的超过部分加到了第 4 周和第 8 周。注意,订货批量必须是经济生产批量的倍数;第 3 周是 5 乘以 70,第 7 周是 9 乘以 70。固定订货批量方式下各部件 MRP 时间进度安排如图 9-8 所示。

百叶窗的主计划	周数	1	2	3	4	5	6	7	8
	数量				100				150

百叶窗:LT=1周 订货批量=配套订货批量	总需求				100				150
	预期到货量								
	预期库存量								
	净需求				100				150
	计划订货入库量				100				150
	计划订货下达			100				150	

框架:LT=2周 订货批量=320的倍数	总需求				200				300
	预期到货量								
	预期库存量				120	120	120	120	140
	净需求				200				
	计划订货入库量				320				320
	计划订货下达		320				320		

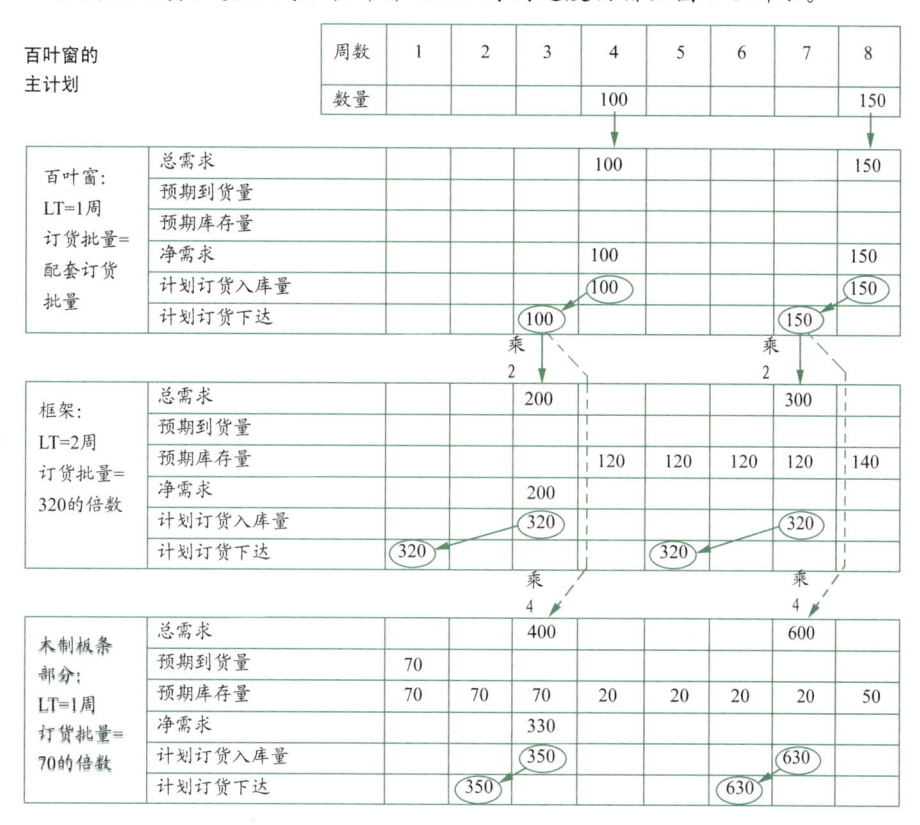

木制板条部分:LT=1周 订货批量=70的倍数	总需求				400				600
	预期到货量	70							
	预期库存量	70	70	70	20	20	20	20	50
	净需求				330				
	计划订货入库量				350				630
	计划订货下达			350				630	

图 9-8 固定订货批量方式下各部件 MRP 时间进度安排

讨论:至此本任务已得到圆满解决,你现在会做了吗?

复习思考题

1. MRP 采购的基本原理是什么?
2. 列出 MRP 系统的输入和输出文件。
3. 简单描述 MRP 的处理过程。
4. 简述 MRP 的发展。
5. ERP 和 MRP Ⅱ 的区别主要在哪些方面?

实践技能训练

1. 实训内容：MRP 采购系统的实施。

2. 实训目的：掌握 MRP 的逻辑原理，运用 MRP 运算系统生成采购计划和采购时间。

3. 实训组织：将学生分组，4～6 人为一组，通过网络搜集企业 MRP 的案例，进一步了解 MRP 的由来及发展过程，然后分析下面案例，以小组为单位形成文件并提交，教师汇集总结。

4. 实训题目：

(1) 搜集企业 MRP 的案例，了解 MRP 的由来及发展过程。

(2) 某企业生产 A 产品，其产品结构如图 9-10 所示。在图 9-10 中，A 为该企业生产的产品；B 和 C 为该企业加工的零部件；D 和 E 为外构件。客户要求在第 6 周期供应 100 件 A 产品，第 10 周期供应 200 件 A 产品。该企业的各种物品库存量及生产和订购提前期见表 9-5。

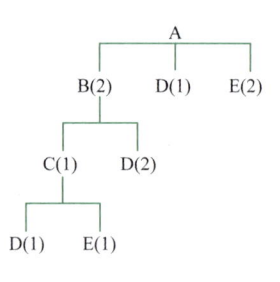

图 9-10　A 产品结构

表 9-5　企业物品库存量及生产和订购提前期

物品	A	B	C	D	E
库存量	30	180	110	200	300
提前期	2	1	1	1	1

求：①企业供应部门需要在什么时间提出订购 D 和 E？D 和 E 的订购量分别是多少，才能达到既保证满足客户对 A 产品的要求，又使企业各种物品库存量为零？②若 D、E 分别有最小包装批量 80 和 100，该怎样执行采购计划？

阅读案例

主生产计划员的中午两小时

星期三上午，11：50，C 电器设备公司的主生产计划员朱女士正准备去吃午饭，电话铃响了，是公司主管销售的副总裁。

"朱女士，你好。我刚刚接到我们浙江销售代表的电话，他说，如果我们能够比 D 公司交货更快，就可以和一家大公司做成 A3 系统的一笔大生意。"

"这是一个好消息，"朱女士回答，"一套 A3 系统可以卖一百万呢。"

"是的，"副总裁说道，"这将是一个重要的新客户，一直由 D 公司控制着。如果我们这第一步走出去了，以后的生意会接踵而来的。"

朱女士知道，副总裁打电话给她决不仅仅是告诉她这个好消息，"如果我们能够比D公司交货更快"才是打电话的原因。作为主生产计划员，她意识到副总裁下面还有话说，她全神贯注地听着。

"你知道，朱女士，交货是销售中的大问题。D公司已经把他们的交货期从原来的5周缩短到4周。"副总裁停顿了一下，也许是让朱女士做好思想准备。然后接着说，"如果我们要做成这笔生意，我们就必须做得比D公司更好。我们可以在3周之内向这家公司提供一套A3系统吗？"

朱女士在今天上午刚刚检查过A3系统的主生产计划，她知道，最近几周生产线都已经排满了，而且，A3系统的累计提前期是6周。这样看来，必须修改计划。"是3周以后发货吗？"朱女士问道。

"恐怕不行，3周就要到达客户的码头。"副总裁回答。朱女士和副总裁都清楚，A3系统太大，不能空运。

"那我来处理这件事吧。"朱女士说，"两小时之后我给您回电话。我需要检查主生产计划，还需要和有关人员讨论。"

副总裁去吃午饭了。朱女士继续工作、解决问题。她要重新检查A3系统的主生产计划，有几套A3系统正处于不同的生产阶段，它们是为其他客户做的。她需要考虑当前可用的能力和物料；她要尽最大的努力，使销售代表能够赢得这个重要的新客户；她还必须让其他老客户保持满意。尽一切可能把所有这些事情做好，这是她的工作。

下午1:50，朱女士给销售副总裁打了电话："您可以通知您的销售代表，从现在开始3周，一套A3系统可以到达客户的码头……"

"太好了！朱女士。您是怎么解决的呀？"副总裁高兴地问道。

"事情是这样，我们有一套A2系统正在生产过程中。我请您的助手给这套A2系统的客户代表打了电话，请他和客户联系，能否推迟2周交货。我们答应这家客户，如果他们同意推迟两周交货，我们将为他们延长产品保修期。他们同意了，我们的财务部门也批准了。我可以修改计划，利用现有的物料和能力把A2系统升级为A3系统，就可以按时交货了。但是还有一个问题，如果能解决，那就可以为您浙江的销售代表开绿灯了。"

"什么问题？"副总裁有点担心。

"您的广东销售代表有一份A3系统的单子正在生产过程中。如果我们按刚说的那样来改变计划，这份订单就得推迟3到4天，您看可以吗？"

球又回到了副总裁手里。他清楚，对原有计划的任何即使是精心的修改也往往要付出一些代价。"好吧，我来处理。"副总裁说。

问题终于解决了。朱女士看看表，2:15，她感到了饥饿。

这个案例清楚地说明，在主生产计划制订和执行过程中，主生产计划员处在一个非常关键的位置上。他（她）的任务是和企业组织中的其他人一起工作来协调希望做和能够做的事情。ERP软件系统的主生产计划功能为主计划员提供了一个工具，主生产计划员必须用好这个工具。主生产计划员必须具有关于企业的丰富知识,知道什么可以做,什么不可以做,知道销售人员所面临的问题。他(她)不但要精通计划的机制,还要了解企业的整体业务,要了解公司的客户、产品、产品的生产过程以及供应商,以便于协调市场销售部门和生产部门以及其他有关部门的工作。所以,做主生产计划,绝不仅仅是向主生产计划矩阵里面填写数字。

在这个案例中,主生产计划员利用MPS软件工具得到关于A3系统的生产、能力和物料信息,在此基础上,她要精心考虑,如何重新做出安排,既要实现本公司的目标,又要让客户满意。她的关于产品和产品生产过程的知识,使她清楚如何把A2系统升级为A3系统。她具有组织和沟通的能力,和公司的其他人员,包括销售、市场、工程技术、财务以及高层管理人员协同工作,找到一个需要公司各个方面共同支持的解决方案。

项目 10
JIT 采购与库存控制

知识目标

1. 了解 JIT 的产生背景、JIT 理念及原理；
2. 掌握 JIT 的目标、特点、实施条件及实施方法；
3. 了解 JIT 采购的原理，掌握 JIT 采购的特点及实施方法；
4. 掌握 JIT 库存的实施条件及实施方法；
5. 重点掌握 JIT 库存的原理及特点。

技能目标

1. 能够识别企业常见的 10 种形式的浪费；
2. 学会 JIT 采购、JIT 库存的实施方法和技巧。

素质目标

1. 培养学生树立绿色可持续发展的理念；
2. 增强学生现代采购意识；
3. 培养学生既要有竞争意识，又要有团结协作、互利共赢意识。

思维导图

- **JIT 采购与库存控制**
  - JIT 基本理念认知
    - JIT 的含义
    - JIT 的理念
    - JIT 的原理
    - JIT 的目标
    - JIT 的基本特点
    - JIT 的实施步骤
  - JIT 采购的实施
    - 传统意义上的采购
    - JIT 采购的产生
    - JIT 采购的优点
    - JIT 采购的实施条件
    - JIT 采购的实施方法
  - JIT 库存的原理及特点认知
    - JIT 库存是库存管理的发展趋势
    - JIT 库存的实施条件
    - JIT 库存的实施方法——看板管理
    - JIT 库存管理的效果
    - JIT 与 MRP 的比较

任务描述

在企业中，最常见的浪费主要有以下十大类：

1. 采购的浪费

不良采购（达不到精确和准时的采购）是企业的严重浪费，不良采购常常导致流程中断，出现等待，造成巨大浪费。

2. 库存的浪费

库存的过大、过小都会造成企业的浪费。

3. 原材料的浪费

这种浪费在企业更为常见，如设计过大、过小；加工过粗、过精；次品的出现；野蛮搬运，存放失当；人为损毁、自然灾害等。

4. 设备的浪费

设备的浪费指为维护设备完好率、利用率方面造成的浪费，破旧设备精度过低造成的原材料浪费,高精设备技术人员缺乏、使用不熟练造成的浪费等。

5. 设施的浪费

厂房、库存、道路、供排水、供电等设施设计不合理,数量、质量等方面的浪费也是很普遍的。

6. 能源的浪费

企业能源在供应、储存、发放、运输方面的流失,能源投入量和配比不合理等都会不同程度地给企业造成浪费。

7. 人工的浪费

在企业中人工的浪费屡见不鲜。例如,设岗方面:多余的岗位、可设可不设的岗位;加工方面:不良品维修、追加检查、过分加工;搬运方面:重复搬运、放置、移动等;动作方面:单手空闲、双手空闲、动作过大、不必要的转身、弯腰、屈伸等。

8. 时间的浪费

企业虽然都懂得"时间就是财富,时间就是生命",但时间上的浪费却是司空见惯的。比如等待的浪费,生产过程中等待与现场联系、等待仓库发货、等待各种维修等。

9. 资金的浪费

不该花的钱花了,该少花的多花了,这是资金浪费最直接的表现。比如,由于企业的大量库存出现额外的搬运,储存成本、物料价值的衰减,呆料、废料的出现等都造成了大量的资金浪费。

10. 环境污染的浪费

现代企业生产中,污染环境更是一种严重的浪费现象。不良排放给社会、企业带来的浪费越来越受到人们的关注。因此,杜绝浪费、减排增效已成为现代企业管理不可或缺的重要内容和目标。

任务分析

在市场竞争环境下,企业要获取更多利润的有效途径就是降低成本,而降低成本最有效的手段就是杜绝浪费。JIT(准时制生产方式)认为,凡是对产品不起增值作用或不增加产品附加值但却增加成本的劳动,都是属于浪费的无效劳动。采购、库存、原材料、能源、人工、时间、资金、环境污染等方面的浪费是目前国内企业中普遍存在的问题。

因此,要想妥善解决这些浪费问题,当务之急就是把JIT理念引入国内企业。我们需要解决的任务如下:

任务1:JIT基本理念认知。

任务2:JIT采购的实施。

任务3:JIT库存的原理及特点认知。

任务 1　JIT 基本理念认知

本项目任务描述中列举出的企业中常见的十大浪费是制约企业降低成本、获取高额利润的"杀手"。要想杜绝浪费、减排增效，就要及时引入 JIT 管理理念，消除无效劳动。

一、JIT 的含义

JIT 是准时制生产方式（Just in Time）的简称，也叫精炼管理，是 20 世纪 70 年代日本创造的一种库存管理和控制的现代管理思想。从定义上看，它包括狭义和广义两层含义：

狭义上的 JIT 是指在需要的时间把物料送达需要的地方。它的实施是使每道工序都与后续的工序同步，以使库存最少。

广义上的 JIT 适用于车间加工、流程生产以及重复性生产等所有生产类型。它与"短周期生产""无库存生产""零库存"意义类似。

"零库存"这个词在 1999 年版的《辞海》里还找不到，但自进入 21 世纪以来，它就不再是一个新概念了。我们越来越多地从企业物流主管、业务人员口中听到"零库存"管理、JIT 之类的概念。

JIT 的基本思想最初是由日本丰田汽车公司提出的。丰田汽车公司的大野耐一创造 JIT 生产方式，是在美国参观超级市场时受超级市场供货方式的启发而萌生的想法。美国超级市场除了商店货架上的货物之外，是不另外设仓库管理库存的。商场每天晚上都根据今天的销售量来预计明天的销售量而向供应商发出订货。JIT 生产方式在 20 世纪 70 年代初期开始实施，旨在满足顾客对产品种类、颜色和型号的不同需求，并力图达到及时供货的要求。20 世纪 70 年代后期，JIT 在日本企业中得到迅速推广，并自 20 世纪 80 年代初以来，作为一种引人注目的先进生产运作管理方式，在西方许多国家和一些欧洲国家中愈来愈广泛地得到重视和应用。我国 JIT 是在 20 世纪 70 年代末期由日本引入的。JIT 的出现顺应了时代的要求和市场变化的特点，经过几十年的实践，已成为具有一整套包括从企业经营理念、管理原则到生产组织、计划与控制以及作业管理、人力资源管理等在内的较完整的理论和方法体系。其生产过程控制和库存管理的基本思想一反传统生产运作管理中历来的观念与方法，在生产运作管理史上具有重要而独特的意义，对丰富和发展现代生产运作管理理论具有重大的影响。

作为一种现代生产运作管理方式，JIT 为企业提供了一种不断提高生产能力和降低生产耗费的有效途径。它所遵循的原则可概括为一句话：只在需要的时候，按照所需要的数量，以完美的质量为顾客提供所需要的产品。

> **思政园地**
>
> **精益生产在国内的革新发展**
>
> 在激烈的市场竞争和巨大生产过剩压力下,随着精益生产理论的成熟,国内的制造商逐渐了解到精益方法不只是一种生产体系,还是一种商业体系,囊括了将一件产品投入市场的所有方面,包括设计、供应商管理、生产以及销售。
>
> 从企业应用层面来看,一部分企业在实行精益生产上获得了较大的成效。长春一汽可以说是我国应用精益生产较为成功的案例企业。上海汽车工业总公司导入精益生产方式后,通过实施精细化管理和准时化管理,最终制造成本逐年下降5%,生产效率逐年提升5%。海尔、联想、TCL、华为、格力和比亚迪等代表中国先进制造水平的企业,都对精益生产进行了系统的研究,根据自身公司现状特点,制定与自身相符的精益生产方式,创造着不同的经济效益。
>
> **启示**:我国当前制造企业在应用和发展精益生产管理上还有一定的提升空间,为了从理论到应用全面地实现本土化,国内企业应在彻底吃透其理论精髓的基础之上结合自身特质不断改良革新。

二、JIT 的理念

JIT 的基本思想理念包括不断改进全面质量控制,全员进行参与和降低库存。它强调消除无效劳动和浪费,针对顾客需求进行生产和提供服务。从运营角度而言,企业经营业绩的提高应体现在产品生产仅针对顾客需求,避免过量生产,及时提供完美质量的产品;生产经营过程中尽可能节约,消除浪费。JIT 另一个重要观念在于,要想使企业的生产经营取得好的效果,仅仅依靠管理体系本身是不够的,优秀的企业是靠素质优良的人员去创造和建立的。企业要想获得成功,应要求并使所有人员发挥各自的潜力,为企业的发展贡献自己最大的力量。更重要的是,企业的员工还能够挖掘自身的创造能力去获得更进一步的改进和完善。

基于上述思想理念和认识,JIT 是一种以消除所有浪费为基础的生产方式,通过生产经营体系本身的不断完善,能持续提高生产率,提高效益。它包含了生产最终产品所需的所有生产活动的成功执行,从技术设计到交货,也包含了原材料转化的所有阶段。

三、JIT 的原理

JIT 以顾客(市场)为中心,根据市场需求来组织生产。JIT 是一种倒拉式管理,即逆着生产工序,由顾客需求开始,订单—产成品—组件—配件—零件或原材料,最后到供应商。具体来说,就是企业根据顾客的订单组织生产,根据订单要求的产品数量,上道工序就应该提供相应数量的组件,更前一道工序就应该提供相应的配件,再前一道工序提供需要的零件或原材料,由供应商保证供应。整个生产是动态的,逐个向前逼近。上道工序提供的正好是下道工序需要的,且时间上正好,数量上正好。

四、JIT 的目标

JIT 的实质是管理过程,包括人事组织管理的优化,大力精减中间管理层,进行组织扁平化改革,减少非直接生产人员;推行生产均衡化、同步化,实现零库存与柔性生产;推行全生产过程(包括整个供应链)的质量保证体系,实现无缺陷;减少任何环节上的浪费,实现零浪费,最终实现拉动式准时化生产方式。

(一)JIT 的基本目标

企业是以盈利为目的的社会经济组织,因此,最大限度地获取利润就成为企业的基本目标。JIT 采用灵活的生产组织形式,根据市场需求的变化,及时、快速地调整生产,依靠严密细致的管理,通过"彻底消除浪费,防止过量生产"来实现企业的利润目标。JIT 希望彻底消除无效劳动和浪费,为实现这一基本目标,JIT 生产必须在产品质量、生产过程、时间等方面确立目标,具体包括:零库存、高柔性(多品种)、无缺陷、零浪费。

准时制运作远不止制定时间表那么简单。从准时制运作的角度来看,存货是毫无用处的,是对资源的浪费。因此,准时制运作就千方百计地要消灭这种浪费。从传统的观点看,存货对生产起到了缓冲的作用,因此,库存管理者需要考虑:"如何才能在最小化成本的基础上提供缓冲?"在现实工作中,为应对操作和运输中出现的一些问题,应对需求的不确定性,企业仍然需要持有一定量的存货,如果能够完全消除供给和需求之间的不平衡,那么也就不再需要存货了。

(二)JIT 的具体目标

1. 零库存

一个充满库存的生产系统,会掩盖系统中存在的各种问题。例如,设备故障造成停机,工作质量低造成废品或返修,横向扯皮造成工期延误,计划不周造成生产脱节等,都可以动用各种库存,使矛盾钝化、问题被淹没。从表面上看,生产仍在平衡进行,但实际上整个生产系统可能已千疮百孔。如果对生产系统存在的各种问题熟视无睹,长此以往紧迫感和进取心将丧失殆尽,而且存货本身是资源的闲置。因此,库存是"万恶之源",是生产系统设计不合理、生产过程不协调、生产操作不良的证明。所以"零库存"就成为 JIT 生产方式追求的主要目标之一。

2. 高柔性

高柔性是指企业的生产组织形式灵活多变,能适应市场多样化的要求,及时组织多品种生产,以提高企业的竞争能力。为实现柔性和生产率的统一,JIT 生产方式必须在组织机构、劳动力、设备三方面表现出较高的柔性。

(1)组织机构柔性。在 JIT 生产方式中,决策权力是分散下放的,而不是集中在指挥链上,它不采用以职能部门为基础的静态结构,而是采用以项目小组为基础的动态组织结构。

(2)劳动力柔性。当市场需求波动时,要求劳动力也要做相应调整。JIT 生产方式的劳动力是具有多面手技能的多能员工,在需求发生变化时,可通过调整操作人员的操作来适应短期的变化。

(3)设备柔性。与刚性自动化的工序分散、节拍固定和流水生产的特征相反,JIT 生产方式采用适度的柔性自动化技术,以工序相对集中、没有固定节拍和物料的非顺序输送的生产组织方式,使JIT生产方式在中小批量生产的条件下,既具有刚性自动化能达到的高效率和低成本,又具有灵活性。

3. 零缺陷

传统的生产管理很少提出零缺陷的目标,一般企业认为"不合格品达到一定数量是不可避免的",因而总是对花在预防缺陷上的费用能省则省,结果造成很多浪费,如材料、工时、检验费用、返修费用等。对此应该认识到,事后的检验是消极的、被动的,而且往往太迟;各种错误造成需要重做零件的成本,常常是预防费用的几十倍。因此,应多在缺陷预防上下功夫,也许开始时多花些费用,但很快便能收回成本。而JIT生产方式的目标是消除各种产生不合格品的原因,要求在加工过程中每一工序都要达到最好水平,追求零缺陷。为此,强调"第一次就做对"非常重要。每一个人若在自己工作中养成了凡事先做好准备及预防工作、认真对待、防患于未然的习惯,在很多情况下就不会有质量问题了。

(三)JIT的终极目标

消除一切浪费,即"零浪费",是JIT生产方式的终极目标。任何对于产出没有直接效益的活动便被视为浪费。其中最主要的有,生产过剩(库存)所引起的浪费;搬运作业中多余的动作、机器准备、存货、不良品的重新加工等也都是浪费。消除浪费的具体目标有以下几方面:

(1)"零"转产工时浪费。实行多品种混流生产,将加工工序的品种切换与装配线的转产时间浪费降为"零"或接近"零"。

(2)"零"库存。削减库存,将加工与装配相连接,流水化作业,消除中间库存,变市场预估生产为接单同步生产,将产品库存降为"零"。

(3)"零"浪费。实行全面成本控制,消除过量生产、反复搬运、进度安排改变、送货延迟等的浪费,实现"零"浪费。

(4)"零"不良。实现产品高品质。加工废品或产品缺陷,会形成不必要的生产步骤和废料,不良不应该在检查中检验出来,而应该在产生的源头消除它。追求"零"不良,才能防止浪费。

(5)"零"故障。机械设备的故障停机,会引起人工浪费、延期交货、信用受损,增加各环节在制品存货。

(6)"零"停滞。快速反应,缩短交货期,最大限度地压缩前置时间和准备时间,为此要消除中间停滞,实现"零"停滞。

五、JIT的基本特点

零库存和零缺陷是JIT生产追求的目标。因此,JIT具有以下特点:

(1)它把物流、商流、信息流合理组织在一起,成为一个高度统一、高度集中的整体。

(2)体现了以市场为中心、以销定产、牢牢抓住市场的营销观念,而不是产品先生产出来再设法向外推销的销售观念。

(3)生产活动组织严密,平滑顺畅,没有多余的库存,也没有多余的人员。

(4)实现库存成本大幅度下降。

六、JIT的实施步骤

建立一个JIT系统需要很长的时间，它需要变革企业的文化和管理方式。实施JIT系统有如下几个步骤：

（一）进行准备工作

实施JIT系统的第一步就是要进行人员培训。企业高级管理人员对JIT系统的支持是实施JIT的首要条件，因此必须首先让企业的高层人员深刻理解和领会JIT思想的实质，明确各自的职责。其次就是对工人进行培训和激励，使所有人员都参与JIT系统的建设。

（二）实行全面质量管理

全面质量管理是与JIT系统紧密联系的。JIT系统的各个环节，需要在全面质量管理的思想指导下，才能协调一致，也只有在全面质量管理的作用下，才能在每一个环节把好质量关，使之尽力实现"零缺陷"，进而实现"零库存"。

（三）对现行系统进行分析

在实施JIT系统之前，首先要对现行的制造系统进行仔细分析和解剖，找出现行系统存在的缺陷与不足，明确改进目标。

（四）工艺和产品设计

运行JIT系统要求企业的生产工艺流程具有很强的柔性。目前一些高科技企业成功地把JIT与柔性制造系统（FMS）结合在一起，产生了巨大的经济效益。JIT要求尽可能地采用标准件以降低JIT生产系统的复杂性。

（五）使供应商成为JIT系统的一部分

供应商能够及时向企业提供优质的材料是JIT系统良好运行的前提条件。把企业JIT系统与供应商的JIT系统联结在一起，使供应商成为企业JIT系统的一部分，将有利于保证物料供应的及时性和可靠性。

（六）不断改善

JIT生产系统是一个生产过程，是一个需要不断改进完善的过程。理想JIT系统的最高目标是"零机器调整时间""零库存""零缺陷""零设备故障"，而这些目标的实现是以企业各项工作不断改进和完善为前提的，因而JIT是一个永无止境的过程。

技能训练

戴尔中国客户中心的数据中心的机房里有上千台服务器，24小时运行，客户既可以通过网站，也可以通过800电话下订单，这些信息直接进入数据中心，数据中心每一个半小时把这段时间内的订单统计出一张清单，上面列出分别需要哪些配置。这张清单直接传到供应商的仓库，这一公共仓库由戴尔的全球伙伴第三方物流公司伯灵顿公司管理。伯灵顿公司接到戴尔的清单后在一个小时之内就能够迅速把货配好，不到20分钟就可以把货送达——这就是设立中转仓库的好处：戴尔的供应商不可能都在厦门，只有建立这个中转仓库,才能保证每一个半小时送一次货。

客户没有下订单之前戴尔中国客户中心的车间里理论上是没有工料的,每个零件拉进来的时候实际上已经是有买主的,一旦整台机器组装好,马上就可以发货运走,所以戴尔的产品可以保持零库存。

特别需要注意的是:戴尔每一个半小时把清单发送给中转仓库的同时,还会发给供应商的总部,供应商会根据中转仓库里库存的波动情况确定要不要发货过来,并且根据这些信息安排生产。

戴尔要做出未来一年的生产预测,并随实际变动进行调整。戴尔的供应商每个星期都会收到更新的下三个月的生产预测,对于一些需求变化比较大的零部件甚至一天就要更新一次。这不仅使得戴尔即使在市场情况变化大时也能够得到及时的供货,实现了"敏捷",而且供应商也可以根据实际情况安排生产,减少库存。

戴尔根据市场需求不断调整生产计划并且使供应商也随之调整生产计划,从而使生产贴近市场需要,完美地实现了戴尔"虚拟整合"的管理思想。

讨论:戴尔如何在市场情况变化大时得到及时"敏捷"的供货?

任务2 JIT采购的实施

本项目任务描述中列举的采购浪费产生的主要原因是生产原料供应中断,没有达到"用户什么时候需要,就什么时候送货,不晚送,也不早送"的准时要求,从而出现等待,造成浪费。JIT采购则提倡准时化采购,它的基本思想是:把合适数量、合适质量的物品,在合适的时间供应到合适的地点,最好地满足用户的需要。顺利实施JIT采购策略,则必须具备一系列条件,只有达到了这些条件,才有可能有效进行JIT采购。

一、传统意义上的采购

传统的采购(包括订货点采购)都是一种基于库存的采购,采购的目的就是填充库存,以一定的库存来应对用户的需求。虽然这种采购也极力进行库存控制,想方设法地压缩库存,但是由于机制问题,其压缩库存的能力极其有限。特别是在需求急剧变化的情况下,它们常常导致既有高库存,又出现缺货的局面。高库存增加了成本,缺货则直接影响生产、降低服务水平。

库存是生产的条件,又是生产的负担。一方面,作为生产的条件,它为生产提供物资准备。生产一开始,就需要成套的原材料,这些原材料不可能从远方的供应商手中即时得到,所以需要从企业的库存中得到供应。而且,供应离得越远,本企业生产需要准备的库存就越高。从这一点上看,库存是生产所必需的,是生产正常进行的前提条件,为了保障生产正常进行,必须维持一定的库存量。这些库存量是衔接供应商的"供"与本企业生产之"需"的纽带,是保障企业正常生产的条件。另一方面,库存量又占用资金、占用仓库、占用保管器具,需要花费管理费用。这就增加了生产成本,成为生产的负担。而且库存量越高,需要花费的保管费用也就越高,企业生产的负担也就越重。

为此，人们在采购中一直在进行一种持续的、无休止的努力，就是要做到既保证企业生产的物资需要，又要使企业库存无限最小化。于是，20世纪90年代，受准时化生产管理思想的启发，出现了准时化采购。

二、JIT 采购的产生

最初，JIT 只是作为一种降低库存水平的方法，而今，它已成为一种管理哲学。这种管理哲学的精髓就在于它的"非常准时化""最大限度地消除浪费"的思想。现在越来越多的人，把这种管理思想运用到各个领域，形成各个领域的准时化管理方法。因此，现在除了 JIT 生产之外，又逐渐出现了 JIT 采购、JIT 运输、JIT 库存以及 JIT 预测等新的应用领域。实际上，现在 JIT 应用已经形成一个庞大的应用体系。

准时化采购也和准时化生产一样，不但能够最好地满足用户的需要，而且可以最大限度地消除库存、消除浪费。要进行准时化生产必须有准时化的供应，因此准时采购是准时化生产管理模式的必然要求。

JIT 采购和传统采购在许多方面都具有不同的特点，见表 10-1。

表 10-1　　　　　　　　　　JIT 采购与传统采购的区别

项　目	JIT 采购	传统采购
采购批量	小批量、送货频率高	大批量、送货频率低
供应商的选择	长期合作、单源供货	短期合作、多源供货
供应商评价	质量、交货期、价格	质量、交货期、价格
检查工作	逐渐减少、最后消除	收货、点货、质量验收
协商内容	长期合作关系、质量和合理价格	获得最低价格
运　输	准时送货、买方负责安排	较低成本、卖方负责安排
产品说明	供应商革新、强调性能宽松要求	买方关心设计、供应商没有创新
包　装	小、标准化容器包装	普通包装、没有特别说明
信息交换	快速可靠	一般要求

三、JIT 采购的优点

JIT 采购是关于物资采购的一种全新的思路，企业实施 JIT 采购具有重要的意义。根据资料统计，JIT 采购在以下几个方面已经取得了令人满意的成果。

（一）大幅度降低原材料和外购件的库存

根据国外一些实施 JIT 采购策略企业的测算，JIT 采购可以使原材料和外购件的库存降低 40%～85%。原材料和外购件库存的降低，有利于企业减少流动资金的占用，加速流动资金的周转，同时也有利于节省原材料和外购件库存占用的空间，从而降低库存成本。

（二）提高采购物资的质量

一般来说，实施 JIT 采购可以使购买的原材料和外购件的质量提高。原材料和外购件质量的提高,又会导致质量成本的降低。据测算,企业推行JIT采购可使质量成本降低26%~63%。

(三)降低原材料和外购件的采购价格

由于供应商和制造商的密切合作以及内部规模效益与长期订货,再加上消除了采购过程中的一些浪费(如订货手续、装卸环节、检验手续等),使得企业购买的原材料和外购件的价格得以降低。例如,生产复印机的美国施乐公司,通过实施JIT采购策略,使其采购物资的价格下降了40%~50%。

此外,推行JIT采购策略,不仅缩短了交货时间,节约了采购过程中所需的资源(包括人力、资金、设备等),而且提高了企业的劳动生产率,增强了企业的适应能力。

四、JIT采购的实施条件

JIT采购的成功实施需要具备一定的前提条件。实施JIT采购最基本的条件如下:

(一)供应商与用户企业的空间距离越小越好

供应商和用户企业距离越近越好。距离太远,操作不方便,发挥不了JIT采购的优势,很难实现零库存。

(二)制造商和供应商建立互利合作的战略伙伴关系

JIT采购策略的推行,有赖于制造商和供应商之间建立起长期的、互利合作的新型关系,相互信任、相互支持、共同获益。

(三)良好的基础设施

良好的交通运输和通信条件是实施JIT采购策略的重要保证,企业间通用标准的基础设施建设,对JIT采购的推行至关重要。所以,要想成功地实施JIT采购策略,制造商和供应商都应注重基础设施的建设。诚然,这些条件的改善,不仅取决于制造商和供应商的努力,而且各级政府也需加大投入。

(四)强调供应商的参与

JIT采购不仅是企业物资采购部门的事,而且离不开供应商的积极参与。供应商的参与,不仅体现在准时、按质、按量供应制造商所需要的原材料和外购件上,而且体现在积极参与制造商的产品开发设计过程中。同时,制造商有义务帮助供应商改善产品质量,提高劳动生产率,降低供货成本。

(五)建立实施JIT采购策略的组织

企业领导必须从战略高度认识JIT采购的意义,并建立相应的企业组织来保证该采购策略的成功实施。这一组织不仅包括企业的物资采购部门,还应包括产品设计部门、生产部门、质量部门、财务部门等。其任务是:提出实施方案、具体组织实施、对实施效果进行评价、进行连续不断的改进。

(六)制造商向供应商提供综合的、稳定的生产计划和作业数据

综合的、稳定的生产计划和作业数据可以使供应商及早准备,精心安排生产,确保准时、按质、按量交货;否则,供应商就不得不求助于缓冲库存,从而增加供货成本。有些供

应商在制造商工厂附近建立仓库以满足制造商的JIT采购要求,实质上这不是真正的JIT采购,只是负担转移而已。

(七)进行教育与培训

通过教育和培训,可以使制造商和供应商充分认识到实施JIT采购的意义,并使他们掌握JIT采购的技术和标准,以便对JIT采购进行不断的改进。

(八)加强信息技术的应用

JIT采购是建立在有效信息交换的基础上,信息技术的应用可以保证制造商和供应商之间的信息交换。因此,制造商和供应商都必须加强对信息技术,特别是EDI技术的投资,以便更加有效地推行JIT采购策略。

五、JIT采购的实施方法

(一)采用较少的供应商,甚至单源供应

单源供应指的是对某一种原材料或外购件只从一个供应商那里采购;或者说,对某一种原材料或外购件的需求,仅由一个供应商负责。JIT采购认为,最理想的供应商的数目是:对每一种原材料或外购件,只有一个供应商。因此,单源供应是JIT采购的基本特征之一。

传统的采购模式一般是多头采购,供应商的数目相对较多。从理论上讲,采取单源供应比多头供应好。一方面,对供应商的管理比较方便,而且可以使供应商获得内部规模效益和长期订货,从而可使购买的原材料和外购件的价格降低,有利于降低采购成本;另一方面,单源供应可以使制造商成为供应商的一个非常重要的客户,因而加强了制造商与供应商之间的相互依赖关系,有利于供需双方建立长期稳定的合作关系,质量比较容易保证。但是,采用单源供应也有风险,比如供应商有可能因意外原因中断交货;另外,采取单源供应,企业不能得到竞争性的采购价格,会对供应商的依赖性过大。因此,必须与供应商建立长期互利合作的新型伙伴关系。在日本,98%的JIT企业采取单源供应。但实际上,一些企业常采用同一原材料或外购件由两个供应商供货的方法,其中一个供应商为主,另一个供应商为辅。

从实际工作中看,许多企业也不是很愿意成为单一供应商。原因很简单:一方面,供应商是具有较强独立性的商业竞争者,不愿意把自己的成本数据披露给用户;另一方面,供应商不愿意成为用户的一个产品库存点。实施JIT采购,需要减少库存,但库存成本原先是在用户一边,现在转移到供应商,因此,用户必须意识到供应商的这种忧虑。

(二)采取小批量采购的策略

小批量采购是JIT采购的一个基本特征。JIT采购和传统采购模式的一个重要不同之处在于:准时生产需要减少生产批量,直至实现"一个流程生产",因此采购的物资也应采用小批量办法。从另外一个角度看,由于企业生产对原材料和外购件的需求是不确定的,而JIT采购又旨在消除原材料和外购件库存,为了保证准时、按质、按量供应所需的原材料和外购件,采购必须是小批量的。但是,小批量采购会增加运输次数和运输成本,对供应商来说,这是很为难的事情,特别是供应商在国外等远距离的情形,在这种情况下实

施JIT采购的难度就更大。解决这一问题的方法有三种:一方面,使供应商在地理位置上靠近制造商,如日本汽车制造商扩展到哪里,其供应商就跟到哪里;二是供应商在制造商附近建立临时仓库,实质上,这只是将负担转嫁给了供应商,而未从根本上解决问题;三是由一个专门的承包运输商或第三方物流企业负责送货,按照事先达成的协议,搜集分布在不同地方的供应商的小批量物料,准时按量送到制造商的生产线上,而不是让一个供应商负责供应多种原材料和外购件。

(三)选择合适的供应商

由于JIT采购采取单源供应,因而对供应商的合理选择就显得尤为重要。可以说,能否选择到合适的供应商是JIT采购能否成功实施的关键。合适的供应商具有较好的技术、设备条件和较高的管理水平,可以保证采购的原材料和外购件的质量,保证准时按量供货。在传统的采购模式中,供应商是通过价格竞争而选择的,供应商与用户的关系是短期的合作关系,当发现供应商不合适时,企业可以通过市场竞标的方式重新选择供应商。但在JIT采购模式中,由于供应商和用户是长期的合作关系,供应商的合作能力将影响企业的长期经济利益,因此对供应商的要求就比较高。在选择供应商时,需要对供应商进行综合的评价,而对供应商的评价必须依据一定的标准。这些标准应包括产品质量、交货期、价格、技术能力、应变能力、批量柔性、交货期与价格的均衡、价格与批量的均衡、地理位置等,而不像传统采购那样主要依靠价格标准。在大多数情况下,其他标准较好的供应商,其价格可能也较低;即使不是这样,双方建立起互利合作关系后,企业可以帮助供应商找出降低成本的方法,从而使价格降低。更进一步,当双方建立了良好的合作关系后,很多工作可以简化以至消除,如订货、修改订货、点数统计、品质检验等,从而减少浪费。

(四)对准时交货的要求更加严格

JIT采购的一个重要特点是要求交货准时,这是实施准时生产的前提条件。交货能否准时取决于供应商的生产与运输条件。作为供应商来说,要使交货准时,可以从以下两个方面着手:一方面,不断改进企业的生产条件,提高生产的可靠性和稳定性,减小由于生产过程的不稳定导致的延迟交货或误点现象,作为准时化供应链管理的一部分,供应商同样应该采用准时化的生产管理模式,以提高生产过程的准时性;另一方面,为了提高交货的准时性,运输问题不可忽视。在物流管理中,运输问题是一个很重要的问题,它决定准时交货的可能性。特别是全球的供应链系统,运输过程长,而且可能要先后经过不同的运输工具,需要中转运输等,因此就有必要进行有效的运输计划与管理,使运输过程准确无误。

(五)从根源上保障采购质量

实施JIT采购后,企业的原材料和外购件的库存很少甚至为零。因此,为了保障企业生产经营的顺利进行,采购物资的质量必须从根源上抓起。也就是说,购买的原材料和外购件的质量保证,应由供应商负责,而不是企业的物资采购部门。JIT采购就是要把质量责任返回给供应商,从根源上保障采购质量。为此,供应商必须参与制造商的产品设计过程,制造商也应帮助供应商提高技术能力和管理水平。

现阶段,我国主要是由制造商负责监督购买物资的质量,验收部门负责购买物资的接收、确认、点数统计,并将不合格的物资退回给供应商,因而增加了采购成本。实施JIT采购后,企业从根源上保证了采购质量,购买的原材料和外购件就能够实行免检,直接由供应商送货到生产线,从而大大减少了购货环节,降低了采购成本。

(六)加强信息交流

JIT采购要求供应与需求双方信息高度共享,保证供应与需求信息的准确性和实时性。由于双方的战略合作关系,企业在生产计划、库存、质量等各方面的信息都可以及时进行交流,以便出现问题时能够及时处理。只有供需双方进行可靠而快速的双向信息交流,才能保证所需的原材料和外购件的准时按量供应。同时,充分的信息交换可以增强供应商的应变能力。所以,实施JIT采购就要求供应商和制造商之间进行有效的信息交换。信息交换的内容包括生产作业计划、产品设计、工程数据、质量、成本、交货期等;信息交换的手段包括电报、电传、电话、信函、卫星通信等。现代信息技术的发展,如EDI、E-mail等,为有效的信息交换提供了强有力的支持。

(七)确保可靠的送货和特定的包装要求

由于JIT采购消除了原材料和外购件的缓冲库存,供应商交货的失误和送货的延迟必将导致企业生产线的停工待料,因此,可靠的送货是实施JIT采购的前提条件。而送货的可靠性,常取决于供应商的生产能力和运输条件。一些不可预料的因素,如恶劣的气候条件、交通堵塞、运输工具的故障等,都可能引起送货延迟。当然,理想的送货是直接将货物送到生产线上。

JIT采购对原材料和外购件的包装也提出了特定的要求。良好的包装不仅可以减少装货、卸货对人力的需求,而且使原材料和外购件的运输和接收更为便利。最理想的情况是,对每一种原材料和外购件,采用标准规格且可重复使用的容器包装,既可提高运输效率,又能保证交货的准确性。

技能训练

美国加利弗尼亚州立大学的研究生对汽车、电子、机械等企业经营JIT采购者做了一次效果问卷调查,共调查了67家美国公司。这些公司有大有小,其中包括著名的3Com公司、惠普公司、苹果公司等。这些公司有的是制造商,有的是分销商,有的是服务商,调查的对象为公司的采购与物料管理经理。调查的有关内容见表10-2。

表10-2　　　　　　　　JIT采购成功的关键因素

问　题	肯定回答(%)
和供应商的相互关系	51.5
管理的措施	31.8
适当的计划	30.3
部门协调	25.8
进货质量	19.7
长期的合同协议	16.7
采购的物品类型	13.6
特殊的政策与惯例	10.6

讨论:试述影响JIT采购的相关因素。

任务3　JIT库存的原理及特点认知

本项目任务描述中列举出的库存浪费,就是由传统的库存管理方式产生的,这种库存常常只是出了某种差错时才有必要存在。换句话说,只有当生产计划出了某种偏差时,这种额外的库存才被用来补救偏差或是解决问题。我们认为好的库存策略要求的不是准备应付某种情况,而是准时供货。JIT库存是维持系统运行所需的最小库存。有了JIT库存,所需物品就能按时按量到位,分秒不差,从而有效地减少浪费。

一、JIT库存是库存管理的发展趋势

(一)传统库存管理的假设

1. 物料需求是连续的

传统库存管理假定对物料的需求是稳定的,因此,每次物料的需求量都小于订货总数。在传统的生产方式下,企业按计划生产,生产数量一般不会有大的波动,因而对物料的需求是均匀的。而在现代企业中,企业面向市场、面向客户,生产数量是变化的,因此,对物料的需求是不均匀、不稳定的,对库存的需求是间断性发生的。实际上,按照经济订货批量下达订货的时间常常偏早,从而造成物料积压,既造成资金大量无效地占用,又引起库存费用的增加。另外,由于生产、需求的不均衡,有时会发生库存短缺,从而给生产造成严重损失。

2. 对各种物料的需求是相对独立的

传统经济订货批量库存管理的方法不考虑物料项目之间的联系,各种物料的订货点是分别加以确定的。但是,在实际的生产中,各项物料的数量必须进行合理的配备,才能制造装配成产品。由于传统经济订货批量面向单个零件,对各项物料独立进行订货,因而在生产装配时不可避免地会出现物料数量不匹配的状况。

3. 库存消耗以后,能够及时补充库存

在传统经济订货批量库存管理中,库存一旦低于订货点或消耗,就立即发出订货,以保证一定的存货。这种不依需求订货的做法非但没有必要,也很不合理,在需求间断的条件下,必然造成大量的库存积压。

总之,由于企业面临的经营环境的变化,建立在经济订货批量模型中的许多假设条件的真实性越来越差,所以,仍然采用经济订货批量库存管理不仅不能帮助企业提供可靠的数据,相反会误导企业的库存管理。这意味着一种新的库存管理体系诞生的必要性已经产生。

(二)JIT库存管理

JIT与库存管理联系起来,就是"准时到货"。到1989年为止,日本的制造业已经广

泛地应用JIT管理体系,美国的工业企业已有约40%以上使用该管理体系。JIT管理体系的采纳已经被视为那些具有世界领先地位的企业成功的关键。

准时制意味着消除浪费,存货与生产同步,库存量很少。准时制的关键是进行小批量生产。减小批量可以对减少库存及其成本有很大帮助。平均库存量等于最大库存量与最小库存量之和再除以2,当再订货量下降时,平均库存量也就下降了,因为最大库存量降低了。获得这种小批量的一个方法是,只有需要存货时才将其运往下一个工作站,这称为拉式系统,如图10-1所示,并且理想的批量是1(1次只运1件)。

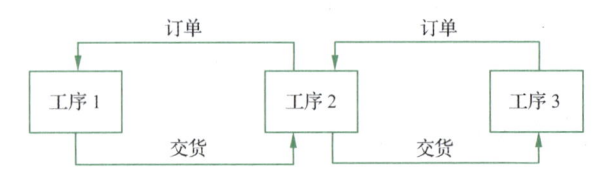

图 10-1 拉式系统

JIT的目标之一就是减少甚至消除从原材料的投入到产成品的产出全过程中的库存,建立起平滑而有效的生产流程。在JIT体系下,产品完工正好是要运输给顾客的时候,同样,材料、零部件等到达某一生产工序正好是该工序准备使用它们之时,也没有任何不需要的材料被采购入库,也没有任何不需要的产成品被加工出来,所有的"存货"都在生产线上,由此库存降低到最低程度。

为了获得准时库存,管理者必须减小由于内外两种思想束缚造成的易变性。易变性越小,需要的库存也就越少。

大多数差错是由于某种原因容忍浪费和低水平的管理造成的,差错的原因有:

(1)未按标准生产、未能按时生产,或者生产数量不对。

(2)生产说明不准确。

(3)生产人员在图纸或生产说明完成之前就试图开始生产。

(4)不了解客户的需求。

明白了差错产生的原因,就要求管理从削减库存开始,通过削减库存,迫使那些差错和问题暴露出来,然后设法消除它们,直到库存量与生产需要量大致相当。然后再进一步地削减库存,清除下一级暴露出的问题,直至库存完全不存在为止。

二、JIT库存的实施条件

建立JIT管理系统需要一段很长的时间,它需要企业文化和管理方式发生巨大的变革,这并不是轻易就能完成的。然而,采用JIT管理系统管理库存的企业将获得巨大的收益,以提高市场的竞争力,赢得生存。

建立JIT库存的实施条件有:

(一)实行全面质量管理

全面质量管理主要指建立质量保证体系。在资源方面,重视原材料和外购件的质量保证,慎重选择供应厂商;在设计方面,运用 JIT 管理体系要求设计的产品具有很强的柔性。一些高科技企业成功地把 JIT 和柔性制造系统(FMS)结合在一起,采用标准件降低 JIT 生产系统的复杂度;在人员上,强调人的工作质量和对产品质量的责任感;在加工过程中,重视质量过程控制。只有在全面质量管理的作用下,才能在 JIT 系统的每个环节把好质量关,尽力做到"零缺陷",努力实现"零库存"。

(二)企业全员参与管理

为了不间断地提高产品质量和生产效率,企业需要建立一支经过交叉岗位训练和一专多能的职工队伍,按产品分类的生产原则重新组织起来,形成若干个班组,各班组的职工应对本部门原材料、产品质量负责。同时,企业还要改革劳动、人事和分配制度,形成一种激励机制和不断创新的工作氛围。

(三)控制生产准备耗费和储存成本

引进先进的机器设备及计算机控制与操作,使得生产准备阶段所耗时间最短,从而使准备耗费大幅度下降。选择几个可靠的供应商,与他们建立长期的订购关系,采购业务仅通过传真或电话的方式进行,从而大量缩减采购费用。选定信誉较好的供应商,要求他们能按时、按量以及按质将材料运到,这样企业的库存才可以降到最低,从而使储存成本降到最低水平。

(四)利用看板管理法保证生产管理过程物流的畅通

看板管理是一种需求拉动型生产管理方式,与供应推动型管理方式相区别。在传统工业中,生产按加工顺序批量进行,逐级发出生产指令,每一次指令只生产零件装满限量的容器,决无积压和拖延。这种需求拉动型的生产管理,有效形成了紧密联系的生产链和快节奏生产时间计划,减少了在制品的库存和相应的搬运、计量、记录等工作量。

三、JIT 库存的实施方法——看板管理

看板管理,常作"Kanban 管理",是丰田生产模式中的重要概念,指为了达到准时生产方式,控制现场生产流程。准时生产方式中的拉式(Push)生产系统可以使信息的流程缩短,并配合定量、固定装货容器等方式,使生产过程中的物料流动顺畅。

准时生产方式的看板旨在传达信息:"何物,何时,生产多少数量,以何种方式生产、搬运"。看板的信息包括:零件号码、品名、制造编号、容器形式、容器容量、发出看板编号、移往地点、零件外观等。

(一)看板的种类及形式

看板的本质是在需要的时间,按需要的量对所需零部件发出生产指令的一种信息媒介体,而实现这一功能的形式可以是多种多样的。看板总体上分为三大类,即传送看板、生产看板和临时看板,如图 10-2 所示。

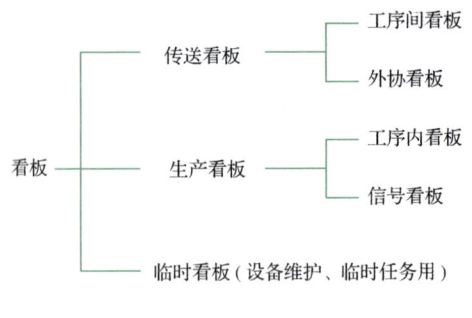

```
                    ┌─ 传送看板 ─┬─ 工序间看板
                    │           └─ 外协看板
          看板 ─────┼─ 生产看板 ─┬─ 工序内看板
                    │           └─ 信号看板
                    └─ 临时看板（设备维护、临时任务用）
```

图 10-2　看板的种类

1. 工序内看板

工序内看板是指某工序进行加工时所用的看板，见表 10-3。这种看板用于装配线以及即使生产多种产品也不需要实质性的作业更换时间（作业更换时间接近于零）的工序。

表 10-3　工序内看板

（零部件示意图）	工序	前工序——本工序	
		热处理	机加1#
	名称	A233－3670B（连接机芯）	
管理号	M－3	箱内数	20	发行张数	2/5

2. 信号看板

信号看板是在不得不进行成批生产的工序之间所使用的看板，如树脂成形工序、模锻工序等。另外，从零部件出库到生产工序，也可利用信号看板来进行指示配送。

3. 工序间看板

工序间看板是指工厂内部后工序到前工序领取所需的零部件时所使用的看板。表 10-4 为典型的工序间看板，前工序为部件 1# 线，本工序总装 2# 线所需要的是号码为 A232－60857 的零部件，根据看板就可到前一道工序领取。

表 10-4　工序间看板

前工序 部件 1# 线	零部件号：A232－60857（上盖板） 箱型：3 型（绿色）	使用工序总装 2# 线
	标准箱内数：12/箱	
出口位置号（POSTNO.12－2）	看板编号：2#/5 张	入口位置号（POSTN0.4－）

4. 外协看板

外协看板是针对外部的协作厂家所使用的看板。对外订货看板上必须记载进货单位的名称和进货时间、每次进货的数量等信息。外协看板与工序间看板类似，只是"前工序"不是内部的工序而是供应商，通过外协看板的方式，从最后一道工序慢慢往前拉动，直至供应商。因此，有时候企业会要求供应商也推行 JIT 生产方式。

5. 临时看板

临时看板是在进行设备保全、设备修理、临时任务或需要加班生产的时候所使用的看板。与其他种类的看板不同的是，设置临时看板主要是为了完成非计划内的生产或设备维护等任务，因而灵活性比较大。

(二)看板的使用方法

看板有若干种类,因而看板的使用方法也不尽相同。如果不周密地制定看板的使用方法,生产就无法正常进行。我们从看板的使用方法上可以进一步领会JIT生产方式的独特性。如图10-3所示,在使用看板时,每一个传送看板只对应一种零部件,每种零部件总是存放在规定的、相应的容器内。因此,每个传送看板对应的容器也是一定的。

图10-3 看板的使用方法

1. 工序内看板的使用方法

工序内看板的使用方法中最重要的一点是看板必须随实物,即与产品一起移动。后工序来领取中间品时摘下挂在产品上的工序内看板,然后挂上领取用的工序间看板。该工序按照看板被摘下的顺序以及这些看板所表示的数量进行生产,如果摘下的看板数量变为零,则停止生产,这样既不会延误也不会产生过量的存储。

2. 信号看板的使用方法

信号看板挂在成批制作出的产品上。如果该批产品的数量减少到基准数时就摘下看板,送回到生产工序,然后生产工序按照该看板的指示开始生产。没有摘牌则说明数量足够,不需要再生产。

3. 工序间看板的使用方法

工序间看板挂在从前工序领来的零部件的箱子上,当该零部件被使用后,取下看板,放到设置在作业场地的看板回收箱内。看板回收箱中的工序间看板所表示的意思是"该零件已被使用,请补充"。现场管理人员定时来回收看板,集中起来后再分送到各个相应的前工序,以便领取需要补充的零部件。

4. 外协看板的使用方法

外协看板的摘下和回收与工序间看板基本相同。看板回收以后按各协作厂家分开,等各协作厂家来送货时由他们带回去,成为该厂下次生产的指示。在这种情况下,该批产品的进货至少会延迟一回以上。因此,需要按照延迟的次数发行相应的看板数量,这样就能够做到按照JIT进行循环。

(三)看板管理的功能和作用

在JIT生产方式下,基于需求拉动式原理,生产指令只下达到最后一道工序。从看板管理的运行过程中可以看到,看板系统正是采用这种拉动式生产方式,以看板为信息载体,从后道工序向前道工序逐个传递生产和运送指令,根据后道工序对零件的需求来启动前道工序的生产。因此,看板中记载着所需零件的编号、生产数量、顺序、时间、加工设备、运送目的地、放置场所等信息,从最后一道工序顺次逐个向前道工序追溯。后道工序从零件已消耗完的空容器上摘下看板,去向前道工序领取所需的零件,前道工序按照生产看板的要求和先后顺序进行生产。

可见,通过看板管理可以控制产出量,从而达到控制在制品库存的目的。此外,由于看板还起着传递信息的作用,当某一道工序出现故障时,延迟了该工序零件向下道工序的正常供应,从而造成下道工序乃至全线停工,由此暴露了存在的问题,促其尽快得到解决。

四、JIT 库存管理的效果

在 JIT 系统中,每次批量通常都很小,通常只能满足几个小时的生产需要。这样,对于生产系统来说,需要周密地计划和频繁地调整机器。每种小批量的产品每天都得生产好几次,这样系统必须运行平衡,因为任何短缺都会影响整个系统。看板系统特别强调按计划执行,并减少生产准备时间和成本。

在 JIT 系统中,库存量小以及只有需要时才将物料"拉"到需要的工位,这两方面的优势都是显著的。批量小意味着物料中次品也很有限。库存在许多方面都是不利的,只有一个方面有利,那就是有较强的可利用性。不利的方面包括低劣的质量、损坏、占用空间、占用资金、增加保险费用、增加存储费用以及增加仓库事故等。所有这些方面因素加起来就构成特有库存的成本。

五、JIT 与 MRP 的比较

JIT 与 MRP(MRPⅡ)是两种现代化的生产计划与作业控制系统,它们服务于共同的管理目标,即提高生产效率、减少库存费用和改善对用户的服务。同时,它们之间也存在明显的差异,具有不同的特点,适用于不同的生产环境。MRP(MRPⅡ)与 JIT 的主要区别和联系见表 10-5。

表 10-5　　　　　　　　MRP(MRPⅡ)与 JIT 的主要区别与联系

项　目	JIT	MRP(MRPⅡ)
加工环境	JIT 更适用于生产高度重复性产品的系统;JIT 的物料计划、能力计划、车间控制都可以由人工系统完成,不一定需要计算机系统	MRP 则不仅适用于批量生产,还适用于按用户订单生产、产品多变等不同的生产环境;MRP 以计算机为工具,需要一定的硬件、软件,投资费用高
管理范围	JIT 管理的范围比 MRPⅡ小	MRPⅡ管理的范围比 JIT 大,它能用于工具、维修等其他活动的物料需求、辅助财务计划;MRPⅡ集成了一个企业生产运作管理的许多功能,它能作为一个经营战略计划系统,也可作为一个生产控制系统使用
管理思想	JIT 起源于日本,日本企业认为库存是一种浪费,应竭尽全力去降低库存	MRP 也很重视库存控制,防止产生不必要的多余库存,但认为零库存难以做到,必要的库存是一种保护措施,是维持均衡生产的一个重要因素

续表

项　目	JIT	MRP（MRPⅡ）
批　量	仅生产需要的数量。对自制件与外购件都只下达最小的需要补充量	用某种公式来计算批量，成本加以折中考虑，用某个公式修正，得到最佳批量
生产准备时间	生产准备时间最短：要求最快地更换工卡具，以做到对生产率的影响最小，或是备有已经完成生产准备的其他机床；迅速地更换工卡具以实现小批量生产，并允许频繁地生产不同的零件	生产准备时间不是十分紧张，一般的目标是最大的输出，很少有与丰田同样的想法和做出同样的努力来达到快速更换工卡具
在制品库存	尽量减少在制品库存	它是需要的投资，当上道工序发生问题时，在制品库存可保证连续的生产
供货商	把供应商视为合作者，是协同工作的一部分，把供应看成本企业生产经营的扩展部分	认为自身与供应商是有矛盾的甲、乙方关系。一般都有多个供货来源，这是典型的在供货商之间的竞争过程中谋取利益的做法
质　量	废品为零，如果合格率不足100%，则生产处于困难状态	允许一些废品
作　用	JIT强调发挥工人的积极性与小组协助，JIT看板管理的"拉动"系统，不断促进作业人员降低在制品库存、缩短生产周期	MRP强调系统中各部门、各加工中心的计划与协调，要按作业计划完成作业，不鼓励提前完工

JIT追求尽善尽美，比如在废品方面，追求零废品率；在库存方面，追求零库存。可以这样说，JIT的目标是一种理想的境界。和MRPⅡ相比，后者更多地考虑了制造业的普遍情况，考虑了较多的不确定因素。JIT是一种哲理，在许多方面都可以借鉴。在处理MRPⅡ和JIT这两个不同的理论体系方面，正确的态度是将两者结合起来，依靠MRPⅡ奠定基础，逐渐达到JIT的水平。

企业要想选择应用JIT或MRP系统，或将两个系统结合使用，首先需要考虑本企业生产运作过程的特点，根据其生产类型采用适宜的管理方法。目前一些企业管理专家试图吸收两种系统的优点，构造更完善的系统。例如，日本雅玛哈摩托车公司建立的Syncho MRP和在美国出现的Micro Kanban，就是这种努力的结果。Micro Kanban是将看板引入已经实施的MRP生产管理系统中，用MRP计划采购、发出订单和交货，用微机看板系统产生生产看板和取货看板，进行现场作业控制。

技能训练

三洋制冷把"准时制"和公司的实际情况相结合，提出了"零库存"的生产管理思想，作为公司产、供、销等生产经营活动的指导思想。在这里需要特别强调指出的是，"零库存"并非指数学上的完全没有，而是"尽量减少到最小的必需程度"的库存的意义。从这一指导思想出发，三洋制冷首先改善内部生产流程，尽可能以最少的零部件和在产品库存来达到真正的均衡生产。例如，在制造部里，为上下筒体加工提供筒盖部件的班组，以前采取的是筒盖加工完毕后，就吊装到下道工序处放置的方法，放置时间的长短与本班无关，造成在产品库存积压。通过推行"零库存"的生产管理思想，他们积极地和上下工序协商，从后向前反向计算所需加工工时，按需生产，从而在下道工序需要时，直接把部件吊装到正在组装的产品上投入使用,真正做到了准时生产。

为了使"零库存"的生产管理思想得到进一步贯彻,避免存货资金出现反弹,生产管理部加强了对采购计划的管理,重要物资由生产管理部直接下达采购计划,采购部门仅负责执行,从而基本上消除了采购部门超额采购的行为,有效地控制住了原材料库存。由于生产管理部可以随时掌握市场信息,又可以通过采购计划和生产计划对生产工作进行动态调整,从而使公司的销供产走上了良性循环的道路。

讨论:分析三洋制冷的JIT采购与库存之间的关系。

复习思考题

1. JIT的思想理念是什么?
2. JIT生产方式追求的具体目标是什么?
3. 什么是看板?看板管理的要点有哪些?
4. 拉式物流生产方式有哪些优点?
5. JIT实施的基础条件是什么?为什么?

实践技能训练

1.实训内容:了解JIT采购与零库存控制。

2.实训目的:通过实训使学生进一步了解JIT的思想理念,理解JIT生产方式追求的目标,从而掌握JIT采购与零库存控制在实际工作中的应用。

3.实训安排:(1)将学生以4~6人为一组划分为若干组,并进行适当的职责分工;(2)搜集资料并整理;(3)制作PPT及电子文档进行汇报;(4)组织学生展开讨论,由教师和学生代表根据实际情况评分。

4.实训题目:

(1)上网搜集一汽—大众汽车有限公司的生产管理状况,并介绍其概况;

(2)分析一汽—大众汽车有限公司如何在生产中通过"零库存"和售后维修中的第三方物流,解决传统生产中的库存积压和零部件供应不及时的问题。

阅读案例

海尔JIT采购策略

采购物流是生产过程的前段,也是整个物流活动的起点。目前很多企业仍在困惑的是用什么样的办法可以快速、高效地组织自己的采购物流,很多企业也应用了一些物流系统,但作用甚小。下面,我们看一下海尔公司的物流系统,希望对大家有所启迪。

一、三个 JIT 同步流程

(一)海尔的三个 JIT

1. JIT 采购。何时需要就何时采购,采购的是订单,不是库存,是需求拉动采购。这就会对采购提出较高的要求,要求原有的供应网络要比较完善,可以保证随时需要随时能采购得到。

2. JIT 生产。JIT 生产也是生产订单,不生产库存。顾客下了订单以后,开始生产。答应五天或者六天交货,在这个期限内可以安排生产计划。完成生产计划需要怎样的原料供应,只要原料供应的进度能够保证,生产计划就会如期完成。

3. JIT 配送。三者有机地结合在一起,这种物流的流程跟传统的做法不一样,它完全是一体化的运作,而且海尔物流跟一般企业的物流还有比较大的差别,海尔对物流高度重视,把它提升到战略高度,也进行了很大投资。

流程化、数字化、一体化是 JIT 流程的基本特色。

(二)海尔 JIT 采购的做法

1. 全球统一采购。海尔产品所需的原材料基本上要进行统一采购,而且是全球范围的采购,这样做不仅能达到规模经济,而且可以寻找全球范围的最低价格。所以它的 JIT 采购是按照全球范围里最低价格进行统一采购,采购价格的降低对物流成本的降低有非常直接的影响。

2. 招标竞价。海尔每年的采购金额差不多有 100 亿元人民币,它通过竞标、竞价,把采购价格降低 5%,从而可以直接提高利润,或者说其价格在市场上更有竞争力。

3. 网络优化供应商。网络优化供应商就是通过网络、IT 平台在全球选择和评估供应商。网络优化供应商比单纯压价要重要得多,因为它的选择余地很大,真正国际化的企业在国际化大背景下运作,就可以有很多资源供它选择。海尔的 JIT 采购实现了网络化、全球化和规模化,采取统一采购,而且是用招标、竞标的方式来不断地寻求物流采购成本的降低。

(三)海尔的 JIT 生产

海尔怎么做 JIT 生产?在 ERP 模块,它由市场需求来拉动生产计划,由生产计划来拉动原料采购,再要求供应商直送工位,一环紧扣一环。其基础是 ERP 的操作平台,由 IT 技术作为舞台,在这个舞台上演 JIT 生产。其前提就决定了生产速度会快,成本会低,效率会高,相反,如果靠传统模式去实现 JIT 生产难度就会很大。海尔完全是物流的一体化,包括采购、生产、销售、配送等的一体化,物流部门的组织结构已经调整过来,由物流部门来控制整个集团下面的物流。

(四)海尔的 JIT 配送

目前海尔物流部门在中国内地有四个配送中心,在欧洲的德国有配送中心,在美国也有配送中心,通过这些总的中转驿站——配送中心来控制生产。不做 JIT 采购就做不了 JIT 生产,而要做 JIT 生产和 JIT 采购,还必须有 JIT 配送。怎样做到按照生产的需要在当地做配送,随时需要随时送到,而且数量、规格要符合需要,这就对物流提出了比较高的要求。货物配送时间要扣得准,JIT 生产、JIT 采购、JIT 配送就是要达到零库存。零库存不是库存等于零,而是在于库存的周转速度,周转速度越快,相对来说库存量就越少。所以JIT配送是这一切的基础，采购、生产与配送必须同时具备JIT的条件，因此叫同步流程，流程再造的时候就要考虑到这三个方面。

二、海尔物流管理的"一流三网"

"一流"是以订单信息流为中心；"三网"分别是全球供应链资源网络、全球用户资源网络和计算机信息网络。"三网"同步运动，为订单信息流的增值提供支持。海尔的"一流三网"充分体现了现代物流的特征。

海尔物流的"一流三网"的同步模式可以实现以下四个目标：

1. 为订单而采购，消灭库存。在海尔，仓库不再是储存物资的"水库"，而是一条流动的河，河中流动的是按单采购来生产必需的物资，从根本上消除了呆滞物资、消灭了库存。目前，海尔集团每个月平均接到6 000多个销售订单，这些订单的定制产品品种达7 000多个，需要采购的物料品种达15万多种。海尔物流整合以来，呆滞物资降低73.8%，仓库面积减少50 010平方米，库存资金减少67 010元。海尔国际物流中心货区面积7 200平方米，但它的吞吐量却相当于30万平方米的普通平面仓库，海尔物流中心只有10个叉车司机，而一般仓库完成这样的工作量至少需要上百人。

2. 双赢，赢得全球供应链网络。海尔通过整合内部资源、优化外部资源使供应商由原来的2 336家优化至978家，国际化供应商的比例却上升了20%，建立了强大的全球供应链网络，GE、爱默生、巴斯夫等世界500强企业都成为海尔的供应商，有力地保障了海尔产品的质量和交货期。不仅如此，更有一批国际化大公司以其高科技和新技术参与到海尔产品的前端设计中，目前可以参与产品开发的供应商比例已高达32.5%。

3. 三个JIT，实现同步流程。由于物流技术和计算机信息管理的支持，海尔物流通过三个JIT来实现同步流程。目前通过海尔的BBP采购平台，所有的供应商均在网上接受订单，并通过网上查询计划与库存，及时补货；货物入库后，物流部门可根据次日的生产计划利用ERP信息系统进行配料，同时根据看板管理4小时送料到工位；生产部门按照B2B、B2C订单的需求完成订单以后，满足用户个性化需求的定制产品通过海尔全球配送网络送达用户手中。目前海尔在中心城市实现8小时配送到位，区域内24小时配送到位，全国4天以内到位。

4. 计算机网络连接新经济速度。在企业外部，海尔CRM（客户关系管理）和BBP电子商务平台的应用架起了与全球用户资源网、全球供应链资源网沟通的桥梁，实现了与用户的零距离。目前，海尔100%的采购订单由网上下达，使采购周期由原来的平均10天降低到3天；网上支付已达到总支付额的20%。在企业内部，计算机自动控制的各种先进物流设备不但降低了人工成本、提高了劳动效率，还直接提升了物流过程的精细化水平，达到质量零缺陷的目的。计算机管理系统搭建了海尔集团内部的信息高速公路，能将电子商务平台上获得的信息迅速转化为企业内部信息，以信息代替库存，达到零营运资本的目的。

项目 11
供应链中的库存管理与库存绩效

知识目标

1. 了解供应链管理下库存控制的目标;
2. 重点掌握供应链中库存管理的方法;
3. 了解供应商管理库存的内涵及原则;
4. 掌握供应商管理库存的实施方法;
5. 了解供应链库存管理绩效评价的必要性;
6. 掌握供应链库存管理绩效的评价原则和评价指标。

技能目标

1. 能够合理运用供应链中库存管理的方法;
2. 能够适当实施供应商管理库存;
3. 能够利用有关评价指标分析供应链中库存管理的绩效。

素质目标

1. 培养学生把握行业发展动态的能力;
2. 增强学生关注社会的意识,树立较强的社会责任感。

思维导图

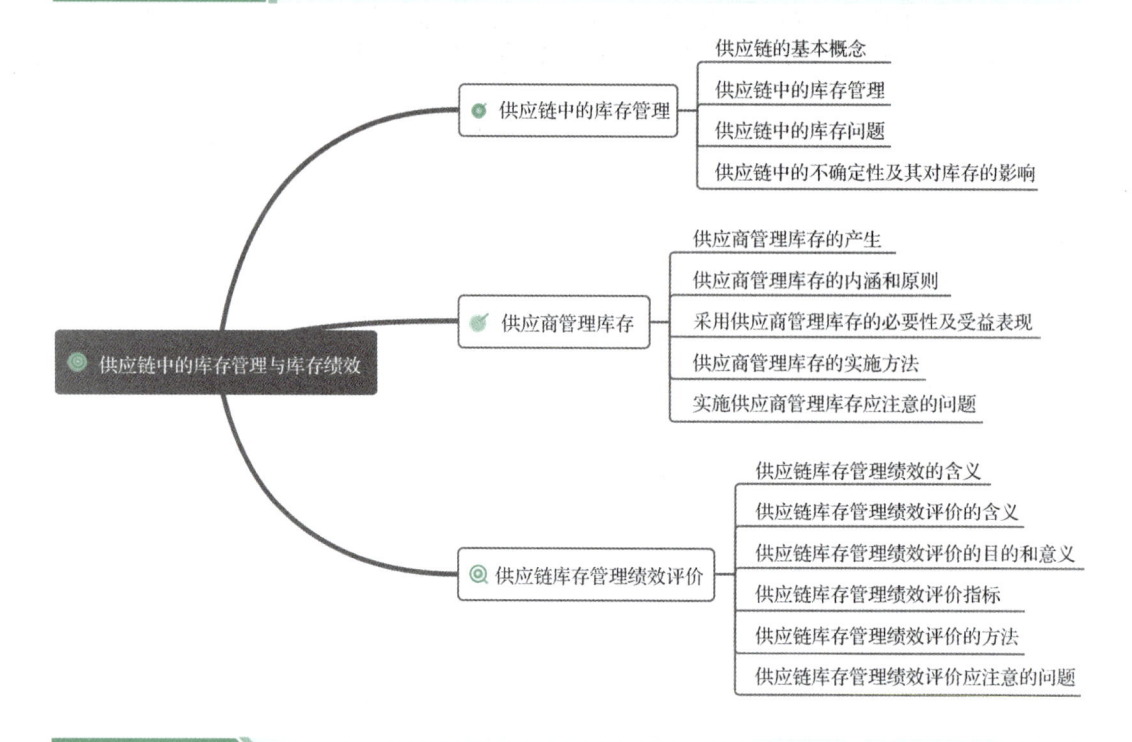

- 供应链中的库存管理与库存绩效
  - 供应链中的库存管理
    - 供应链的基本概念
    - 供应链中的库存管理
    - 供应链中的库存问题
    - 供应链中的不确定性及其对库存的影响
  - 供应商管理库存
    - 供应商管理库存的产生
    - 供应商管理库存的内涵和原则
    - 采用供应商管理库存的必要性及受益表现
    - 供应商管理库存的实施方法
    - 实施供应商管理库存应注意的问题
  - 供应链库存管理绩效评价
    - 供应链库存管理绩效的含义
    - 供应链库存管理绩效评价的含义
    - 供应链库存管理绩效评价的目的和意义
    - 供应链库存管理绩效评价指标
    - 供应链库存管理绩效评价的方法
    - 供应链库存管理绩效评价应注意的问题

任务描述

曾经,有两个数字让宝洁(P&G)的高层寝食难安。一个是库存数据:在宝洁的分销体系中,有价值38亿美元的库存;另一个是脱销量:在零售店或折扣店中最重要的2 000种商品中,任何时刻都有11%的商品脱销,宝洁的产品在其中占有相当的比重。有时没找到所需商品的客户会推迟购买,但很多客户会买别的品牌或干脆什么都不买。

令人不解的是,系统中的大量库存并未降低脱销量。事实上,货架上脱销的商品常常堆积在仓库中。虽然库存系统表明有货,但库存管理人员却无法找到佳洁士牙膏或Charmin纸巾的包装箱。库存堆积如山,而顾客却经常买不到宝洁的产品。

对绝大部分公司来说,分销体系中的大量库存都是个令人头疼的问题,因为它占用了巨大的流动资金。对于宝洁来说,这意味着38亿美元的成本。

那么,怎样扭转这种不利局面?如何打造一个灵活性和适应性更高、以顾客为中心的供应网络呢?

任务分析

这是供应链库存管理问题,急剧变化的环境要求宝洁公司必须努力打造一个灵活性和适应性更高、以顾客为中心的供应网络,必须拥有更加具有适应性的供应链。

从宝洁公司遇到的问题中,我们可以看到:供应链中的库存管理问题是供应链管理中的重要工作,它需要对客户、生产、运输等资源平衡利用,对企业供应链中因不确定性产生的缺货、延迟等风险进行有效的识别、缓解与控制。

因此,企业要做好供应链中的库存管理问题,就要完成以下三项任务:

任务1:供应链中的库存管理。

任务2:供应商管理库存。

任务3:供应链库存管理绩效评价。

任务1　供应链中的库存管理

供应链管理环境下的库存控制问题是供应链管理的重要内容之一,由于企业组织与管理模式的变化,它同传统的库存管理相比有许多新的特点和要求。供应链的库存管理不是简单的需求预测与补给,而是要通过库存管理获得用户服务与利润的优化,其主要内容包括采用先进的商业建模技术来评价库存策略、提前期和运输变化的准确效果;决定经济批量时考虑供应链企业各方面的影响;在充分了解库存状态的前提下确定适当的服务水平。

一、供应链的基本概念

(一)供应链的含义

供应链是围绕核心企业,通过对信息流、物流、资金流的控制,从采购原材料开始,制成中间产品以及最终产品,最后由销售网络把产品送到消费者手中的将供应商、制造商、分销商、零售商直到最终用户连成一个整体的功能网链结构。

供应链上各企业之间的关系与生物学中的食物链类似。如在供应链"企业A—企业B—企业C"中,企业A是企业B的原材料供应商,企业C是企业B的产品销售商。如果企业B忽视了供应链中各要素的相互依存关系,而过分注重自身的内部发展,生产产品的能力不断提高,但企业A不能及时向它提供生产原材料,或者企业C的销售能力跟不上企业B产品生产能力的发展,那么我们可以得出这样的结论:企业B生产力的发展不适应这条供应链的整体效率。

随着3G和4G移动网络的部署,供应链已经进入了移动时代。移动供应链是利用无线网络实现供应链的技术,它将原有供应链系统上的客户关系管理功能迁移到手机。移动供应链系统具有传统供应链系统无法比拟的优越性。移动供应链系统使业务摆脱时间和场所局限,随时随地与公司业务平台沟通,有效提高管理效率,推动企业效益增长。

供应链管理(Supply Chain Management,SCM)是一种集成的管理思想和方法,它执行供应链中从供应商到最终用户的物流计划和控制等职能。从单一的企业角度来看,供应链管理是指企业通过改善上、下游供应链关系,整合和优化供应链中的信息流、物流、资金流,以获得企业的竞争优势。

(二)供应链的分类

1. 内部供应链

内部供应链是指企业内部产品生产和流通过程中所涉及的采购部门、生产部门、仓储部门、销售部门等组成的供需网络。

2. 外部供应链

外部供应链则是指企业外部的,与企业相关的产品生产和流通过程中涉及的原材料供应商、生产厂商、储运商、零售商以及最终消费者组成的供需网络。

内部供应链和外部供应链的关系是:二者共同组成了企业产品从原材料、成品到消费者的供应链。可以说,内部供应链是外部供应链的缩小化。如对于制造厂商,其采购部门就可看作外部供应链中的供应商。它们的区别只在于外部供应链范围大,涉及企业众多,企业间的协调更困难。

(三)供应链的构成

一般来说,构成供应链的基本要素包括:

- 供应商——给生产厂家提供原材料或零部件的企业。
- 厂家——产品制造企业。厂家是产品生产中的最重要环节,负责产品生产、开发和售后服务等。
- 分销企业——为实现将产品送到经营地理范围每一角落而设的产品流通代理企业。
- 零售企业——将产品销售给消费者的企业。
- 消费者——消费者是供应链的最后环节,也是整条供应链的唯一收入来源。

一条供应链的最终目的是满足客户需求,同时实现自己的利润。它包括所有与满足客户需求相关的环节,不仅是生产商和供应商,还有运输企业、仓储企业、零售商和顾客本身。客户需求是供应链的驱动因素,一条供应链正是从客户需求开始,逐步向上延伸的。例如,当一位顾客走进沃尔玛的商店去购买洗发水,供应链就开始于这位顾客对洗发水的需求,下一阶段是沃尔玛、运输商、分销商、P&G生产工厂。一个供应链是动态的,并且包括在不同阶段之间流动的产品流、信息流和资金流,每一个阶段执行不同的过程并且与其他阶段互相作用。沃尔玛提供产品、价格信息给顾客,顾客付款获得产品,沃尔玛再把卖点信息和补货信息给配送中心,配送中心补货给沃尔玛,分销商也提供价格信息和补货到达日期给沃尔玛。同样的,信息流、物流、资金流在整个供应链过程中发生。

项目11　供应链中的库存管理与库存绩效

思政园地

同舟共济,合体共赢

2020年3月在二十国集团领导人应对新冠肺炎特别峰会上,习近平主席发表题为《携手抗疫 共克时艰》的重要讲话。习近平主席呼吁,二十国集团成员采取共同举措,减免关税、取消壁垒、畅通贸易,发出有力信号,提振世界经济复苏士气。

此次新冠疫情对整个供应链体系来说是一个非常重大的考验,它不仅打乱了人们的日常生活节奏,也同样扰乱了现有的供应链秩序,对全球产业链造成了重大的影响和冲击,使许多企业的运营遭受重创。习近平主席《携手抗疫 共克时艰》的重要讲话表明,在出现攸关全人类命运的时候,只有团结一致,同舟共济,才能合体共赢。同时这次疫情也创造了众多机会,如对柔性供应链、智慧供应链等的需求。面对未来愈加复杂多变的运营环境,企业只有通过学习与实践,才能发现问题、解决问题。

启示:面对世界医疗资源短缺的问题,中国发挥医疗大国的优势,加快防护用品生产,为世界抗疫贡献中国力量。同时,中国全产业链也稳定了全球市场供应,给全球经贸吃下了"定心丸"。

二、供应链中的库存管理

供应链中的库存管理是将管理置于供应链,并为降低成本和消除不确定性而存在。可以说,供应链库存的管理是以成本为中心,以尽可能地消除"牛鞭效应"带来的不确定性为途径,从点到链、从链到面地演化。目前,随着企业信息化程度的普及,以及供应链思想日益深入人心,库存管理的思想从上游管理的VMI(供应商管理库存)逐渐演化到了整个供应链的合成管理,库存管理的核心从生产企业和商业企业开始更贴近于消费者这个赢利中心,更加适合于供需的统一。

(一)供应链中的库存管理模式

根据供应链中库存管理主体及内涵的不同,可以把库存管理模式分为以下四种:

1. 传统库存管理模式

各节点企业的库存管理是各自为政的,物流渠道中的每一个部门都各自管理自有库存,都有自己的库存控制策略而且相互封闭。供应链中传统库存管理模式是基于交易层次之上的由订单驱动的静态单级管理库存的方式。

2. 联合库存管理(Joint Managed Inventory,JMI)模式

JMI模式是一种基于协调中心的库存管理模式,更多地体现了供应链节点企业之间的协作关系,能够有效解决供应链中的"Bullwhip"效应,提高供应链同步化程度。这种模式下强调供应链节点企业同时参与、共同制订库存计划,从而使供应链管理过程中的每个库存管理者都能从相互的协调性来考虑问题,保证供应链相邻两个节点之间的库存管理实体对需求预测水平的高度一致,从而消除需求变异放大。任何相邻节点需求的确定都是供需双方协调的结果,库存管理不再是各自为政的独立运营过程,而是供需的连接纽带和协调中心。

3. 供应商管理库存(Vendor Managed Inventory, VMI)模式

VMI 模式是一种战略贸易伙伴之间的合作性策略,是一种库存决策代理模式。它以系统的、集成的思想管理库存,使供应链系统能够同步化运行。在这种库存控制策略下,允许上游组织对下游组织的库存策略、订货策略进行计划与管理,在一个共同的框架协议下以双方都获得最低成本为目标,由供应商来管理库存,由供应商代理分销商或批发商行使库存决策的权力,并通过对该框架协议经常性的监督和修正使库存管理得到持续的改进。

4. 协同式供应链库存管理(Collaborative Planning Recasting & Replenishment, CPFR)模式

CPFR 建立在 JMI 和 VMI 的最佳分级实践基础上,同时抛弃了二者缺乏供应链集成等主要缺点,能同时降低分销商的存货量,增加供应商的销售量。它应用一系列处理过程和技术模型,覆盖整个供应链合作过程,通过共同管理业务过程和共享信息来改善分销商和供应商的伙伴关系,提高预测的准确度,最终达到提高供应链效率、降低库存和提高客户满意度的目的。CPFR 的最大优势是能及时准确地预测由各项促销措施或异常变化带来的销售高峰和波动,从而使分销商和供应商都做好充分的准备,赢得主动。CPFR 采取了多赢的原则,始终从全局的观点出发,制定统一的管理目标以及实施方案,以库存管理为核心,兼顾供应链上其他方面的管理。因此,CPFR 更有利于实现伙伴间更广泛深入的合作,帮助制定面向客户的合作框架,基于销售报告的生产计划,进而消除供应链过程约束等。

(二)供应链中的库存管理机制

现代供应链的库存管理强调各节点企业的长期合作,即需要一种明确的制度安排,而且这种长期契约方式有助于抑制缔约后的机会主义行为。诺思曾经证明:当交易成本为正时,制度是重要的。由于制度安排决定了经济效率,一种制度安排的效率可能不同于另一种,那么历史的进步和经济的发展就要到制度变迁(指用一种制度安排去替代另一种制度安排)中去寻找原因。模式只是有效制度的一种表现形式,要保证供应链资源的有效配置必须防止交易运营中的机会主义行为并进行有效的制度变迁。

供应链成员之间的合作过程应该从计划工作开始,一直持续到生产出顾客满意的产品,并送到顾客手中为止的整个过程。虽然 JMI、VMI、CPFR 也相应对供应链企业之间的合作关系进行了一定安排,但远远不够。

寻求一种更合理的库存机制,将是保持供应链库存运行的稳定性与健壮性的重要途径。探求供应链制度的空间维度(制度如何扩大了人与人之间的合作),同样也将对供应链的库存管理有重要的影响,比如为了建立 VMI,用户必须考虑建立一个合适的外包战略,因为 VMI 将库存功能转移到供应商那里,库存外包通常取决于用户自己与供应商的关系,甚至与供应商集合的关系。而各种关系的协调需要在供应链中建立一种有效的机制来激励与约束供应链中主体的私人行为,如机会主义行为。

作为供应链中库存的真正管理者,供应链库存管理机制有其自身的特点和运作方式。供需双方必须从合作的精神出发,建立供需双方计划协调管理的机制,明确各自的目标和责任,建立合作沟通的渠道,为供应链协同库存管理提供有效的机制。现代供应链库存运行机制主要应该从以下三个层次着手:

1. 建立供需计划协调管理机制

这主要包括:

(1)建立共同的合作目标,如用户满意度、利润的共同增长和风险的减少等。

(2)建立库存优化的计划协调控制方法,包括库存如何在多个需求商之间的调节与分配,库存的最大量和最低库存水平、安全库存的确定,需求的预测等。

(3)建立一种信息沟通的渠道或系统,以保证需求信息在供应链中的畅通和准确性。

(4)建立利益的分配和激励约束机制,要有效运行基于计划协调机制的库存管理,必须建立一套公平的利益分配机制,对参与的各个企业进行有效激励与约束。

(5)建立风险分担机制,用以明确界定各节点企业的责任与风险。

2. 建立供应链库存运行机制

这主要包括在供应链节点企业之间订立的合同规则、协作交易规则、库存信息共享规则、处理订单补货规则以及应收应付的财务结算规则等与供应链中库存物流运作相关的各种规则章程。

3. 建立供应链库存绩效评价体系

如通过财务指标、内部流程指标等来考核企业间的合作程度与经营状况。

三、供应链中的库存问题

供应链环境下的库存问题和传统的企业库存问题有许多不同之处,这些不同表现出供应链管理思想对库存的影响。传统的企业库存管理侧重于优化单一的库存成本,从存储成本和订货成本出发确定经济订货量和订货点。从单一的库存控制角度看,这种库存管理方法有一定的适用性,但是从供应整体的角度看,单一企业库存管理的方法显然是不够的。目前供应链管理环境下的库存管理主要存在三个方面的问题:信息类问题;供应链的运作问题;供应链的战略与规划问题。这些问题可综合归纳为以下几个方面:

(一)没有供应链的整体观念

虽然供应链的整体绩效取决于各个供应链节点的绩效,但是各个部门都是各自独立的单元,都有各自独立的目标与使命,有些目标和供应链的整体目标是不相关的,更有可能是冲突的。因此,这必然导致供应链整体效率的低下。

比如,美国加利福尼亚的计算机制造商电路板组装作业采用每笔订货费作为其压倒一切的绩效评价指标,该企业集中精力于降低订货成本上。这种做法本身并没有不妥,但是它没有考虑这样做对整体供应链的其他制造商和分销商的影响,结果该企业维持过高的库存以保证大批量订货生产。而印第安纳的一家汽车制造配件厂却在大量压缩库存,因为它的绩效评价是由库存决定的。结果,它对组装厂与零配件分销中心的响应时间变得更长和波动不定。组装厂与分销中心为了满足顾客的服务要求不得不维持较高的库存。这些例子说明,供应库存的决定是各自为政的,没有考虑整体的效能。

一般的供应链系统都没有针对全局供应链的绩效评价指标,这是普遍存在的问题。有些企业采用库存周转率作为供应链库存管理的绩效评价指标,但是没有考虑对用户的反应时间与服务水平。用户满意度应该成为供应链库存管理的一项重要指标。

(二)对用户服务的理解与定义不恰当

供应链管理的绩效好坏应该由用户来评价,或者以用户的反应能力来评价。但是,对用户服务的理解与定义各不相同,会导致对用户服务水平的差异。许多企业采用订货满足率来评估用户服务水平,这是一种比较好的用户服务考核指标。但是用户满足率本身并不保证运作问题,比如一家计算机工作站的制造商要满足一份包含多产品的订单要求,产品来自各供应商,用户要求一次性交货,制造商要等各个供应商的产品都到齐后才一次性装运给用户,这时,以总的用户满足率来评价制造商的用户服务水平是恰当的,但是,这种评价指标并不能帮助制造商发现是哪家供应商的交货迟了或早了。

传统的订货满足率评价指标也不能评价订货的延迟水平。比如,两家同样具有90%的订货满足率的供应链,在如何迅速补给余下的10%订货要求方面差别是很大的。此外,其他的服务指标也常常被忽视了,如总订货周转时间、平均回头订货、平均延迟时间、提前或延迟交货时间等。

(三)不准确的交货状态数据

当用户下订单时,他们总是想知道什么时候能交货。在等待交货过程中,用户也可能会对订单交货状态进行修改,特别是当交货被延迟以后。我们并不否定一次性交货的重要性,但我们必须看到,许多企业并没有及时而准确地把推迟的订单交货的修改数据提供给用户,其结果当然是导致用户的不满和良好愿望的损失。如一家计算机公司花了一周的时间通知用户交货日期,其30%的订单是在承诺交货日期之后交货的,40%订单的实际交货日期与承诺交货日期偏差10天之久,而且交货日期修改过几次。造成交货状态数据不及时、不准确的主要原因是信息传递的问题。

(四)低效率的信息传递系统

在供应链中,各个供应链节点企业之间的需求预测、库存状态、生产计划等都是供应链管理的重要数据;这些数据分布在不同的供应链组织之间,要做到有效地快速响应用户需求,必须实时地传递,为此需要对供应链的信息系统模型做相应的改变,通过系统集成的方法,使供应链中的库存数据能够实时、快速地传递。但是目前许多企业的信息系统并没有很好地集成起来,当供应商需要了解用户的需求信息时,常常得到的是延迟的信息和不准确的信息。由于延迟引起误差和影响库存量的精确度,由此短期生产计划的实施也会遇到困难。例如,企业为了制订一个生产计划,需要获得关于需求预测、当前库存状态、订货的运输能力、生产能力等信息,这些信息需要从供应链的不同节点企业数据库中获得,数据调用的工作量很大。数据整理完后制订生产计划,然后运用相关管理软件制订物料需求计划,这样一个过程一般需要很长时间。时间越长,预测误差越大,制造商对最新订货信息的有效反应能力也就越小,生产出过时的产品和库存成本高也就不足为奇了。

(五)忽视不确定性对库存的影响

供应链运作中存在诸多不确定因素,如订货提前期、货物运输状况、原材料的质量、生产过程的时间、运输时间、需求的变化等。为降低不确定性对供应链的影响,首先应了解不确定性的来源和影响程度。很多公司并没有认真研究和跟踪其不确定性的来源和影响,错误估计供应链中物料的流动时间(提前期),造成有的物品库存增加,而有的物品库存不足的现象。

(六)库存控制策略简单

无论是生产性企业还是物流企业,库存控制的目的都是保证供应链运行的连续性和应付不确定性需求。了解和跟踪产生不确定性状态的因素是第一步,第二步是要利用跟踪到的信息去制定相应的库存控制策略。这是一个动态的过程,因为不确定性也在不断地变化。有些供应商在交货与质量方面可靠性高,而有些则相对较差;某一供应商对一些物品的需求可预测性高,而另外的物品可预测性低一些。库存控制策略应能反映这种情况。

许多公司对所有的物品采用统一的库存控制策略,物品的分类没有反映供应与需求中的不确定性。在传统的库存控制策略中,多数是面向单一企业的,采用的信息基本上来自企业内部,其库存控制没有体现供应链管理的思想。因此,如何建立有效的库存控制方法并能体现供应链管理的思想,是供应链库存管理的重要内容。

(七)缺乏合作与协调性

供应链是一个整体,需要协调各方活动,才能取得最佳的运作效果。协调的目的是使满足一定服务质量要求的信息可以无缝地、流畅地在供应链中传递,从而使整个供应链能够根据用户的要求步调一致,形成更为合理的供需关系,适应复杂多变的市场环境。例如,当用户的订货由多种产品组成,而各产品又由不同的供应商提供时,用户要求所有的商品都一次性交货,这时企业必须对来自不同供应商的交货期进行协调。如果组织间缺乏协调与合作,会导致交货期延迟和服务水平下降,同时库存水平也由此而增加。

供应链的各个节点企业为了应付不确定性,都设有一定的安全库存,正如前面提到的,设置安全库存是企业采取的一种应急措施。问题在于,多厂商特别是全球化的供应链中,组织的协调涉及更多的利益群体,相互之间的信息透明度不高。在这样的情况下,企业不得不维持较高的安全库存,为此付出了较高的代价。

企业之间存在的障碍有可能使库存控制变得更为困难，因为各自都有不同的目标、绩效评价尺度，拥有不同的仓库，也不愿意与其他部门共享资源。在分布式的组织体系中，企业之间的障碍对库存集中控制的阻力更大。

要进行有效的合作与协调，企业之间需要一种有效的激励机制。在企业内部一般有各种各样的激励机制以加强部门之间的合作与协调，但是当涉及企业之间的激励时，困难就大得多。问题还不止这些，信任风险的存在更加深了问题的严重性，相互之间缺乏有效的监督机制和激励机制是供应链企业之间合作性不稳固的原因。

（八）产品的过程设计没有考虑供应库存的影响

现代产品设计与先进制造技术的出现，使产品的生产效率大幅度提高，而且具有较高的成本效益，但是供应链库存的复杂性常常被忽视了。结果所有节省下来的成本都被供应链上的分销与库存成本抵消了。同样，在引进新产品时，如果不进行供应链规划，也会产生如运输时间过长、库存成本高等而无法获得成功。如美国的一家计算机外围设备制造商，为世界各国分销商生产打印机。打印机有一些具有销售所在国特色的配件，如电源、说明书等。美国工厂按需求预测生产，但是随着时间的推移，当打印机到达各地区分销中心时，需求已经发生了改变。因为打印机是为特定国家而生产的，分销商没有办法来应付需求的变化，也就是说，这样的供应链缺乏柔性，其结果是造成产品积压，产生了高库存，后来，制造商重新设计了供应链结构，主要对打印机的装配过程进行了改变，工厂只生产打印机的通用组件，让分销中心再根据所在国家的需求特点加入相应的特色组件，这样库存就大量减少了，同时供应链也具有了柔性。这就是产品"为供应链管理而设计"的思想。在这里，分销中心参与了产品装配设计等活动，涉及组织之间的协调与合作问题，因此合作关系很重要。

另一方面，在供应链的结构设计中，同样需要考虑库存的影响。要在一条供应链中增加或关闭一个工厂或分销中心，一般是先考虑固定成本与相关的物流成本，至于网络变化对运作的影响因素，如库存投资、订单的响应时间等常常是放在第二位的。但是这些因素对供应链的影响是不可低估的。如美国一家IC芯片制造商的供应链结构是这样的：在美国加工芯片后运到新加坡检验，再运回美国生产地做最后的测试，包装后运到用户手中。供应链之所以这样设计是因为考虑了新加坡的检验技术先进、劳动力素质高和税收低等因素。但是这样显然欠缺了对库存和周转时间的考虑，因为从美国到新加坡来回至少要两周，而且还有办理海关手续等时间，这就延长了制造周期，增加了库存成本。

四、供应链中的不确定性及其对库存的影响

（一）供应链中的不确定性

从需求放大现象中我们看到，供应链的库存与供应链的不确定性有很密切的关系。从供应链整体的角度看，供应链中的库存无非有两种：一种是生产制造过程中的库存，另一种是物流过程中的库存。库存存在的客观原因是为了应付各种各样的不确定性，保持

供应链系统的正常性和稳定性,但是库存另一方面也会产生和掩盖管理中的问题。

供应链中不确定性的表现形式有两种:

(1)衔接不确定性。企业之间(或部门之间)的不确定性,可以说是供应链的衔接不确定性,这种衔接的不确定性主要表现在合作性上。为了消除衔接不确定性,需要增加企业之间或部门之间的合作性。

(2)运作不确定性。系统运行不稳定是组织内部缺乏有效的控制机制所致,控制失效是组织管理不稳定性和不确定性的根源。为了消除运行中的不确定性,需要增加组织的控制,提高系统的可靠性。

供应链中的不确定性的来源主要有三个方面:供应者不确定性、生产者不确定性、顾客不确定性。不同的原因造成的不确定性表现形式各不相同。

供应者不确定性表现在提前期的不确定性、订货量的不确定性等。导致供应者不确定性的原因是多方面的,如供应商的生产系统发生故障延迟生产、供应商的延迟、意外的交通事故导致的运输延迟等。

生产者不确定性主要表现在制造商本身的生产系统的可靠性上:机器的故障、计划执行的偏差等。造成生产者生产过程中在制品有库存的原因也表现在其对需求的处理方法上。生产计划是一种根据当前的生产系统的状态和未来情况做出的对生产过程的模拟,用计划的形式表达模拟的结果,用计划来驱动生产的管理方法。但是生产过程的复杂性使生产计划并不能精确地反映企业的实际生产条件和预测生产环境的改变,不可避免地造成计划与实际执行的偏差。生产控制的有效措施能够对生产的偏差给予一定的修补,但是生产控制必须建立在对生产信息的实时采集与处理上,使信息及时、准确、快速地转化为生产控制的有效信息。

产生顾客不确定性的原因主要有:需求预测的偏差、购买力的波动、从众心理和个性特征等。通常,需求预测的方法都有一定的模式或假设条件,假设需求按照一定的规律运行或表现一定的规律特征,但是任何需求预测方法都存在这样或那样的缺陷而无法确切地预测需求的波动和顾客心理性反应。在供应链中,不同的节点企业相互之间的需求预测的偏差会进一步加剧供应链的放大效应,以及供应链的信息扭曲。

供应链中的不确定性,不管其来源于哪方面,根本上讲是以下三个方面原因造成的:

(1)需求预测水平造成的不确定性。预测水平与预测时间的长短有关,预测时间长,预测精度差,另外还有预测的方法对预测的影响。

(2)决策信息的可获性、透明性、可靠性。信息的准确性对预测同样造成影响,下游企业与顾客接触的机会多,可获得的有用信息多,远离顾客需求,信息可获性和准确性差,因而预测的可靠性差。

(3)决策过程的影响,特别是决策人心理的影响。需求计划的取舍与修订,对信息的要求与共享,无不反映个人的心理偏好。

(二)供应链中的不确定性对库存的影响

供应链运行中的两种不确定性对供应链库存的影响是指衔接不确定性和运作不确定

性对供应链库存的影响。

1. 衔接不确定性对供应链库存的影响

传统供应链的衔接不确定性的普遍存在,集中表现在企业之间的独立信息体系(信息孤岛)现象。为了竞争,企业总是为了各自的利益而进行资源的自我封闭(包括物质资源和信息资源),企业之间的合作仅仅是贸易上的短时性合作,人为地增加了企业之间的信息壁垒和沟通障碍,企业不得不为应付不测而建立库存,库存的存在实际就是信息堵塞与封闭的结果。虽然企业各个部门和企业之间都有信息的交流与沟通,但这远远不够。企业的信息交流更多的是在企业内部而非企业之间进行。信息共享程度差是传统供应链不确定性增加的一个主要原因。

传统的供应链中信息是逐级传递的,即上游供应链企业依据下游供应链企业的需求信息做生产或供应决策。在集成的供应链系统中,每个供应链企业都能够共享顾客的需求信息,信息不再是线性的传递过程,而是网络的传递过程和多信息源的反馈过程。通过建立合作伙伴关系的新型企业合作模式,以及跨组织的信息系统为供应链的各个合作企业提供共同的需求信息,有利于推动企业之间的信息交流与沟通。企业有了确定的需求信息,在制订生产计划时,可以减少为了吸收需求波动而设立的库存,使生产计划更加精确可行。对于下游企业而言,合作性伙伴关系的供应链可为企业提供综合的、稳定的供应信息,无论上游企业能否按期交货,下游企业都能预先得到相关信息而采取相应的措施,这样需求企业就无须过多设立库存了。

2. 运作不确定性对库存的影响

供应链企业之间的衔接不确定性可以通过建立战略伙伴关系的供应链联盟或供应链协作体得以削减,同样,这种合作关系可以消除运作不确定性对库存的影响。当企业之间的合作关系得以改善时,企业的内部生产管理运作也大大得以改善。因为当企业之间的衔接不确定性因素减少时,企业的生产控制系统就能摆脱这种不确定性因素的影响,使生产系统的控制达到实时、准确,也只有在供应链的条件下,企业才能获得对生产系统有效控制的有利条件,消除生产过程中不必要的库存现象。

在传统的企业生产决策过程中,供应商或分销商的信息是生产决策的外生变量,因而其无法预见到外在需求或供应的变化信息,至少是延迟的信息;同时,库存管理的策略也是考虑独立的库存点而不是利用共享的信息,因而库存成了维系生产正常运行的必要条件。当生产系统形成网络时,不确定性就像瘟疫一样在生产网络中传播,几乎所有的生产者都希望拥有库存来应付生产系统内外的不测变化,因为无法预测不确定性的大小和影响程度,人们只好按照保守的方法设立库存来应付不确定性。

在不确定性较大的情形下,为了维持一定的用户服务水平,企业也常常维持一定的库存,以提高服务水平。在不确定性存在的情况下,高服务水平必然带来高库存水平。

技能训练

广东省东莞市大郎镇有家做印染制衣的 A 工厂,常年使用 32/2 的精梳棉纱,但是印染制衣厂的原料库存实行 VIM 管理模式,一般不会备库存纱,要求上游供应商山东的 B 工厂常年备货以供调用。每次要纱都是 A 工厂按照订单数量的用纱量输入电脑,电脑系统(客户与供应商电脑系统联网,相关的数据在"云端"共享)会提前 5 天发出指令让 B 工厂送货。2008 年春节期间,南方大雪封路,山东的纱不能及时到达广东的这家印染制衣工厂,这种意外事件是不确定的,也是双方都没有预料到的。为了能够保证东莞制衣厂客户的外销订单按时生产出运,B 工厂首先第一时间将这个信息通知东莞的制衣厂,同时 B 工厂马上通过同行关系从香港市场购买了相同数量的 32/2 棉纱在规定的 5 天内完成清关手续送到这家东莞的印染制衣厂,保证了客户的订单顺利完成。

讨论: 分析东莞印染制衣厂之所以能够避免成衣空运造成巨大经济损失的原因。

任务 2　供应商管理库存

近年来,出现了一种新的供应链库存管理方法——VMI(Vendor Managed Inventory,供应商管理库存),这种库存管理策略打破了传统的各自为政的库存管理模式,体现了供应链的集成化管理思想,是一种具有代表性的供应链库存管理思想。

一、供应商管理库存的产生

在供应链管理环境下,供应链各个环节的活动都应该是同步进行的,而传统的库存和分销管理思想显然无法满足这一要求。因为在传统的供应链上,基于交易关系的各个环节的企业都是自己管理自己的库存,在追求本企业利益最大化的前提下,每个企业都独自制定了自己的库存目标和相应的库存控制策略,这种孤立的运作导致了企业之间缺乏信息沟通,进而不可避免地会产生需求信息的扭曲和时间的滞后,往往使得库存需求信息在从供应链的下游向上游的传递过程中被逐级放大,从而大大增加了供应链的整体库存,在很大程度上削弱了供应链的整体竞争实力。

而供应链管理的目标就是通过其节点上的各个企业之间的密切合作,以最小的成本提供最大的客户价值,这就要求供应链上各环节企业的活动应该是同步进行,库存管理职能也应当进行必要的整合,这样,企业由以物流控制为目的的库存管理转向以过程控制为目的的库存管理,即供应链的库存管理是基于工作流的管理。VMI 正是适应市场变化的要求,体现供应链集成化管理思想的一种库存管理方式。

二、供应商管理库存的内涵和原则

(一)VMI 的含义

VMI 是一种在用户和供应商之间的合作性策略。具体来说,这是一种以用户和供应商双方都获得最低成本为目的,在一个共同的协议下由供应商管理库存,并不断监督协议执行情况,修正协议内容,使库存管理得到持续改进的合作性策略。

(二)VMI 的原则

VMI 的原则主要体现在以下几个方面：

1. 合作性原则

VMI 模式的成功实施，客观上需要供应链上各企业在相互信任的基础上密切合作。其中，信任是基础，合作是保证。

2. 互利性原则

VMI 模式主要考虑的是如何通过合作降低双方的库存成本，而不是考虑如何就双方的成本负担进行分配的问题。

3. 互动性原则

VMI 模式要求各节点企业在合作时采取积极响应的态度，以快速的反应努力降低因信息不通畅所引起的库存费用过高的问题。

4. 目标一致性原则

VMI 模式的实施，要求企业在观念上达到目标一致，并明确各自的责任和义务。具体的合作事项都通过框架协议明确规定，以提高操作的可行性。

三、采用供应商管理库存的必要性及受益表现

(一)采用 VMI 的必要性

1. 有利于实现供应链上下游企业的双赢

VMI 对处于供应链下游企业的好处是显而易见的，它克服了下游企业自身技术和信息系统的局限。随着供应链各个环节的企业核心业务的迅猛发展，供应链上游对下游的后勤管理(包括库存管理)也提出了更高的要求：实施 VMI 之后，库存由供应链上游企业管理，下游企业可以放开手脚进行核心业务的开发。同时，VMI 还可以满足下游企业降低成本和提高服务质量的需要。与下游企业自己管理库存相比，供应商在对自己的产品管理方面更有经验，更专业化，而且供应商可以提供包括软件、专业知识、后勤设备和人员培训等一系列服务，供应链中企业的服务水平会因 VMI 而提高，库存管理成本会降低，下游企业的存货投资也会大幅度减少。这样，由于 VMI 的实施将同时给处于供应链上游企业的供应商带来许多利益。VMI 允许供应商获得下游企业的必要经营数据，直接接触真正的需求信息(通过 EDI 来传送)。这些信息可以帮助供应商消除预期之外的短期产品需求所导致的额外成本。同时，企业对安全库存的需求也大大降低。另一方面，VMI 可以大大缩短供需双方的交易时间，使上游企业更好地控制其生产经营活动，提高整个供应链的柔性。

2. VMI 模式具备为供应链减"负"的独特功能

从本质上看，VMI 模式的管理理念源于产品的市场全过程管理思想，即只要一个产品没有被最终消费者购买并得到满意的消费，那么这个产品就不能算作已经销售，并构成供应上的一种潜在风险，供应商同样负有监控该产品的流通状况的责任，而不管该产品的

产权归属是怎样的。正是基于这种思想，VMI 以供应商掌握销售资料和库存量作为市场预测和库存补货的解决方法，可以由销售资料得到准确的消费需求信息。这样，供应商就可以更有效、更快速地对市场变化和消费者需求做出快速反应，而且供应商与供应链下游企业分享重要资讯，可以改善各自的需求预测、补货计划、促销管理和运输装载计划等，而对整个供应链来说，就可以降低库存总量并且改善库存周转，进而维持最佳库存量，使库存管理水平得到显著提高。

（二）采用 VMI 的受益表现

采用 VMI 的受益表现见表 11-1。

表 11-1　　　　　　　　　　采用 VMI 的受益表现

供应商的受益表现	分销商和消费者的受益表现	共同的受益表现
(1)通过销售点(POS)数据透明化，简化了配送预测工作； (2)结合当前存货情况，使促销工作易于实施； (3)减少分销商订货偏差，降低退货； (4)需求拉动透明化、提高配送效率——以有效补货避免缺货； (5)有效的预测使供应商能更好地安排生产计划	(1)提高了供货速度； (2)减少了缺货，降低了库存； (3)将计划和订货工作转移给供应商，降低了运营费用； (4)在恰当的时间，适量补货，提升了总体物流绩效； (5)供应商更专注地提升物流服务水平	(1)通过计算机互联通信，减少了数据差错； (2)提高了整体供应链处理速度； (3)从各自角度，各方更专注于提供更优质的用户服务，避免缺货，使所有供应链成员受益； (4)长期利益包括更有效的促销运作、更有效的新品导入和增加终端销售量等

四、供应商管理库存的实施方法

（一）实施供应商管理库存的信息沟通

实施供应商管理库存首先必须拥有一个良好的信息沟通平台，需要在原有企业拥有的 EDI 的基础上，重新整合资源来构建一个适合于供应商管理库存的信息沟通系统。

（二）供应商管理库存的工作流程设计

买方企业和供应商实施 VMI 后，必须进行针对 VMI 的工作流程来保证整个策略的实施。VMI 的工作流程设计如图 11-1 所示。

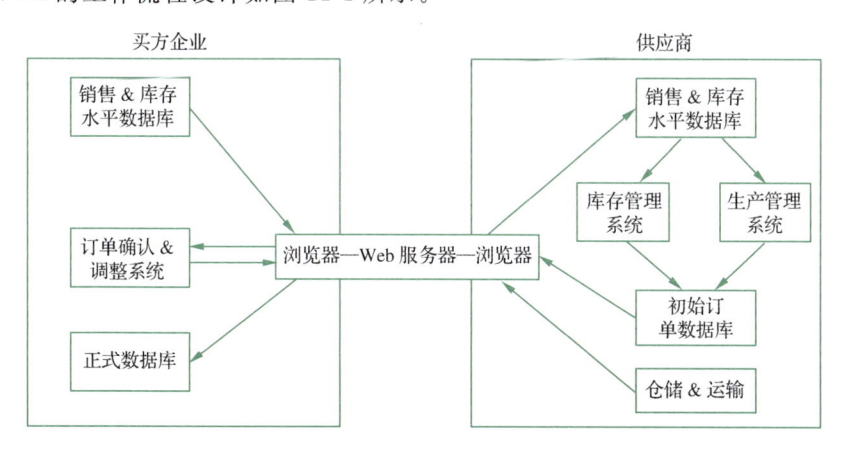

图 11-1　VMI 的工作流程设计

整个供应商管理库存的实施都是透明化的,买方企业和供应商随时都可以监控,主要分为以下两个部分:

1. 库存管理

库存管理部分其实是由销售预测和库存管理以及供应商生产系统共同组成的,因为实施了供应商管理库存之后,这几部分的工作主要由供应商和买方企业共同协调来完成,所以把它们归为一个模块来处理。首先从买方企业那里获得产品的销售数据,然后和当时的库存水平相结合及时传送给供应商,最后由供应商的库存管理系统做出决策:如果供应商现有的仓储系统能够满足库存管理系统做出决策所需要的产品数量,就由仓储与运输配送系统将产品直接及时配送给买方企业;如果供应商现有的仓储系统不能够满足库存管理系统做出决策,就必须通知生产系统生产产品后再通过运输与配送系统及时将产品配送给买方企业。其中,在正式订单生成前,还应该交由买方企业核对,经调整后再得出最后订单。

2. 仓储与运输配送系统

仓储与运输配送系统一方面负责产品的仓储:产品的分拣入库以及产品的保存;另一方面负责产品的运输配送:产品按要求及时送达买方企业手中,同时负责编排尽量符合经济效益的运输配送计划,如批量运输和零担运输的选择、运输的线路和时间编排以及安排承载量等。

(三)供应商管理库存的组织结构调整

买方企业和供应商实施供应商管理库存后,为了适应新的管理模式,需要根据供应商管理库存的工作流程来对组织机构进行相应的调整。

因为供应商管理库存是对原有企业的管理策略的一种"否定",在双方企业之间肯定会有工作和职能上的合作和调整,所以为了保证供应商管理库存能够正常运行,就有必要设立一个供应商管理库存协调与评估部门,其主要作用在于:

(1)原有企业之间的人员在实施供应商管理库存后,可能会因为工作上的合作而导致利益冲突,所以供应商管理库存协调与评估部门就可以制定一系列的工作标准来协调和解决这些问题,可以作为双方企业之间沟通的桥梁。

(2)实施供应商管理库存后,原有工作岗位会适当合并和调整:如原有的买方企业库存和仓储人员的工作岗位再安排,他们可能会认为现有的供应商管理库存对他们来说是一种威胁,所以供应商管理库存协调与评估部门应该做好他们的工作,对他们的工作做出适当的安排和调整。

(3)对供应商管理库存的实施进行监控和评估,以提供科学合理的管理信息给企业高层,作为企业高层对企业调整的重要依据。

五、实施供应商管理库存应注意的问题

(一)信任问题

这种合作需要一定的信任,否则就会失败。零售商要信任供应商,不要干预供应商对发货的监控,供应商也要多做工作,使零售商相信他们不仅能管好自己的库存,也能管好

零售商的库存。只有相互信任,通过交流和合作才能解决存在的问题。

(二)技术问题

只有采用先进的信息技术,才能保证数据传递的及时性和准确性,而这些技术往往价格昂贵。比如,利用信息技术将销售点信息和配送信息分别传输给供应商和零售商,利用条码技术和扫描技术来确保数据的准确性。此外,库存与产品的控制和计划系统必须是在线的、准确的。

(三)存货所有权问题

以前,零售商收到货物时,所有权也同时转移了,而现在变为寄售关系,供应商拥有库存直到货物被售出。同时,由于供应商管理库存责任增大,成本增加,双方要对条款进行洽谈,使零售商与供应商共享系统整体库存下降。

(四)资金支付问题

过去,零售商通常在收到货物一至三个月以后才支付货款,现在可能不得不在货物售出后就要支付货款,付款期限缩短了,零售商要适应这种变化。

技能训练

美国达可海德(DC)服装鞋业公司把供应商管理库存看作增加销售量、提高服务水平、降低成本、保持竞争力和加强与客户联系的战略性措施。在实施 VMI 过程中,DC 公司发现有些客户希望采用 EDI 并且形成一个紧密的双方互惠、信任和信息共享的关系。

为对其客户实施 VMI,DC 公司选择了 STS 公司的 MMS 系统,以及基于客户机/服务器的 VMI 管理软件。DC 公司用 PC 做服务器,带有 5 个用户终端。在 STS 公司的帮助下,DC 公司对员工进行了培训,设置了必要的基本参数和使用规则。技术人员为主机系统的数据和 EDI 业务管理编制了特定的程序。

在起步阶段,DC 选择了分销链上的几家主要客户作为试点单位。分销商的参数、配置、交货周期、运输计划、销售历史数据以及其他方面的数据,被统一输进了计算机系统。经过一段时间的运行,分销商的库存减少了 50%,销售额增加了 23%,取得了较大成效。

讨论:美国达可海德服装鞋业公司是如何实施 VMI 的?

任务 3 供应链库存管理绩效评价

随着供应链管理在我国的广泛应用,其重要组成部分——供应链库存管理也越来越被众多企业所关注。库存管理的业绩与效率直接关系着企业的利润和发展,同时也关系着整个供应链的运营情况。供应链库存管理绩效评价体系通过对库存绩效进行科学的评估,可以客观地反映供应链的运营情况,进而采取更有效的控制策略,增强供应链的系统性和集成性。

一、供应链库存管理绩效的含义

从管理学角度来说,所谓"绩效",就是工作的业绩和效率。具体地说,绩效是组织期望的结果,是组织为实现其目标而展现在不同层面上的有效输出,是达到目标的成本最小化。

对企业来说,人们从事各项生产或营销,都希望用最小的成本获得最大的利润。库存管理活动担负着企业生产或经营的各种货物的收发、储存、保管保养、控制、监督和保证生产需要等多项业务职能,而这些活动都与生产经营及经济效益密切联系。库存管理的绩效就是库存管理的各项考核指标,是库存管理成果的集中反映,是衡量库存管理水平的尺度。

二、供应链库存管理绩效评价的含义

供应链库存管理绩效评价是指围绕供应链库存管理总体目标,针对供应链库存整体状况、各成员企业库存运营状况以及它们之间的合作关系情况,通过建立供应链库存管理指标评价体系,运用数理统计和运筹学方法,对供应链库存管理在一定时期的绩效做出客观、公正和准确的综合评判。供应链库存管理绩效评价的研究内容包含两个方面:一是构建评价体系,选取评价指标;二是确定评价方法。

三、供应链库存管理绩效评价的目的和意义

(一)供应链库存管理绩效评价的目的

(1)检查供应链下库存管理任务目标的达成程度,并对其做出不同层次的量度。

(2)根据库存绩效评价结果,对供应链控制进行改善,从而提升其控制目标和控制措施。

(3)根据库存绩效评价结果,判断供应链下库存控制计划的可行性和准确性。

(4)根据库存绩效评价结果,判断现有库存管理对整个供应链做出的贡献,衡量供应链本身的竞争力,据以制定今后的发展战略、规划。

(5)根据库存绩效评价结果,决定奖励、升迁和惩罚。

(6)改进供应链各环节上的协调和沟通。

(二)供应链库存管理绩效评价的意义

供应链库存管理绩效评价只是供应链绩效评价的一个组成部分,但其意义却十分重要。

(1)供应链库存管理绩效评价是检查供应链环境下库存控制的有效手段。

(2)供应链库存管理绩效评价是实现供应链环境下库存控制的必要前提。

(3)供应链库存管理绩效评价是优化供应链环境下资源控制与分配的重要基础。

(4)供应链库存管理绩效评价是奖励有关人员提高效率、发挥潜能的重要措施。

四、供应链库存管理绩效评价指标

根据供应链库存控制的基本特征和目标,供应链库存管理绩效评价指标应该能够恰

当地反映供应链整体库存控制状况,以及上下节点企业之间的运营关系,而不是单独地评价某一节点企业的库存运营情况。

一般来说,供应链库存管理绩效评价可以选取如下指标:

(一)库存控制质量指标

库存控制质量指标主要包括:库存物资供应率、库存物资循环率、物资收发正确率、仓容利用率。

1. 库存物资供应率

$$库存物资供应率 = \frac{库存物资供应总次数 - 缺货总次数}{库存物资供应总次数}$$

2. 库存物资循环率

$$库存物资循环率 = \frac{期间出库数量}{期间库存物资数量} \times 100\%$$

其中,出库数量=使用数量+备用数量。

对于一个库存控制系统,库存物资循环率相对而言较其他指标模糊,不能简单地认为循环率高了就必然好,循环率低了就不好。当供应链销售额增加且远远超过存货资产或由于制造工程及采购决策的合理化而缩短周期时间时,库存系统周转率高是好的;但如果在销售额超过标准库存的拥有量,使缺货远远超过允许缺货率而丢失销售机会,或由于库存调整超过销售额降低的估计导致缺货时,库存周转率虽高但将减少收益。

3. 物资收发正确率

$$物资收发正确率 = \frac{期间仓库吞吐总量 - 出现差错总量}{期间仓库吞吐总量}$$

4. 仓容利用率

$$仓容利用率 = \frac{库存物资实际数量或容积}{设计库存物资数量或容积} \times 100\%$$

(二)客户服务水平指标

客户服务是指系统供应外部订货和使客户满意而进行的有关各项库存管理活动的总和,它是一项综合性活动,是以成本效益方式在实物配送中提供有意义的"增加价值"的过程。因此,客户服务水平是一个关键的库存绩效评价指标,供应链环境下库存控制绩效在客户服务水平指标下,采用可以量化的评价因素指标,选取了准时交货率、订单完成时间、交货准确率、库存物资损毁率四个指标。

1. 准时交货率

$$准时交货率 = \frac{期间准时交货次数}{期间总交货次数} \times 100\%$$

2. 订单完成时间

订单完成时间指供应链从收到客户的订货单直到货物到达客户收货地点所需的时间。一般而言,供应链上节点企业接到订单后,处理订单的具体步骤如图 11-2 所示。

3. 交货准确率

$$交货准确率 = \frac{期间总交货量 - 出现差错总量}{期间总交货量} \times 100\%$$

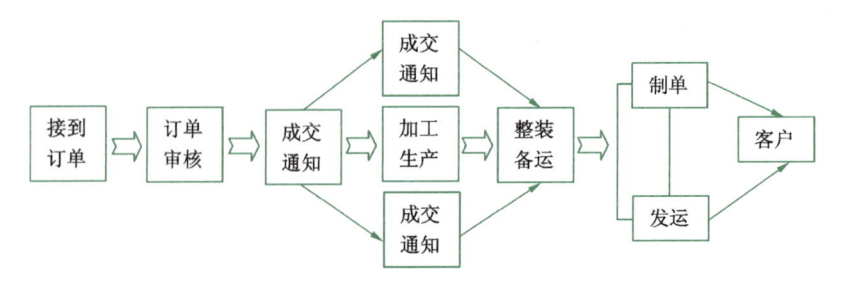

图 11-2　供应链处理订单流程

4. 库存物资损毁率

$$库存物资损毁率 = \frac{某批物资缺损量}{该批物资总量} \times 100\%$$

(三) 库存控制成本指标

供应链作为一个系统，其库存控制成本是指由于库存控制活动而产生的供应链系统之外的相关库存费用之和，因此需要将整条供应链上的所有节点企业作为一个整体系统来考虑。库存控制成本指标主要包括存储成本、订货成本、缺货成本、丢单成本、运输成本等。

1. 存储成本

存储成本主要包括资金占用成本、保险费、保管人员薪金等。它是由产品延迟所产生的成本，与所有产品等待时间的总和有关，对于不易保存的货物，因为容易产生损失，存储成本则包括因系统时间推移而发生的任何损失的价值。计算存储成本时需要计算供应链上所有企业或联合仓库中全部库存物料的存储成本。

2. 订货成本

订货成本是指供应链对外订货时所支付的费用，而对于供应链内部企业之间的订购费用则不计算在供应链订货成本中，而是归于信息传递成本中。

3. 缺货成本

缺货成本是指整条供应链为完成由于缺货而导致的加班补贴以及改变运输方式，供应链上所有企业为此而支付的费用之和。

4. 丢单成本

丢单成本同样是针对供应链整个系统而言的，指整条供应链由于成品（或商品）仓库出空而丢失外部客户所导致的机会成本损失。由于供应链是由企业制定相关协议组合而成的"横向一体化"，因此普遍认为供应链内部是不存在丢单的。即使供应链合作协议中制定了关于若不能及时补充存货，则由责任企业支付惩罚成本，但由于这部分成本并未流出供应链，因此供应链系统成本中不包括这种惩罚成本。

5. 运输成本

运输成本只依赖于装载的货物数量，而与运输货物或运输时间无关，也与装载的项目数无关。每个项目的运输成本，可以用平均装运量（$\frac{v}{n}$）来描述。

$$每个项目的运输成本 = C_f \left[\frac{v}{n}\right] + C_v$$

其中，C_f为一次装运中的固定成本，C_v是变动成本，根据距离长短而变化。各类运输方式的成本结构见表 11-2。

表 11-2　　　　　　　　　　各类运输方式的成本结构

运输方式	固定成本	变动成本
铁路	高（车辆及轨道）	低
公路	高（车辆及修路）	适中（燃料、维修）
水路	适中（船舶、设备等）	低
航空	低（飞机、机场）	高（燃料、维修）
管道	最高（铺设管道）	最低

如果只有一个起点和一个终点，则变动成本 C_v 将不影响运输决定，只考虑 C_f 分摊到这次装运中的所有项目上，即运输规模经济；但当有多个起点和终点时，距离是不固定的，在进行运输费用分析与控制时，还要考虑以下因素：

(1) 与运输频率的关系

与存货和仓储成本一样，运输成本依赖于发货的频率，在其他因素不变的情况下，运输越频繁，所产生的费用越多。

(2) 与距离的关系

在运量一定的情况下，运输距离越远，所消耗的费用越多；与运输距离有关的另一个方面是复合起点和复合终点的运输问题，要分析运输成本和距离的关系，因为车辆要额外停留，从而增加了延迟成本。

(3) 考虑货物大小及运输工具容量的限制

有些超大型货物要用特殊的运输工具，这时的运输成本就要单独考虑，不能按常规的费用率计算成本。研究表明：运输成本随着货物大小约成线性增长，并且在相当广的货物大小范围内，这一点都是正确的。

(4) 考虑多种运输方式

当货物大小变化是一个很大的变数时，改变运输方式可能是最有效的，一些运输方式，比如邮寄，单位运输量的成本很高，而单项的成本却很低，另外一些可能相反。实践表明，选择何种运输方式取决于货物的大小。当货物的大小增加时，人们趋向于使用固定成本较高而变动成本较低的运输方式。在比较各种运输方式时，管道运输中运输工具的成本应当包括管道中固定存货的成本；对于价值较高的货物易采用速度较快的运输方式。

五、供应链库存管理绩效评价的方法

一般来说，供应链库存管理绩效评价的方法有两种：

(一) 定期评价

定期评价是配合年度人事考核进行的。一般来说，定期评价是全面评价，也是有准备的例行评价。它的特点是按部就班，有固定的节奏。

(二) 不定期评价

不定期评价一般是以专项评价的方式进行，如供应链要求库存绩效中某一专项指标（如某一新产品的成本设定降低 10%），当设定期结束时，要对其绩效指标进行专项评价。此种评价方法特别适合于新产品开发、资本支出预算、成本降低等项目的评价。

六、供应链库存管理绩效评价应注意的问题

库存控制作为物流领域的一部分,其绩效评价远不如工业领域广泛被应用,主要原因就是其具有特殊性。这种特殊性主要表现在供应链环境下物流管理的复杂性。目前,供应链结构均为网络型,库存控制是供应链上企业间商业活动的派生物,甚至受到供应链中第三方物流的各种交易活动的影响,具有远程性和服务性,也就是说,其恒定性较差。这样使得库存绩效评价很难如工业生产绩效评价那样可以达到事先控制的目的。

供应链库存管理绩效评价有其自身特点。比如,从理论上说,供应链整体绩效应该取决于各个供应链的节点绩效。但是,这一点对于供应链环境下的库存控制策略并不完全适用。由于各个节点都是独立的企业,有各自的目标和利益,甚至有时这些目标和利益与供应链下的库存管理目标是不相干的或是相冲突的,这就必然会影响供应链库存策略的整体效果。

据此,供应链库存管理绩效评价中应注意以下几项内容:

(1)绩效评价指标必须能够反映整个供应链库存管理情况,而不仅仅是单个节点企业库存管理情况。

(2)采用能反映供应链环境下库存控制流程的绩效指标,在界定和衡量绩效时力求精确。

(3)采用反映供应商、制造商及用户之间关系以及与供应链外部客户满意度相结合的绩效指标。

(4)评估宜突出重点,对关键绩效指标进行重点评价和分析。

(5)库存管理作为供应链管理中的一个子系统,库存控制效益类指标或财务类指标不可过高或过低,特别是库存管理的战略性目标是提高供应链敏捷性、降低整体运作成本的有效手段,因此应从属于供应链总体绩效。

技能训练

上海通用三种车型的零部件总量有 5 400 多种,这相当于一个中型超市的单品数。上海通用的这些零部件来自 180 家供应商,这也和一个大型卖场的供应商数量相近。下面我们来看看上海通用是怎么提高供应链效率、帮助整个供应链降低库存的。上海通用的部分零件是本地供应商所生产的,这些供应商会根据上海通用的生产要求,在指定的时间将零件直接送到生产线上。这样,因为不进入原材料库,所以保持了很低或接近于"零"的库存,省去了大量的资金占用。

为降低供应商的物流成本,上海通用使用了叫作"循环取货"的小技巧:他们聘请一家第三方物流供应商,由他们来设计配送路线,然后每天早晨依次到不同的供应商处取货,直到装上所有的材料,再直接送到上海通用。这样,通过循环取货,上海通用的零部件运输成本可以下降30%以上。这种做法省去了所有供应商空车返回的浪费,充分节约运输成本,而且体现了这样的基本理念:把所有增值空间不大的业务外包给第三方,他们会比上海通用更懂得怎样节省费用。

讨论:上海通用是如何控制供应链库存的?

复习思考题

1. 什么是供应链？供应链是如何构成的？
2. 供应链中的库存管理方法有哪些？
3. 供应链中的库存管理问题表现在哪些方面？
4. 供应商管理库存是如何产生的？
5. 怎样实施VMI？在实施VMI的过程中应注意哪些问题？
6. 试述库存绩效评价的必要性以及库存绩效评价的指标。

实践技能训练

1.实训内容：了解供应链中的库存管理。

2.实训目的：通过实训使学生进一步了解如何建立有效的供应链库存管理，从而有效地协同企业物流、资金流、信息流，达到压缩生产成本的目的。

3.实训安排：(1)将学生以4～6人为一组划分为若干组，并进行适当的职责分工；(2)搜集资料并整理；(3)制作PPT及电子文档进行汇报；(4)组织学生展开讨论，由教师和学生代表根据实际情况评分。

4.实训题目：

(1)从网上查找有关宝洁公司的库存管理情况，并作简要介绍；

(2)分析宝洁公司是如何采取措施，在不恶化脱销问题的前提下，减少10亿美元的库存成本的。

阅读案例

卓尔智联新征程：护航实体经济发展，推动供应链数字升级

党的二十大报告提出，"我们要坚持以推动高质量发展为主题""加快建设现代化经济体系，着力提高全要素生产率，着力提升产业链供应链韧性和安全水平"。而建设现代化产业体系，要坚持把发展经济的着力点放在实体经济上，加快建设制造强国。

专家指出，新征程，新要求。落实党的二十大报告提出的任务，首先需要推动供应链优化升级，推进数字经济与实体经济深度融合，实现实体经济优化升级。其次，实体经济是金融的根基，金融是实体经济的血脉，两者共生共荣，金融应持续护航实体经济发展。

一家总部在湖北武汉的企业，就一直在做这样的事。它就是致力于成为全球领先数字贸易平台的卓尔智联，围绕大宗商品和批发市场两大场景，建设运营消费品、农产品、钢铁、化工塑料等B2B交易平台，为实体经济企业提供多品类、全方位的交易及物流、仓储、金融、信息服务等供应链管理服务，帮助企业降本增效，进一步提升交易效率、仓储物流效率、资金效率等协同能力，助力实体经济发展。

众所周知，实体经济的生产资料、原材料大都属于大宗商品。因此，大宗商品的供应效率、成本波动等，都会影响到实体经济的发展。提升供应链效率，是实体经济企业一直

在探寻的事。

卓尔智联则是帮助企业提升供应链效率的"小能手"。近年来，它以"新贸易方式"作为切入点，以大数据、人工智能、区块链等数字化技术为应用，构建"B2B交易服务＋供应链服务＋数字技术云服务"架构体系，依托旗下卓尔购、中农网、卓钢链、化塑汇、武汉国际贸易城等线上线下交易平台，累计为超20万家企业提供供应链管理服务，帮助它们进一步提升经营效益，赋能实体经济发展。

钢铁是国民经济的重要支柱产业。卓尔智联旗下黑色大宗商品产业互联网平台卓钢链，始终坚持服务产业和实体的大视野格局，以"智慧交易"为主体，以"供应链服务、技术服务"为两翼，运用区块链、大数据等技术构建"智慧交易、供应链服务、SaaS云服务、仓储物联、智慧物流、数据资讯"六大服务平台，以"技术＋商业"双轮驱动来推动钢铁产业变革，优化产业布局，实现钢铁产业链的智能升级。

在国民经济另一支柱产业化工行业，卓尔智联旗下化塑汇围绕塑料原料交易模式，以"平台＋供应链服务"为战略方向，整合信息、商品、物流、金融等资源，形成针对化工、塑料行业上下游客户的供应链服务，帮助他们实现高效运营。近年来，还不断延展化工品类，新增苯乙烯、纯苯等业务，拓宽服务企业范围。

数据显示，化塑汇每年为中粮集团、远东电缆、格力小家电等超1万家企业，提供通用塑料、工程塑料等原料供应服务，确保企业持续稳健生产，涉及包装、电线电缆、家电、汽车零部件、建材、日用品等行业。

在关乎民生大计的农业里，卓尔智联旗下中农网专注于农业全产业链综合服务，为产业上下游的生产者、加工企业、供应商、终端商提供全流通解决方案，业务涉及食糖、茧丝绸、谷物、油脂、饲料及饲料原料、调味品、咖啡等十大交易品类，已链接超15万家上下游企业，帮助它们降本增效。

同时卓尔智联以产业大数据、物联网为底层架构，通过数字包装、IoT改造等整体解决方案，为供应链各环节提供质量追溯服务，建立数字信用，保证食品流通安全，助力国家粮食安全建设。目前，已完成100万包可溯源新包装，为近2000万包白糖定制二维码贴标，为3万个储糖仓库实现数字化仓储管理，在2家糖厂部署2条新包装物联网自动化设备，8家糖厂实现糖包二维码贴标。

卓尔智联还联动多家知名外部金融机构，基于真实交易场景和采销关系，为供应链上下游企业提供多融资渠道，缓解中小微企业资金短缺问题。同时，通过大数据、区块链等智能风控技术，实时评估主体信用质量、物流资金去向，在风险可控前提下，帮助企业多选择、低风险、低成本融资，保障实体经济健康发展。

党的二十大报告对着力提升产业链韧性和安全水平的要求，以及坚持把发展经济的着力点放在实体经济上的战略定位，给卓尔智联等护航实体经济发展的企业指明了方向和路径。那就是持续以己之力，推动实体经济企业进一步发展和壮大，助力我国经济高质量发展。

下一步，卓尔智联将持续加大对数字技术的研发与应用，持续提升数字贸易交易和服务平台数字化、智能化、国际化供应链服务能力。同时，围绕"全球领先数字贸易平台"愿景，卓尔智联还将不断拓展数字供应链在产业内的渗透和应用，进一步助力实体经济企业实现原材料、货物等方面稳定、安全、高品质的供应，为企业提供精准交易信息，促进创新发展，推动实体经济做实、做强、做优。

（节选自《湖北日报》，2022年10月26日）

参考文献

1. 张彤,马洁.采购与供应链管理.北京:高等教育出版社,2021
2. 孙秋菊.现代物流概论.3版.北京:高等教育出版社,2020
3. 靳荣利,杜文意.供应链管理.北京:机械工业出版社,2021
4. 王槐林.采购管理与库存控制.北京:中国财富出版社,2013
5. 鞠颂东,徐杰.采购管理.3版.北京:机械工业出版社,2014
6. 赵继新,杨军.采购管理.4版.北京:高等教育出版社,2020
7. 施中狱.新任采购经理的5项修炼.北京:中国经济出版社,2013
8. 黄昌华.采购主管高效工作手册.北京:机械工业出版社,2008